# Steuererklärung 2019/2020
## Rentner, Pensionäre

Hans W. Fröhlich, Angela Rauhöft

# Steuererklärung
## 2019/2020
### Rentner, Pensionäre

## Liebe Leserin, lieber Leser!

Unerwartete Post vom Finanzamt bringt selten gute Nachrichten. Diese Erfahrung machen immer wieder Ruheständler. Die Amtspost enthält oft die Aufforderung, eine oder gleich mehrere Steuererklärungen abzugeben. Bereits etwa 5 Millionen Personen - fast ein Drittel aller Rentenbezieher - zahlen nach den Angaben des Statistischen Bundesamtes Einkommensteuer. Und die Zahl der Betroffenen steigt. Dieser Zuwachs hat mehrere Gründe. So wird jeder neue Rentnerjahrgang per Gesetz etwas stärker besteuert als seine Vorgänger. Die jährlichen Erhöhungen der Altersbezüge bescheren Ruheständlern einerseits willkommene Zusatzeinnahmen. Andererseits erhöhen gerade sie erheblich die steuerliche Belastung. Elektronische Mitteilungen der Rentenversicherer und weiterer Stellen verhelfen der Finanzverwaltung außerdem zu einem guten Überblick über die Einkommensverhältnisse von Ruheständlern.

Dieser Ratgeber erklärt auch denen, die sich im Steuerrecht wenig auskennen, ihre steuerliche Lage. Dabei helfen nachvollziehbare Beispiele, Übersichten und Tabellen. An den jeweiligen Formularabschnitten gibt es Tipps und Erläuterungen, die Ruheständler besonders betreffen. Eine Übersicht der Begriffe rund um Rente und Pension, ausführliche Erklärung der in diesem Jahr umfangreicheren Formularänderungen und beispielhaft ausgefüllte Originalformulare des Jahrgangs 2019 bieten zusätzliche Orientierung.

Unser Buch wendet sich an alle, die ihre Steuererklärung auf geduldigem Papier oder auf elektronischem Weg abgeben. Der Abschnitt zur Elektronischen Steuererklärung ist in dieser Ausgabe noch ausführlicher. Damit helfen wir Schritt für Schritt allen, die sich erstmals auf den Weg vom Papierformular zu Computer & Co. begeben wollen oder müssen. Aber auch wer bereits im „elektronischen Steuerraum" schwebt, findet bodenständige Hilfen, verständlich auch für steuerliche und technische Laien.

Mit Leitfaden für ELSTER

# Inhaltsverzeichnis

# Pflicht oder nicht?

Sind Renten und Pensionen steuerpflichtig? Welche Rentner und Pensionäre müssen eine Steuererklärung abgeben? Wer bleibt verschont? Bedeutet eine Steuererklärung immer auch die Zahlung von Steuern? Solche und ähnliche Fragen treiben immer mehr Ruheständler um. In diesem Kapitel finden Sie die Antworten.

**Bei der Rentenbesteuerung** ist es so wie beim Radiosender Eriwan: „Im Prinzip ja, aber …", beginnen seine Antworten auf Hörerfragen. Trotzdem müssen nur einige Rentner tatsächlich eine Einkommensteuererklärung abgeben. Von den gut 21 Millionen Rentnern im Land zahlen bisher ungefähr 5 Millionen Rentnerhaushalte Steuern. Allerdings werden jährlich mehr Rentner abgabepflichtig. Eine Ursache dafür ist das sogenannte **Alterseinkünftegesetz**. Es bewirkt, dass seit 2005 mindestens die Hälfte der gesetzlichen Rente jedes Einzelnen steuerpflichtig ist. Für jeden neuen Rentnerjahrgang steigt der steuerpflichtige Anteil der Rente. Für alle, die 2019 Rentner wurden, beträgt er 78 Prozent. Bis 2020 wächst dieser Teil jährlich um 2 Prozent, danach schrittweise um 1 Prozent. Ab 2040 wird die gesamte Bruttorente besteuert (siehe Seite 15 9).

Außerdem ist jede Rentenanpassung nicht nur anteilig steuerpflichtig, sondern voll. Deshalb werden jetzt regelmäßig Rentner, die seit vielen Jahren keine Steuererklärung einreichen, vom Finanzamt dazu aufgefordert.

Steuerpflicht ja, Steuerzahlung nein, Abgabe einer Steuererklärung vielleicht? Zugegeben: Auf den ersten Blick wirkt das verwirrend und widersprüchlich. Der empfundene Widerspruch löst sich aber auf, wenn man mit der eigenen Rente die Steuerpflicht prüft.

Nur aus Vereinfachungsgründen fehlen im folgenden Beispiel die Rentenerhöhungen, danach haben wir sie berücksichtigt.

### → Zum Beispiel Anton A.

Der 65-Jährige ist alleinstehend und seit dem 1. Januar 2019 Rentner, gesetzliche Jahresrente: 11 700 Euro. Andere steuerpflichtige Einkünfte hatte er nicht. Muss er Steuern zahlen? Da 78 Prozent seiner Rente steuerpflichtig sind (warum 78 Prozent → ab Seite 30), geht das Finanzamt von 9 126 Euro steuerpflichtigen Einnahmen aus. Das liegt innerhalb des steuerfreien Existenzminimums oder, laut Fachsprache, nicht über dem Grundfreibetrag, der 2019 für Alleinstehende 9 168 Euro beträgt. Also muss Anton A. nichts versteuern und nicht einmal eine Steuererklärung abgeben.

## Kurzausflug ins „Steuerchinesisch"

Steuerliche Fachbegriffe werden in diesem Ratgeber so weit wie möglich vermieden. Sie verhindern oft, dass Otto Normalsteuerzahler versteht, worum es geht. Dennoch lässt es sich an dieser Stelle nicht vermeiden, einen Grundbegriff zu klären. Es ist der bereits verwendete Begriff der Einkünfte. Das Wort wird auch in der Alltagssprache genutzt, oft als ein anderer Ausdruck für Einnahmen oder für Einkommen. In der steuerlichen Fachsprache liegen zwischen diesen Begriffen aber Welten.

**Einkünfte** sind im Steuerrecht kurz gesagt die Einnahmen aus einer Quelle beziehungsweise aus einer Tätigkeit minus der Ausgaben, die erforderlich sind, um diese Einnahmen zu erzielen oder eben diese Quelle am Sprudeln zu halten. Bei einem Arbeitnehmer ist das zum Beispiel der Bruttolohn minus der Ausgaben für den Job, Werbungskosten genannt. Die Kurzformel lautet: Einkünfte = Bruttolohn minus Werbungskosten.

**Rentner** berechnen ihre Einkünfte ähnlich: Vom steuerpflichtigen Rentenanteil gehen die Werbungskosten ab, zum Beispiel Kosten für eine Rentenberatung oder auch Ausgaben für eine juristische Auseinandersetzung um die Rente. Fallen solche Ausgaben nicht an, dann berücksichtigt das Finanzamt automatisch eine **Werbungskostenpauschale** von 102 Euro im Jahr. Auch Pensionäre ziehen von der Bruttopension Werbungskosten ab, um die Einkünfte zu ermitteln, ebenfalls pauschal 102 Euro. Hinzu kommt ein Versorgungsfreibetrag mit Zuschlag (→ Seite 18).

Zusammengefasst: Einkünfte sind Bruttoeinnahmen abzüglich der für sie erforderlichen Ausgaben.

### Muss ich eine Steuererklärung abgeben?

Ob eine Erklärung abzugeben ist, entscheidet zunächst die Höhe der jährlichen Einkünfte. Die kritische Grenze liegt 2019 bei 9 168 Euro für Alleinstehende und 18 336 Euro für Ehepaare oder eingetragene Lebenspartner, die gemeinsam eine Steuererklärung abgeben. Wird sie überschritten, ist die Abgabe einer Steuererklärung Pflicht.

Rentnern hilft die Rentenbezugsmitteilung, um den steuerpflichtigen Teil ihrer Rente zu berechnen. Nach einmaligem Antrag bei der Rentenversicherung wird sie jährlich als Service nach Hause geschickt. Nach dem einleitenden Hinweis, dass die angegebenen Daten ebenfalls dem Finanzamt gemeldet wurden, können Sie folgende Werte ablesen:

- ▶ den Rentenbeginn
- ▶ den Jahresbetrag der Rente
- ▶ den steuerpflichtigen Rentenanpassungsbetrag der Rente
- ▶ von der Rente abgezogene Beiträge für die Kranken- und Pflegeversicherung oder den geleisteten Beitragszuschuss zur Krankenversicherung.

### → Zum Beispiel das Ehepaar B.

Beide Partner leben in Hamburg und sind seit 2005 Rentner. Im Jahr 2019 erhielt Bernd 22 416 Euro Rente. Die Mitteilung der Rentenversicherung weist einen Rentenanpassungsbetrag von 4 416 Euro aus, der voll steuerpflichtig ist. Von den Renteneinnahmen ohne den steuerpflichtigen Rentenanpassungsbetrag bleiben 50 Prozent, 9 000 Euro, steuerfrei (Seite 159 ). Insgesamt sind 13 416 Euro Renteneinnahmen steuerpflichtig. Brigitte bekam 11 955 Euro Rente. Die Mitteilung der Rentenversicherung weist einen Rentenanpassungsbetrag von 2 355 Euro aus. Von der Rente ohne Anpassungsbetrag sind 4 800 Euro steuerfrei und ebenso viel steuerpflichtig. Insgesamt hat Brigitte 7 155 Euro steuerpflichtige Renteneinnahmen. Das Ehepaar B. muss eine Steuererklärung abgeben, denn die gemeinsamen Einkünfte liegen mit 20 367 Euro oberhalb des Grenzbetrags für die Abgabepflicht von 18 336 Euro. Steuern werden für 2019 trotzdem nicht fällig. Dank weiterer abzugsfähiger Ausgaben, etwa der Beiträge zur Kranken- und Pflegeversicherung von über 3 000 Euro, landet das Ehepaar am Ende deutlich unterhalb des Grundfreibetrags (Seite 25).

| Gesamtrente Bernd | 22 416 |
| --- | --- |
| minus Anpassungsbetrag der Rente | − 4 416 |
| Rente ohne Anpassungsbetrag | − 18 000 |
| davon 50 % steuerfrei (Rentenbeginn 2005) | − 9 000 |
| steuerpflichtiger Teil | 9 000 |
| plus steuerpflichtiger Anpassungsbetrag | + 4 416 |
| minus Werbungskostenpauschale Bernd | − 102 |

| Gesamtrente Brigitte | 11 955 |
| --- | --- |
| minus Anpassungsbetrag der Rente | − 2 355 |
| Rente ohne Anpassungsbetrag | − 9 600 |
| davon 50 % steuerfrei (Rentenbeginn 2005) | − 4 800 |
| steuerpflichtiger Teil | 4 800 |
| plus steuerpflichtiger Anpassungsbetrag | + 2 355 |
| minus Werbungskostenpauschale Brigitte | − 102 |
| Einkünfte (alle Angaben in Euro) | 20 367 |

# Wenn zur Rente weitere Einkünfte hinzukommen

**Zusatzeinkünfte** ändern die Rechnung. Ob und wie eine Abgabepflicht für die Steuererklärung entsteht, lässt sich am besten mit Beispielen erläutern, in denen die Auswirkung von weiteren Einkünften deutlich wird. An dieser Stelle ist ein weiterer Fachbegriff unvermeidlich. Er heißt **Altersentlastungsbetrag** und verliert sofort seinen Schrecken, wenn man weiß, dass er nur Gutes bewirkt.

Der Altersentlastungsbetrag kann die Höhe der Einkünfte ein ganzes Stück drücken und so dafür sorgen, dass die Pflichtabgabe einer Steuererklärung vermieden oder die Steuerbelastung gesenkt wird. Es ist ein Freibetrag, der allen zusteht, die 65 Jahre und älter sind. Um den Altersentlastungsbetrag für das Jahr 2019 nutzen zu können, muss man vor dem 2. Januar 1955 geboren sein. Er ist auf Arbeitslohn und Einkünften aus Zinsen und Mieten anwendbar, nicht auf Renten und Pensionen. Dieser Freibetrag beläuft sich auf maximal 40 Prozent des Lohnes oder der Einkünfte, höchstens aber auf 1 900 Euro im Jahr. Wer 2019 seinen 65. Geburtstag feierte, kann noch 17,6 Prozent der begünstigten Einnahmen, maximal 836 Euro, steuerfrei kassieren. Berechnungsgrundlage sind die Einkünfte, beim Arbeitslohn ist es der Bruttolohn (→ auch Seite 163). Der Freibetrag muss nicht beantragt werden, denn das Finanzamt berücksichtigt ihn grundsätzlich automatisch. Taucht er im Steuerbescheid nicht auf, ist ein Einspruch gegen diesen Bescheid erforderlich (→ ab Seite 136).

Bei Ehe-/Lebenspartnern erhält nur derjenige den Altersentlastungsbetrag, der selbst die entsprechenden Einkünfte hat. Sind beispielsweise beide Partner Eigentümer eines Depots mit Bundesschatzbriefen, können beide ihren jeweiligen Altersentlastungsbetrag für die Zinsen nutzen. Ist nur einer Depoteigentümer, geht der andere beim Altersentlastungsbetrag für die Zinsen leer aus.

**TIPP:** Wie viel Sie neben der gesetzlichen Rente steuerfrei einnehmen können, finden Sie ab Seite 168.

## Beschäftigung als Arbeitnehmer

Wenn ein Rentner noch ein paar Stunden pro Woche versicherungspflichtig arbeitet, gilt er als Arbeitnehmer. Er kommt um eine Steuererklärung nicht herum, wenn er Arbeitslohn und mehr als 410 Euro Renteneinkünfte im Jahr versteuern muss.

### → Zum Beispiel Doris D.

Die ledige Kölnerin ging im Januar 2019 in den Ruhestand Sie bezog insgesamt 10 000 Euro Altersrente. Gleichzeitig geht sie noch in die alte Firma, um ihre Rente mit 900 Euro im Monat aufzubessern. Von der Rente sind 78 Prozent steuerpflichtig (→ Seite 159). Doris kann die Pauschalen für Werbungskosten (102 Euro als Rentnerin, 1 000 Euro als Arbeitnehmerin) sowie den Altersentlastungsbetrag nutzen (→ Seite 163). Trotzdem muss sie aus zwei Gründen eine Steuererklärung abgeben: Sie bezieht neben ihrem Lohn mehr als 410 Euro andere Einkünfte, nämlich aus ihrer Rente. Zudem liegen die Einkünfte mit 16 662 Euro über dem Grundfreibetrag von 9 168 Euro.

| | |
|---|---:|
| **steuerpflichtiger Rentenanteil (78 % von 10 000 Euro)** | **7 800** |
| minus Werbungskostenpauschale | − 102 |
| plus Bruttolohn (900 × 12) | + 10 800 |
| minus Arbeitnehmerpauschbetrag (→ Seite 96) | − 1 000 |
| minus Altersentlastungsbetrag (17,6 % von 10 800, maximal 836) | − 836 |
| **Einkünfte (alle Angaben in Euro)** | **16 662** |

## Minijob

Viele Ruheständler verdienen sich in einem Minijob etwas hinzu. Diese „geringfügige Beschäftigung" bleibt für Arbeitnehmer steuer- und abgabenfrei, wenn der Arbeitgeber den Lohn pauschal besteuert. Die monatliche Höchstverdienstgrenze beträgt 450 Euro im Monat. Minijobs sind seit 2013 rentenversicherungspflichtig. Für Altersrentner und Pensionäre entfällt die Pflicht, da sie ohnehin nicht mehr rentenversicherungspflichtig sind. Sie können mehrere Minijobs nebeneinander haben, solange sie damit im Monat insgesamt nicht mehr als 450 Euro Lohn verdienen.

**TIPP:** Prüfen Sie, ob der Arbeitgeber den Minijob pauschal versteuert. Händigt er Ihnen eine Lohnsteuerbescheinigung aus, ist das nicht der Fall. Dann ist der Verdienst nachträglich mit der Steuererklärung zu versteuern. Die zweiprozentige Pauschalsteuer ist oft günstiger.

### → Zum Beispiel Friderike F.

Die alleinstehende Rostockerin ist seit Januar 2019 Rentnerin. Ihre Jahresrente von 11 850 Euro ist zu 78 Prozent steuerpflichtig (→ Seite 159). Für den Minijob im Architekturbüro erhält sie 450 Euro im Monat, die der Arbeitgeber pauschal versteuert. Friderike F. muss keine Steuererklärung abgeben, weil ihre Einkünfte innerhalb des 2019 erhöhten Grundfreibetrags von 9 168 Euro liegen.

| | |
|---|---:|
| steuerpflichtiger Rentenanteil (78 % von 11 850) | 9 243 |
| minus Werbungskostenpauschale | − 102 |
| Lohn aus Minijob (450 × 12 = 4 800), davon steuerpflichtig | 0 |
| **Einkünfte (alle Angaben in Euro)** | **9 141** |

## Ehrenamt

Viele engagieren sich in Vereinen oder in Einrichtungen, die gemeinnützigen, mildtätigen, kirchlichen Zwecken dienen. Wird ihnen dort eine Aufwandsentschädigung gezahlt, kann sie bis zu einer Höhe von 2 400 Euro im Jahr steuerfrei bleiben. Dieser „Übungsleiter-Freibetrag" wird gewährt, wenn es ausbildende, betreuende, erzieherische, künstlerische oder pflegerische Jobs sind. Träger sind etwa (Volks-)Hochschulen, Kirchengemeinden oder Sportvereine. Es kann sich dabei um ein reguläres Angestelltenverhältnis, eine selbstständige Tätigkeit oder einen Minijob handeln.

### → Zum Beispiel Fritz F.

Der alleinstehende rüstige Rentner erhält seit dem 1. Januar 2019 eine gesetzliche Altersrente. Die 12 300 Euro sind zu 78 Prozent steuerpflichtig (→ Seite 159). Fritz betreut eine Sportgruppe für Kleinkinder, wofür ihm die Gemeinde 300 Euro Honorar pro Monat zahlt. Weil er Einkünfte oberhalb des Grundfreibetrags von 9 168 Euro hat, muss er eine Steuererklärung abgeben. Warum er trotzdem keine Steuern zahlen muss, erfahren Sie ab Seite 25 (→ auch Seite 96).

| steuerpflichtiger Rentenanteil (78 % von 12 300) | 9 594 |
|---|---|
| minus Werbungskostenpauschale | −102 |
| 1. Zwischenergebnis | 9 492 |
| Honorar für den Nebenjob (300 × 12) | +3 600 |
| minus Übungsleiter-Freibetrag | −2 400 |
| bleibt steuerpflichtiges Honorar (3 600 minus 2 400) | 1 200 |
| minus Altersentlastungsbetrag (17,6 % von 1 200) | −211 |
| 2. Zwischenergebnis (1 200 minus 211) | 989 |
| Einkünfte (1. plus 2. Zwischenergebnis, alle Angaben in Euro) | 10 481 |

**TIPP:** Manche ehrenamtlich Tätige können bis 2 400 Euro steuerfrei erhalten, andere bis 720 Euro. Wenn die Einnahmen aus dem Ehrenamt vollständig steuerfrei sind, müssen sie nicht wie andere Selbstständige die Anlage EÜR mit der Steuererklärung einreichen. Mehr dazu lesen Sie auf Seite 96.

## Selbstständigkeit

Manche Ruheständler verdienen sich ein freiberufliches oder gewerbliches Zubrot. Sie schreiben Zeitungsartikel, Bücher, halten Vorträge, verkaufen Versicherungen, Wein und anderes. Das Finanzamt sieht in ihnen Unternehmer und behandelt sie auch so. Sie müssen neben der Rente ihren Gewinn versteuern. Dieser ergibt sich aus ihren Betriebseinnahmen abzüglich der Betriebsausgaben.

Ruheständler, die sich nebenbei als Gewerbetreibende und Freiberufler etwas dazuverdienen, sind in der Regel Kleinunternehmer. Was das für Sie bedeutet, lesen Sie ab Seite 107.

### → Zum Beispiel das Ehepaar G.

Gerhard G. ist 70 Jahre alt. Seit 2009 ist er Rentner. Gerhard lebt in Kiel und bekommt 14 356 Euro Jahresrente. Davon sind 12 000 Euro zu 58 Prozent steuerpflichtig (→ Seite 159). Die restlichen 2 356 Euro sind voll steuerpflichtig, weil sie aus Rentenanpassungen stammen. Seine Ehefrau Gudrun ist ebenfalls seit 2009 in Rente. Sie erhält rund 8 614 Euro Jahresrente, davon sind 7 200 Euro zu 58 Prozent und 1 414 Euro zu 100 Prozent steuerpflichtig. Gerhard betreibt seinen kleinen Weinhandel weiterhin mit einem steuerpflichtigen Jahresgewinn von 5 000 Euro. Weil die Einkünfte mit 18 106 EUR nicht über dem Grundfreibetrag liegen, ist keine Steuer ans Finanzamt zu zahlen. Jedoch wird von den G.'s jährlich eine Steuererklärung erwartet, da der Gewinn des Weinhandels durch freudige Weintrinker auch steigen kann.

| | |
|---|---:|
| **steuerpflichtiger Rentenanteil Gerhard (58 % von 12 000)** | **6 960** |
| plus steuerpflichtige Rentenanpassung | +2 356 |
| minus Werbungskostenpauschale Gerhard | −102 |
| plus steuerpflichtiger Rentenanteil Gudrun (58 % von 7 200) | +4 176 |
| plus steuerpflichtige Rentenanpassung Gudrun | +1 414 |
| minus Werbungskostenpauschale Gudrun | −102 |
| plus Gewinn aus Weinhandel | +5 000 |
| minus Altersentlastungsbetrag (33,6 % von 5 000, maximal 1 596) | −1 596 |
| **Einkünfte (alle Angaben in Euro)** | **18 106** |

## Werkspension

Einige Arbeitnehmer, die in Rente gehen, bekommen neben ihrer gesetzlichen Rente auch eine von ihrem ehemaligen Arbeitgeber finanzierte Werkspension. Die Zahlung erfolgt entweder direkt vom Arbeitgeber als Direktzusage oder über eine Unterstützungskasse. Die Werkspension wird ebenso wie eine Beamtenpension steuerrechtlich wie Arbeitslohn behandelt. Der Arbeitgeber führt die Lohnsteuer sowie die gesetzlichen Versicherungsbeiträge ab und stellt eine Lohnsteuerbescheinigung aus.

Als Steuervorteil gibt es einen

▸ Versorgungsfreibetrag von maximal 40 Prozent der Werkspension, höchstens aber 3 000 Euro im Jahr. Dazu kommen
▸ der Zuschlag zum Versorgungsfreibetrag von maximal 900 Euro und
▸ eine Werbungskostenpauschale von 102 Euro.

Worauf Pensionäre bei der Steuer besonders achten sollten, finden Sie ab Seite 120 und 166.

### → Zum Beispiel Hans H.

Der alleinstehende Ruheständler ist seit dem 1. Januar 2019 in Rente. Er bekommt 12 437 Euro Rente, die ist zu 78 Prozent steuerpflichtig (→ Seite 159). Zusätzlich erhält er 500 Euro Werkspension im Monat. Hans muss aus zwei Gründen eine Steuererklärung abgeben. Erstens hatte er neben seiner Werkspension, die als Arbeitslohn gilt, im Jahr mehr als 410 Euro Renteneinkünfte. Zweitens liegen seine gesamten Einkünfte über dem Grundfreibetrag von 9 168 Euro. Den Altersentlastungsbetrag kann Hans nicht nutzen, weil er mit Rente und Pension ausschließlich Altersbezüge erhält. Dieser Freibetrag ist nur für andere steuerpflichtige Einnahmen einsetzbar, etwa für Lohn, Miete, Honorare oder Zinsen, oder für voll steuerpflichtige Altersbezüge wie Zahlungen aus einem Riestervertrag (→ Seite 13). Altersbezüge wie Rente und Pension, für die bereits andere Freibeträge gewährt werden, sind vom Altersentlastungsbetrag ausgenommen.

| steuerpflichtiger Rentenanteil (78 % von 12 437) | 9 700 |
|---|---|
| minus Werbungskostenpauschale für die Rente | − 102 |
| plus Werkspension (500 × 12) | + 6 000 |
| minus Versorgungsfreibetrag (17,6 % von 6 000, → Seite 166) | − 1 056 |
| minus Zuschlag zum Versorgungsfreibetrag | − 396 |
| minus Werbungskostenpauschale für die Pension | − 102 |
| **Einkünfte (alle Angaben in Euro)** | **14 044** |

## Beamtenpension

Die meisten ehemaligen Beamten mussten wegen ihrer Pensionen bisher schon Steuererklärungen abgeben. Das gilt umso mehr, wenn sie selbst oder ihre Ehe- oder Lebenspartner zusätzlich eine Rente bezogen oder weitere Einkünfte hatten.

Steuerlich werden Beamtenpensionen behandelt wie Werkspensionen (→ ab Seite 166). Es gibt also einen

▶ Versorgungsfreibetrag von bis zu 3 000 Euro,
▶ einen Zuschlag von bis zu 900 Euro und
▶ die Werbungskostenpauschale von 102 Euro.

### → Zum Beispiel das Ehepaar E.

Elke und Edgar E. gingen zu Jahresbeginn 2019 gemeinsam in den Ruhestand. Elke hatte 6 000 Euro Jahresrente, die sind zu 78 Prozent

steuerpflichtig (→ Seite 159). Edgar bezog monatlich 2 500 Euro Pension. Sie müssen eine Steuererklärung abgeben, denn neben Edgars Pension, die steuerlich wie Arbeitslohn behandelt wird, gibt es Einkünfte von mehr als 410 Euro im Jahr, nämlich aus Elkes Rente. Zudem liegen die Einkünfte über dem Grundfreibetrag von 18 336 Euro. Der Altersentlastungsbetrag ist nicht nutzbar, denn sie haben ausschließlich Ruhestandsbezüge (→ Seite 13).

| | |
|---|---:|
| **steuerpflichtiger Rentenanteil Elke (78 % von 6 000)** | **4 680** |
| minus Werbungskostenpauschale Elke | −102 |
| plus Pension Edgar (2 500 × 12) | +30 000 |
| minus Versorgungsfreibetrag (maximal 1 320, → Seite 166) | −1 320 |
| minus Zuschlag zum Versorgungsfreibetrag | −396 |
| minus Werbungskostenpauschale Edgar | −102 |
| **Einkünfte (alle Angaben in Euro)** | **32 760** |

## Mehrere gesetzliche Renten

Bekommt jemand mehrere Renten aus gesetzlicher Versicherung, wird in steuerlicher Hinsicht zunächst jede einzeln bewertet. Das gilt zum Beispiel für das Zusammentreffen der eigenen Rente mit einer Hinterbliebenenrente (→ Begriffsübersicht ab Seite 205). Deshalb müssen die Renten in der Steuererklärung getrennt erfasst werden - in unterschiedliche Spalten der Anlage R (Seite 77). Für gesetzliche Renten von Ehepartnern gilt dies ohnehin. Diese gehören in zwei getrennte Anlagen R.

### → Zum Beispiel Johanna J.

Die alleinstehende Johanna ist seit 2019 Rentnerin. Sie bekam
8 400 Euro eigene Rente, die zu 78 Prozent steuerpflichtig ist
(→ Seite 159). Johanna erhält zudem seit 2018 eine Witwenrente von
10 200 Euro. Die Witwenrente ist nur zu 50 Prozent steuerpflichtig,
weil ihr verstorbener Mann bereits seit 2003 Rentner war (→ Seite
135 und 159). Johanna J. muss eine Steuererklärung abgeben, denn
ihre Einkünfte übersteigen den Grundfreibetrag. Warum sie trotzdem
keine Steuern zahlt, lesen Sie ab Seite 25.

| | |
|---|---|
| **steuerpflichtiger Anteil eigene Rente (78 % von 8 400)** | **6 552** |
| plus steuerpflichtiger Anteil Witwenrente (50 % von 10 200) | + 5 100 |
| minus Werbungskostenpauschale (nur eine für beide Renten) | − 102 |
| **Einkünfte (alle Angaben in Euro)** | **11 550** |

## Privatrente

Bezüge aus einer privaten Versicherung sind ebenfalls steuerpflichtig. Sie
werden vom Fiskus aber „milder" behandelt als die gesetzliche Rente, weil
die früher gezahlten Rentenbeiträge meist aus bereits versteuertem Einkommen bezahlt wurden. Der steuerpflichtige Anteil der Leistungen
nennt sich „Ertragsanteil" und seine Höhe richtet sich nach dem Lebensalter bei Rentenbeginn. Wer zum Beispiel mit 65 Jahren erstmals eine solche
Privatrente bezieht, muss 18 Prozent davon versteuern. Wer in jüngerem
Alter schon eine private Rente bekommt, muss mehr versteuern: zum Beispiel mit 60 Jahren 22 Prozent. Die Höhe des Ertragsanteils hat der Gesetzgeber festgeschrieben (→ Tabelle auf Seite 160).

### → Zum Beispiel das Ehepaar K.

Konrad K. ist am 1. Januar 2019 in Rente gegangen. Er erhielt 2019
16 800 Euro gesetzliche Rente, davon sind 13 104 Euro steuerpflichtig
(78 Prozent, → Seite 159). Ebenfalls seit 1. Januar 2019 erhält Konrad
monatlich 100 Euro aus einer privaten Rentenversicherung. Die ist

mit dem sogenannten Ertragsanteil steuerpflichtig. Er beläuft sich auf 18 Prozent, weil Konrad bei Rentenbeginn 65 Jahre alt war (→ Tabelle Seite 160). Ehefrau Karola ging gleichzeitig mit Konrad in Rente. Sie bekam eine gesetzliche Altersrente von 7 800 Euro, davon sind 6 084 Euro steuerpflichtig (78 Prozent). Das Ehepaar aus Leverkusen muss eine Steuererklärung abgeben, weil die Einkünfte von 19 200 Euro den Grundfreibetrag von 18 336 Euro übersteigen, Steuern werden aber trotzdem nicht fällig (→ ab Seite 25).

| | |
|---|---|
| **steuerpflichtiger Rentenanteil Konrad** (78 % von 16 800) | **13 104** |
| plus Privatrente Konrad (100 × 12 = 1 200, davon 18 % steuerpflichtig) | + 216 |
| minus Werbungskostenpauschale (für Konrads beide Renten) | – 102 |
| plus steuerpflichtiger Rentenanteil Karola (78 % von 7 800) | +6 084 |
| minus Werbungskostenpauschale Karola | – 102 |
| **Einkünfte** (alle Angaben in Euro) | **19 200** |

## Zinsen

Mit Zinsen, Dividenden und anderen Kapitalerträgen bessert mancher Ruheständler seine Altersversorgung auf. An Zinsen & Co. möchte aber auch der Fiskus teilhaben, wenn sie den Sparerpauschbetrag übersteigen. Seit 2009 gilt für Zinsen und andere Kapitalerträge die Abgeltungsteuer von 25 Prozent. Das betrifft auch private Veräußerungsgewinne aus Wertpapieren und Dividenden (→ ab Seite 83).

### → Zum Beispiel das Ehepaar L.

Ludwig L. ist seit 2009 Rentner mit einer Jahresrente von 18 663 Euro. Davon sind 15 600 Euro zu 58 Prozent steuerpflichtig, der Rest (3 063 Euro) stammt aus voll steuerpflichtigen Rentenanpassungen. Ehefrau Luise bekommt ebenfalls seit 2009 Rente (rund 8 614 Euro). Davon sind 7 200 Euro zu 58 Prozent steuerpflichtig, 1 414 Euro als Rentenanpassung voll. Luise hat ordentlich angespart. Aus ihrem Depot mit Aktien und Anleihen bezog sie 12 000 Euro Zinsen, Dividen-

den und Kursgewinne. Ehepaar L. muss trotz der erheblichen Kapitalerträge keine Steuererklärung abgeben, weil die Einkünfte unterhalb
des Grundfreibetrags von 18 336 Euro bleiben. Für Zinsen und andere
Kapitalerträge hat die Bank bereits Abgeltungsteuer (25 Prozent) an
das Finanzamt überwiesen, sie tauchen deshalb hier nicht auf. Das
Ehepaar sollte aber unbedingt freiwillig eine Steuererklärung abgeben, denn nur so kann Luise zu viel gezahlte Abgeltungsteuer zurückholen. Warum das so ist, können Sie ab Seite 83 nachlesen.

| | |
|---|---:|
| **steuerpflichtiger Rentenanteil Ludwig** (58 % von 15 600) | **9 048** |
| plus voll steuerpflichtige Rentenanpassung Ludwig | +3 063 |
| minus Werbungskostenpauschale Ludwig | −102 |
| plus steuerpflichtiger Rentenanteil Luise (58 % von 7 200) | +4 176 |
| plus voll steuerpflichtige Rentenanpassung Luise | +1 414 |
| minus Werbungskostenpauschale Luise | −102 |
| **Einkünfte** (alle Angaben in Euro) | **17 497** |

**TIPP:** Für die Ersparnisse der Rentner führen die Banken häufig Abgeltungsteuer ans Finanzamt ab. Wird dann eine Steuererklärung eingereicht, ergibt sich meistens eine Steuererstattung.

## Miete und Pacht

Wer mit vermieteten Immobilien vorgesorgt hat, kassiert neben der Rente noch Miete. Steuerpflichtig ist aber nicht die gesamte Miete, sondern
der Überschuss der Mieteinnahmen über die Werbungskosten, das sind
zum Beispiel Zinsen fürs Hypothekendarlehen, Abschreibungen auf das
Gebäude, Instandhaltungs- und Hausverwaltungskosten. Bei verbilligter
Vermietung an Verwandte gelten besondere Bestimmungen. Wer viel weniger Miete verlangt, als es ortsüblich ist, darf nicht alle Werbungskosten
absetzen (→ Seite 105).

## → Zum Beispiel das Ehepaar M.

Murat M. ist 65 Jahre alt und seit 1. Januar 2019 Rentner. Insgesamt bezog er 15 500 Euro Rente. Die sind zu 78 Prozent steuerpflichtig (→ Seite 159). Seine Frau Martina ist gleichaltrig und erhält 7 300 Euro Jahresrente, ebenfalls zu 78 Prozent steuerpflichtig, weil sie gemeinsam mit Murat 2019 in den Ruhestand ging. Beiden gehört ein Mietshaus, das ihnen nach Abzug aller Kosten 10 000 Euro im Jahr einbringt. Das Ehepaar M. muss trotz Altersentlastungsbetrag eine Steuererklärung abgeben, weil ihre Einkünfte über dem Grundfreibetrag von 18 336 Euro liegen. Warum sie dennoch keine Steuern zahlen, lesen Sie auf 28.

| | |
|---|---:|
| **steuerpflichtiger Rentenanteil Murat** (78 % von 15 500) | **12 090** |
| minus Werbungskostenpauschale Murat | − 102 |
| plus steuerpflichtiger Rentenanteil Martina (78 % von 7 300) | + 5 694 |
| minus Werbungskostenpauschale Martina | − 102 |
| plus steuerpflichtige Mieteinkünfte | + 10 000 |
| minus Altersentlastungsbetrag (17,6 % von 10 000, maximal 2 × 836, → Seite 163) | − 1 672 |
| **Einkünfte** (alle Angaben in Euro) | **25 908** |

# Werden bei Pflichtabgabe stets Steuern fällig?

**Nein.** Wer eine Steuererklärung abgeben muss, wird nicht zwangsläufig zur Kasse gebeten. Das liegt an weiteren Entlastungsmöglichkeiten, und die gibt es für Ruheständler vor allem im Bereich der sogenannten Sonderausgaben, außergewöhnlichen Belastungen und Dienstleistungen im Haushalt. Das sind Kosten, die nichts mit einer Erwerbstätigkeit zu tun haben, sondern aus persönlichen Gründen entstehen. Sie können aber trotzdem dem Finanzamt in Rechnung gestellt werden.

Dazu gehören zum Beispiel bestimmte Versicherungsbeiträge, Spenden oder Unterhaltszahlungen, Kirchensteuern, Ausgaben für Krankheit, Pflege oder Handwerker. Die folgenden Beispiele zeigen Möglichkeiten, wie man trotz der Pflichtabgabe einer Steuererklärung von Steuerzahlungen verschont bleiben kann. Aber auch wenn Steuern fällig werden, können diese Abzugsmöglichkeiten eine erhebliche Entlastung bringen.

## Sonderausgaben

Beiträge zur Kranken- und Pflegeversicherung müssen in der Regel alle zahlen, die eine gesetzliche Rente, eine Betriebsrente oder eine Pension beziehen. Diese Beiträge belasten Ruheständler verhältnismäßig hoch. Umso mehr entlasten sie in der Steuererklärung, wo sie neben dem Sonderausgaben-Pauschbetrag von 36 Euro für Ledige und 72 Euro für Ehe- und Lebenspartner abzugsfähig sind (→ Seite 69 und 173).

### → Zum Beispiel Fritz F. von Seite 16

Der sportliche Rentner kommt mit seiner Rente und seinen Zusatzeinnahmen auf 10 481 Euro steuerpflichtige Einkünfte. Das bedeutet die Abgabe einer Steuererklärung, weil Fritz damit Einkünfte oberhalb des Grundfreibetrags von 9 168 Euro hat. In die Anlage Vorsorgeaufwand seiner Einkommensteuererklärung schreibt er die von ihm selbst getragenen Beiträge zur Krankenversicherung (hälftiger Bei-

tragssatz: 7,3 Prozent), Pflegeversicherung (3,05 Prozent) sowie den individuellen Zusatzbeitrag zur Krankenversicherung (0,45 Prozent). Damit unterschreitet Fritz den Grundfreibetrag von 9 168 Euro und muss trotz Steuererklärung keinen einzigen Cent Steuern zahlen (→ auch Seite 173 und Seite 177).

| Einkünfte | 10 481 |
|---|---|
| minus Krankenversicherung (7,3 % von 12 300 Euro Bruttorente) | – 898 |
| minus Zusatzbeitrag (0,45 % von 12 300 Euro Bruttorente) | – 56 |
| minus Pflegeversicherung (3,05 % von 12 300 Euro Bruttorente) | – 375 |
| minus Sonderausgaben-Pauschbetrag | – 36 |
| **zu versteuern** (alle Angaben in Euro)  9 116 | |

## Außergewöhnliche Belastungen

Unter diesen Begriff fallen abzugsfähige Ausgaben, die Ruheständlern häufig entstehen. Dazu gehören zum Beispiel Ausgaben für

- ▶ Gesundheit,
- ▶ Behinderung,
- ▶ die Pflege von Angehörigen,
- ▶ den Unterhalt von Angehörigen.

An einigen dieser Kosten beteiligt sich das Finanzamt nur, wenn der Betroffene einen Teil selbst schultert. Dieser Teil nennt sich zumutbare Belastung und richtet sich nach Einkommen, Familienstand und Kinderzahl (→ Seite 58 und 164). Ob das auch für Krankheits- und Pflegekosten gilt, ist umstritten. Steuerbescheide bleiben in diesem Punkt bis zur Entscheidung des Bundesverfassungsgerichts offen (→ Seite 138).

→ **Zum Beispiel Johanna J. von Seite 21**

Die Rentnerin hat mit ihrer eigenen und mit ihrer Witwenrente brutto 18 600 Euro, davon sind Einkünfte von 11 550 Euro steuerpflichtig. Sie muss eine Steuererklärung abgeben. Auch mithilfe der Beiträge zur Kranken- und Pflegeversicherung (insgesamt 10,8 Prozent) kommt sie nicht darum herum. Trotzdem zahlt sie keine Steuern, weil sie für Zahnarzt, Kur und Medikamente 779 Euro als außergewöhnliche Belastung geltend machen kann und damit unter dem Grundfreibetrag von 9 168 Euro bleibt.

| Einkünfte | 11 550 |
|---|---:|
| minus SV-Beiträge (10,8 % von 18 600) | −2 009 |
| minus Sonderausgaben-Pauschbetrag | −36 |
| minus Krankheitskosten nach Abzug der zumutbaren Belastung | −779 |
| **zu versteuern** (alle Angaben in Euro) | **8 726** |

## Dienstleistungen im Haushalt

Sogar wenn unter dem Strich eine Steuerforderung steht, ist es möglich, ungeschoren davonzukommen. Bestimmte Ausgaben verringern die Steuerschuld nämlich unmittelbar. Dazu gehören die für „haushaltsnahe Dienstleistungen" und für „Handwerkerleistungen im Haushalt". Das ist zum Beispiel der Fall, wenn ein Privathaushalt eine Firma beauftragt, um

▸ Fenster zu putzen,

▸ den Garten zu pflegen,

▸ Kinder oder Alte zu betreuen oder

▸ das Badezimmer zu sanieren.

Bei haushaltsnahen Dienstleistungen erkennt das Finanzamt Personalkosten bis zu 20 000 Euro pro Jahr an. Davon senken 20 Prozent, also maximal 4 000 Euro, unmittelbar die Steuerschuld. In diesem Rahmen ist auch die Beschäftigung einer sozialversicherungspflichtig angestellten Haushaltshilfe förderfähig. Im Rahmen der haushaltsnahen Dienstleistungen können nahezu alle Wohnungsmieter und Eigentümer, die ihre Wohnung selbst nutzen, Aufwendungen geltend machen, zum Beispiel für Treppenreinigung, Winterdienst oder Gartenpflege. Der Vermieter oder der Verwalter bescheinigt die förderfähigen Leistungen in der Regel auf der Nebenkostenabrechnung (→Tipp ab Seite 65). Daneben sind Handwerkerleistungen rund um Haus und Wohnung bis zu 6 000 Euro im Jahr förderfähig. Auch hier senken 20 Prozent davon, also bis zu 1 200 Euro, unmittelbar die Steuerschuld (→ ab Seite 64).

### → Zum Beispiel das Ehepaar M. von Seite 24

Das Ehepaar erzielte Einkünfte von 25 908 Euro. Auch unter Berücksichtigung der Kranken- und Pflegeversicherungsbeiträge müsste das Ehepaar 778 Euro Einkommensteuer zahlen. Aber dazu kommt es nicht: Für die sozialversicherungspflichtige Beschäftigung einer Hausangestellten, die ihr Einfamilienhaus putzt, zahlen sie 4500 Euro im Jahr. Mit 20 Prozent davon (900 Euro → Seite 63) drücken die Eheleute Martina und Murat M. ihre Steuerschuld auf null.

| Einkünfte | 25 908 |
|---|---:|
| minus SV-Beiträge (10,8 % beider Bruttorenten von 22 800) | −2 463 |
| minus Sonderausgaben-Pauschbetrag (2 × 36) | −72 |
| zu versteuerndes Einkommen | 23 373 |
| Einkommensteuer auf 23 271 | 828 |
| minus Steuerermäßigung für Reinigungskraft | −900 |
| **verbleibende Steuer** (alle Angaben in Euro) | **0** |

**TIPP:** Selbst wenn Ruheständler eine Steuererklärung abgeben müssen, können sie wegen ihrer Versicherungsbeiträge, Ausgaben für eine Haushaltshilfe oder für Handwerker von der Steuerzahlung verschont bleiben.

## Zinsen: Eine kleine Steuererstattung

Manchmal zahlen Rentner und Pensionäre Steuern, ohne je eine Steuererklärung abzugeben. Das geht ganz einfach. Wer ein paar Zinsen oberhalb des Sparerpauschbetrags hat (801/1 602 Euro, alleinstehend beziehungsweise verheiratet/verpartnert) oder wer seinen Sparerpauschbetrag nicht optimal einsetzt, zahlt 25 Prozent Abgeltungsteuer plus 5,5 Prozent Solidaritätszuschlag. Manche merken das gar nicht, denn die Bank behält die Steuer automatisch ein und führt sie an das Finanzamt ab.

### → Zum Beispiel Nina N.

Die alleinstehende Rentnerin hat eine Jahresbruttorente von 13 450 Euro, die steuerfrei bleibt, weil die Renteneinkünfte unterhalb des Grundfreibetrags von 9 168 Euro liegen. Zusätzlich kassiert Rentnerin Nina N. 4 000 Euro Zinsen und andere Kapitalerträge. Bei voll ausgeschöpftem Freistellungsauftrag führte die Bank 844 Euro Abgeltungsteuer (25 Prozent plus 5,5 Prozent Soli) an das Finanzamt ab. Nina N. staunte nicht schlecht, dass es anstelle der befürchteten Steuerzahlung eine Steuererstattung für sie gab.

| | |
|---|---|
| steuerpflichtiges Renteneinkommen (unter Berücksichtigung der Sonderausgaben) | 5 518 |
| plus Zinsen | + 4 000 |
| minus Sparerpauschbetrag | − 801 |
| steuerpflichtige Kapitaleinkünfte (4 000 minus 801) | 3 199 |
| minus Altersentlastungsbetrag (40 % von 3 199, → Seite 13) | − 1 280 |
| zu versteuerndes Einkommen | 7 437 |
| Einkommensteuer | 0 |
| gezahlte Abgeltungsteuer (25 % von 3 199 plus Soli) | − 844 |
| Steuererstattung (alle Angaben in Euro) | 844 |

# Warum immer mehr Ruheständler mit dem Fiskus rechnen müssen

**Seit 2005 gilt das Alterseinkünftegesetz.** Es verändert die Besteuerung von Ruhestandseinkommen grundlegend – bis zum Jahr 2040. Seine Wirkung „beschert" vielen Rentnern und Pensionären mehr Steuern. Bis 2004 hing der steuerpflichtige Rentenanteil davon ab, in welchem Alter jemand in Rente ging. (→ vereinfachtes Beispiel auf Seite 31).

Das Lebensalter bei Beginn der gesetzlichen Rente spielt seit 2005 keine Rolle mehr. Wichtig ist jetzt das Kalenderjahr, in dem man in Rente geht. Wer 2005 Rentner war oder wurde, muss 50 Prozent seiner damaligen Rente versteuern, egal wie alt er ist. Für Rentner, die 2005 mindestens 65 Jahre alt waren, bedeutet das die Erhöhung des steuerpflichtigen Rentenanteils um bis zu 23 Prozentpunkte. Trotzdem fallen bei ihnen für Jahresrenten bis etwa 19 000 Euro (alte Bundesländer) und 18 000 Euro (neue Bundesländer) keine Steuern an, Rentnerehepaare erhalten das Doppelte steuerfrei. Voraussetzung ist aber, dass zur gesetzlichen Rente keine weiteren Einkünfte hinzukommen. Wer zum Beispiel Miete, eine Werkspension oder den Arbeitslohn des Ehepartners zu versteuern hat, muss schon bei weit geringeren Renteneinkünften mit dem Finanzamt rechnen (→ Seite 168).

### → Zum Beispiel Paul P.

Der alleinstehende Rentner bezog 2004 und 2005 jeweils eine Bruttorente von 15 600 Euro. Zusätzlich hat er nach Abzug des Altersentlas-
tungsbetrags 2004 und 2005 jeweils Mieteinkünfte von 5 000 Euro.
Obwohl sich seine Einkommenslage gegenüber 2004 nicht geändert
hat, bittet ihn der Fiskus seit 2005 zur Kasse. Das liegt vor allem daran, dass das Alterseinkünftegesetz den Besteuerungsanteil von
Pauls gesetzlicher Rente 2005 im Vergleich zum Vorjahr 2004 auf einen Schlag von 27 auf 50 Prozent erhöht hat, immerhin um 23 Prozent.

| Jahr | 2004 | 2005 |
|---|---|---|
| steuerpflichtiger Rentenanteil (27 % bzw. 50 % von 15 600) | 4 212 | 7 800 |
| minus Werbungskostenpauschale | − 102 | − 102 |
| minus Sonderausgaben-Pauschbetrag | − 36 | − 36 |
| minus Kranken- und Pflegeversicherung (10 %) | − 1 560 | − 1 560 |
| plus Mieteinkünfte | + 5 000 | + 5 000 |
| zu versteuern | 7 514 | 11 102 |
| **Einkommensteuer** (alle Angaben in Euro) | **0** | **620** |

Die Anhebung des steuerpflichtigen Rentenanteils auf die Hälfte war nur
ein Anfang. Jeder neue Rentnerjahrgang muss etwas mehr von seiner Rente versteuern als der Vorgängerjahrgang, bis 2040 die gesamte Rente steuerpflichtig wird. Aber bleiben wir in der Gegenwart. Wer bereits 2005
Rentner war, versteuert 50 Prozent seiner damaligen Rente, der Euro-Betrag der anderen 50 Prozent bleibt steuerfrei – ein Leben lang. Wer 2009
in Rente ging, hat einen Freibetrag von 42 Prozent und kann rund
17 000 Euro Rente steuerfrei kassieren. Der Rentenbeginn 2019 bedeutet
ein Verhältnis von 22 Prozent steuerfrei zu 78 Prozent steuerpflichtig und
so weiter (→ Seite 160). Dieser Prozentsatz richtet sich nach dem Kalenderjahr des Renteneintritts, der persönliche Rentenfreibetrag wird in zwei
Schritten ermittelt, wie das Beispiel auf der folgenden Seite zeigt.

## → Zum Beispiel Regina R.

Die 66-jährige verheiratete Bankangestellte aus Berlin ging am 1. Juli 2018 in Rente, sie erhielt 1 000 Euro Monatsrente. Davon muss sie 76 Prozent versteuern, 24 Prozent bleiben steuerfrei. Damit ist zwar der Prozentsatz klar, nicht aber die Höhe des persönlichen Rentenfreibetrags in Euro. Die wird immer auf der Grundlage der Rente des Folgejahres ermittelt. Das ist für Regina R. sogar vorteilhaft. Da sich die Rente zum 1. Juli 2019 um 3,9 Prozent erhöht hat (also um 234 Euro), wächst auch ihr Rentenfreibetrag ein klein wenig mit: nämlich auf gut 5 550 Euro. Dort bleibt er stehen, egal welche Rentenanpassungen danach noch kommen. Das bedeutet für sie auch: Jede Rentenerhöhung nach 2008 ist nicht nur anteilig, sondern voll steuerpflichtig.

| Bruttorente Januar bis Juni 2019 | 6 000 |
| --- | --- |
| plus Bruttorente Juli bis Dezember 2019 | + 6 234 |
| Bruttorente 2008 | 12 234 |
| davon 24 Prozent steuerfrei (alle Angaben in Euro) | 2 936 |

Aber auch Pensionäre müssen „bluten". Der Versorgungsfreibetrag sinkt zwischen 2005 und 2040 von 3 000 Euro auf null. Gleichermaßen im Sinkflug befindet sich der Zuschlag zum Versorgungsfreibetrag (→ ab Seite 166).

## Altersentlastungsbetrag schwindet

Das Alterseinkünftegesetz baut Vorteile ab, die Rentner und Pensionäre in bestimmten Punkten begünstigten. Einschnitte beim Altersentlastungsbetrag treffen beide Gruppen gleichermaßen, und zwar Menschen, die 65 Jahre und älter sind und zum Beispiel Arbeitslohn, Zinsen, Mieten oder Gewinne zu versteuern haben.

Auf Renten und Pensionen ist dieser Freibetrag grundsätzlich nicht anwendbar (→ Seite 13). 2040 soll er ganz wegfallen, und bis dahin wird er jedes Jahr schwindsüchtiger. Wer ihn 2019 erstmals nutzen darf, muss vor dem 2. Januar 1955 geboren sein. Für ihn bleiben 17,6 Prozent der begünstigten Einkünfte steuerfrei, maximal 836 Euro. Wer vor dem 2. Januar 1941 geboren wurde, erhält noch 40 Prozent, maximal 1 900 Euro (→ Tabelle Seite 163). Zum Glück gibt es wenigstens einen Bestandsschutz. Wenn beispielsweise jemandem der Altersentlastungsbetrag im Jahr 2013 erstmals zustand, behält er die für 2013 festgelegten 27,2 Prozent lebenslang.

### → Zum Beispiel das Ehepaar St.

Stefan St. bekommt seit 2003 eine gesetzliche Rente. Seine Ehefrau Stine, geboren am 1. April 1955, arbeitet halbtags als Verkäuferin. Nach Berücksichtigung sämtlicher Abzüge (einschließlich Sozialversicherung) bleiben von Lohn und Rente zusammen 16 000 Euro steuerpflichtiges Einkommen. Stefans Mietshaus beschert ihnen nach Abzug aller Kosten 9 000 Euro Mieteinkünfte. Da er bereits im Jahr 2005 älter als 65 war, steht ihm ein Altersentlastungsbetrag von 40 Prozent zu, maximal 1 900 Euro. Den behält er sein Leben lang. Stine darf den Altersentlastungsbetrag erst ab 2020 nutzen, dann gibt es aber nur noch 16 Prozent, maximal 760 Euro.

| | |
|---|---:|
| **steuerpflichtiges Lohn- und Renteneinkommen** | **16 000** |
| plus jährliche Mieteinkünfte | +9 000 |
| minus Altersentlastungsbetrag Stefan (40 %, von 9 000, max. 1 900) | −1 900 |
| zu versteuern | 23 100 |
| **Einkommensteuer** (alle Angaben in Euro) | **778** |

Der Altersentlastungsbetrag ist zwar nicht auf gesetzliche Renten anwendbar, ebenfalls nicht auf Privatrenten, die mit dem Ertragsanteil besteuert werden, und auch nicht auf Pensionen, die der Arbeitgeber zahlt. Er kann aber die steuerliche Belastung der Riester-Rente und bestimmter Formen der betrieblichen Altersversorgung verringern. Dazu gehören zum Beispiel voll steuerpflichtige Zahlungen aus Pensionsfonds oder Pensionskassen (→ Seite 211).

## Erwerbsminderungsrenten

Erwerbsminderungsrenten aus der gesetzlichen Versicherung sind jetzt mit mindestens 50 Prozent steuerpflichtig. Sie werden genau so wie gesetzliche Altersrenten besteuert. Entscheidend ist das Jahr des Rentenbeginns. Wer 2019 erstmals eine gesetzliche Erwerbsminderungsrente erhielt, muss 78 Prozent davon versteuern (→ Seite 159). Die Höhe des steuerpflichtigen Anteils privater Erwerbsminderungsrenten bemisst sich weiterhin vor allem nach der voraussichtlichen Laufzeit der Rente (→ ab Seite 161).

## Mütterrente

Die Mütterrente für vor 1992 geborene Kinder ist an sich keine eigenständige Rente, sondern eine Erweiterung der Altersrente. Bei den 2014 und 2019 beschlossenen Erhöhungen auf Grund der Anrechnung der Kindererziehungszeiten gibt es einen steuerfreien und einen steuerpflichtigen Teil. Anders als die jährliche Rentenanpassung zum 1. Juli ist die Erhöhung nicht voll steuerpflichtig. Sie ist, ähnlich wie die bisherige Rente, anteilig steuerfrei. Daher wird der Rentenfreibetrag von der Rentenversicherung für die gesamte Altersrente neu berechnet. Den ab 2019 aktuell berechneten und etwas höheren Rentenfreibetrag können Sie mit Hilfe der Rentenbezugsmitteilung bestimmen (→ Seite 36).

# Kurze Zwischenbilanz

**Die Frage**, ob eine Steuererklärung abzugeben ist oder nicht, lässt sich, wie wir gesehen haben, nicht pauschal beantworten. Dafür ist die steuerliche Situation jedes Einzelnen zu unterschiedlich und das Steuerrecht zu unübersichtlich. Die Beispiele zeigen aber auch, dass es mit relativ einfachen Berechnungen, ein paar Überlegungen und Vergleichen möglich ist, für die eigene Situation die zutreffende Antwort zu finden. Dabei können die aufgeführten Beispiele Hilfestellung geben, wenn die eigenen Daten eingesetzt und durchgerechnet werden. Ab Seite 174 finden Sie ein vereinfachtes Berechnungsschema, das Ihnen hilft, Ihre steuerpflichtigen Einkünfte zu ermitteln. Landen Sie dabei oberhalb des ab 2019 geltenden Grundfreibetrags von 9 168/18 336 Euro (Alleinstehende/Ehepaare sowie eingetragene Lebenspartnerschaften), wird eine Steuererklärung fällig.

Wer auf Seite 175 die steuerpflichtigen Einkünfte ermittelt hat, kann auf Seite 176 sein zu versteuerndes Einkommen berechnen. Das erfolgt unter Berücksichtigung von Sonderausgaben (→ Seite 49 und 69) und außergewöhnlichen Belastungen (→ Seite 54). Mit den Einkommensteuertabellen ab Seite 177 lässt sich überschlägig feststellen, ob überhaupt und welche Belastungen kommen. Unter www.test.de/Steuerrechner oder www.bmf-steuerrechner.de („Berechnung der Einkommensteuer") können Sie die Steuerschuld genauer ermitteln, einschließlich der Grenz- und Durchschnittssteuersätze. Wenn die Einkünfte nur ein wenig über der kritischen Grenze für die Abgabepflicht der Steuererklärung liegen (9 168 Euro für Alleinstehende, 18 336Euro für Verheiratete/Verpartnerte), kann nicht viel passieren. Wie gezeigt, können verschiedene Ausgaben die steuerpflichtigen Einkünfte drücken. Ruheständler können mindestens ihre Beiträge zur Kranken- und Pflegeversicherung abziehen. Wenn danach keine Steuern anfallen, verzichtet das Finanzamt – auf Antrag – regelmäßig auf künftige Steuererklärungen. Wer unsicher ist, sollte einfach eine Steuererklärung abgeben. Dann entsteht so oder so Klarheit.

Für zügiges Handeln spricht eine weitere Entwicklung: Seit 2005 arbeitet die Finanzverwaltung daran, sich den vollen Überblick über alle Zahlungen zu verschaffen, die Ruheständler bekommen. Und fest steht, dass das Kontrollsystem zunehmend besser funktioniert (→ ab Seite 124). Immer mehr Rentner, die nach Auffassung des Finanzamts eigentlich Steuern zahlen müssten, das aber nicht getan haben und auch keine Steuererklärung abgaben, erhielten und erhalten weiterhin Amtspost. Darin steht die Aufforderung, eine Steuererklärung (eventuell auch für Vorjahre) abzugeben. Das betrifft inzwischen Hunderttausende Rentner.

Der Aufwand für eine Steuererklärung hält sich bei Ruheständlern in der Regel in Grenzen, und außerdem gibt es mit diesem Ratgeber Unterstützung: Wie Sie Ihre Steuererklärung ausfüllen sollten, erläutern wir ab Seite 39 ausführlich.

Entscheidungshilfe und praktische Unterstützung bieten zudem Steuerberater und Lohnsteuerhilfevereine (→ Seite 130). Der Sachbearbeiter im Finanzamt ist zu kostenlosen Auskünften verpflichtet. Er beantwortet einzelne Fragen, eine Gesamtberatung kann er nicht bieten. Die Deutsche Rentenversicherung Bund (DRV) schickt Rentnern auf schriftlichen oder telefonischen Antrag eine kostenfreie Rentenbezugsmitteilung über alle im Jahr gezahlten Leistungen mit exakten Hinweisen, was in den Steuerformularen einzutragen ist. Nach einmaligem Antrag wird die Mitteilung in den folgenden Jahren regelmäßig zugesandt.

Wer nicht mehr als 9 168/18 336 Euro zu versteuerndes Einkommen hat (alleinstehend/verheiratet oder verpartnert), kann sich auf Antrag beim Finanzamt von der Pflicht zur Abgabe einer Steuererklärung befreien lassen. Mit lästiger Amtspost muss er dann nicht mehr rechnen. Aber Achtung: Die jährlichen Rentenanpassungen zum 1. Juli sorgen nicht nur für ein willkommenes Plus in der Haushaltskasse. In diesem Jahr waren es rund 3,2 Prozent in den alten und 3,9 Prozent in den neuen Bundesländern. Diese voll steuerpflichtigen Rentenerhöhungen führen in einigen Fällen dazu, dass auch bislang „verschonte" Ruheständler eine Steuererklärung abgeben und Steuern zahlen müssen. Der Kreis der steuerzahlenden Ruheständler wächst jährlich im fünf- bis sechsstelligen Bereich.

Wer eine Steuererklärung abgeben muss oder möchte, findet in der folgenden Anleitung eine Hilfe. Sie führt gradlinig Schritt für Schritt durch die für Ruheständler wichtigsten Formulare und erläutert an den jeweiligen Formularzeilen, warum das für Rentner und Pensionäre sehr wichtig ist.

Mit seiner strikten Orientierung an den Formularzeilen kann dieser Ratgeber allen helfen, die eine Steuererklärung abgeben. Das gilt unabhängig davon, ob sie noch „analog" auf Papier arbeiten oder per Computer bereits „digital" unterwegs sind. Wer erstmals ELSTER oder ein kommerzielles Computerprogramm nutzen will oder muss, findet ab Seite 141 eine stark erweiterte Schritt-für-Schritt-Hilfe für den Übergang.

Ab Seite 119 erhalten Sie Zusatztipps, etwa dazu, wie Sie sich gegenüber dem Finanzamt richtig verhalten oder was sich steuergesetzlich geändert hat. So haben wir auf Anregung von Lesern die wichtigsten Formularänderungen des Jahrgangs 2019 in einer Übersicht zusammengefasst (→ ab Seite 181).

Das Buch schließt mit einer ausführlichen Übersicht oft genutzter Begriffe rund um Rente und Pension (→ ab Seite 205) und mit den ausgefüllten Originalformularen des Jahrgangs 2019 (→ ab Seite 184). Das bietet – genauso wie die einleitenden Begriffserklärungen und Beispielfälle – zusätzliche Orientierung, egal ob die Steuererklärung auf Papier oder elektronisch entstehen soll.

Wer vom Finanzamt dann letztendlich doch zur Kasse gebeten wird, kann sich vielleicht ein wenig mit der gesicherten Erkenntnis trösten: „Das Schöne am Steuerzahlen ist, dass es garantiert nicht süchtig macht."

# Schritt für Schritt

Die folgende Anleitung führt Schritt für Schritt durch die für Sie wichtigsten Formulare. Dabei hilft Ihnen die strikte Orientierung an den Zeilennummern, egal ob Sie die Formulare auf Papier oder elektronisch ausfüllen.

**Zugegeben:** Beim Durchblättern der Formulare löst die Mischung aus Amtsdeutsch und Steuerchinesisch nicht selten ein Stirnrunzeln aus. Das Lesen, Verstehen und Ausfüllen der Einkommensteuererklärung bleibt anstrengend. Wer die Formulare ausfüllen muss, kann sich aber damit trösten, nicht allein zu sein. Über 28 Millionen Erklärungen werden jedes Jahr abgegeben, und all diese Menschen haben es schließlich auch geschafft. Außerdem ist häufig weniger einzutragen als noch im Vorjahr.

Auf den nächsten Seiten finden Sie eine Anleitung, die Schritt für Schritt durch die Formulare führt und dabei die Belange von Rentnern und Pensionären besonders berücksichtigt. Am Ende steht das gute Gefühl, den „Papiertiger" oder den „digitalen Sumpf" besiegt zu haben.

Die Formulare erhalten Sie beim Finanzamt. Wer Schwierigkeiten hat, dorthin zu kommen, bittet die Beamten telefonisch oder schriftlich um Zusendung oder fragt Nachbarn, Bekannte oder Verwandte, ob sie die Unterlagen mitbringen können. Auch über das Internet können Sie die Steuererklärungsformulare finden. Unter www.formulare-bfinv.de ist „Formularcenter" anzuklicken und danach das Feld „Steuerformulare" sowie „Einkommensteuer" auszuwählen. Die Vordrucke können auch am PC ausgefüllt und danach ausgedruckt werden. Wer eine Erklärung für die Jahre vor 2019 abgibt, muss unbedingt die alten Formulare verwenden. Zur elektronischen Steuererklärung finden Sie ab Seite 141 ausführliche Hinweise für die Arbeit mit ELSTER und kommerziellen Steuerprogrammen.

> → **NEU:** Die Papiervordrucke zur Steuererklärung 2019 sind gegenüber den Vorjahren stark verändert. Einige Felder, die bereits übermittelte „eDaten" abfragen, müssen in der Regel nicht mehr ausgefüllt werden.

Daten für die mit ⓔ gekennzeichneten Zeilen liegen im Regelfall vor und müssen, wenn sie zutreffend sind, nicht ausgefüllt werden.
– Bitte Infoblatt eDaten / Anleitung beachten –

Zahlreiche Daten für die Steuerberechnung werden bereits von anderen Stellen an die Finanzverwaltung gemeldet. Gleichzeitig erhalten Sie per Post einen Ausdruck dieser elektronisch gesendeten „eDaten". Beim Pensionär ist es die Lohnsteuerbescheinigung des ehemaligen Arbeitgebers, beim Rentner die Rentenbezugsmitteilung der Rentenversicherung, die Leistungsmitteilung der Pensionskasse oder eine Bescheinigung von der Krankenkasse über die gemeldeten Beiträge zur Basiskrankenversicherung. Wenn die Angaben in den zugesandten Bescheinigungen richtig sind, müssen diese gemeldeten eDaten in die Papiervordrucke der Steuererklärung NICHT mehr eingetragen werden. In den Vordrucken sind die Zeilen, die das betrifft, mit ⓔ gekennzeichnet und dunkelgrün unterlegt. Außerdem enthält jedes Formular, in dem bestimmte Zeilen nicht mehr ausgefüllt werden müssen, einen Hinweis im oberen Bereich.

Wenn Sie, zum Beispiel in der Anlage R, nur Angaben in den dunkelgrünen Feldern eintragen würden, können Sie auf das jeweilige Formular sogar ganz verzichten. Der Ruheständler, der ausschließlich Bezüge erhält, die elektronisch an die Finanzverwaltung gemeldet werden und der bis auf die ebenfalls automatisch gemeldeten Kranken- und Pflegeversicherungsbeiträge keine weiteren Ausgaben geltend machen will, kann einfach den Hauptvordruck mit seinen persönlichen Daten und der Unterschrift zu seinem Finanzamt schicken. Damit hat er seine Pflicht zur Abgabe der Steuererklärung erfüllt. Sie sollten dabei folgendes beachten:

Wenn Sie Felder mit eDaten frei lassen, gilt für Sie eine Änderung, die mit dem „Gesetz zur Modernisierung des Besteuerungsverfahrens" eingeführt wurde. Danach werden die gemeldeten Daten der Rentenversicherung oder Krankenkasse so behandelt, als ob Sie die Beträge in die Steuererklärung tatsächlich eingetragen hätten. Die Daten gelten als Ihre Angaben und die unterschriebene Steuererklärung ist trotz nicht ausgefüllter Zeilen und fehlender Anlagen aus Sicht des Finanzamtes vollständig.

Die Neuregelung bedeutet jedoch keineswegs, alles so hinzunehmen, wie es gemeldet wurde. Einerseits kann eine Datenmeldung falsch sein und die Steuer zu Ihrem Nachteil zu hoch ausfallen. Andererseits müssen Sie auch Angaben ergänzen oder berichtigen, wenn Sie feststellen, dass etwas fehlt und die Steuer möglicherweise zu niedrig ausfallen würde.

Bevor Sie mit der Steuererklärung beginnen, sind die gewohnten Vorarbeiten notwendig. Suchen Sie alle Bescheide, Mitteilungen und andere Belege über steuerpflichtige Einnahmen heraus, zum Beispiel Rentenbescheide, Lohnsteuerbescheinigungen oder Steuerbescheinigungen von Banken. Weiter geht es mit Kontoauszügen, Quittungen, Rechnungen oder anderen Belegen für Ausgaben. Besonders wichtig ist der Schritt, die Unterlagen zu den gemeldeten Daten zu kontrollieren. Prüfen Sie in der Rentenbezugsmitteilung, ob die Rentenversicherung Ihre Rentenbeträge korrekt an die Finanzverwaltung übermittelt hat. Finden Sie einen Fehler, müssen Sie die richtigen Werte unbedingt in die betreffende Anlage eintragen. Legen Sie am besten einen Beleg oder eine Erläuterung zum festgestellten Fehler der Steuererklärung bei. Der Sachbearbeiter im Amt muss dann ermitteln, welcher Betrag im Steuerbescheid zu berücksichtigen ist.

Ein Blick in die Anleitung zu den einzelnen Vordrucken hilft beim Ausfüllen der Steuererklärung. Die bisher zusammengefassten Erläuterungen für den Mantelbogen gibt es nicht mehr. Mit der Umstellung muss der Rentner nicht mehr seitenweise für seinen Steuerfall völlig überflüssige Informationen durchlesen. Jedem Formular wird seine eigene Anleitung an die Seite gestellt. Die Finanzverwaltung möchte, dass die gesuchte Information nach kurzem Lesen gefunden wird.

Ebenfalls neu ist das Infoblatt eDaten. Für eine Übergangzeit wird das Infoblatt Sie in den nächsten Jahren begleiten. In einem Frage-/Antwortkatalog werden die Neuerungen dargestellt.

Das Weglassen der Eintragungen bei den eDaten gilt bisher nur für die Steuererklärung auf Papier. Wer seine Steuererklärung elektronisch ausfüllt, übernimmt weiterhin die Beträge aus den Bescheinigungen oder dem elektronischen Abruf (Leitfaden für ELSTER, → Seite 155) in seine Steuererklärung. Mit einem Steuerprogramm kann dann bereits im Voraus berechnet werden, ob eine Steuernachzahlung anfällt und wie sich Ausgaben steuermindernd auswirken.

Alle in diesem Ratgeber genannten Bestimmungen für Ehen zwischen Männern und Frauen gelten ebenso für Ehen gleichgeschlechtlicher Partner und für eingetragene Lebenspartnerschaften, auch wenn das nicht überall gesondert erwähnt wird. Die Partner der beiden letztgenannten Verbindungen werden in den Formularen seit 2017 als „Person A" und „Person B" bezeichnet (→ Seite 44).

**TIPP:** Vergessen Sie nicht, sich von allem, was Sie ans Finanzamt schicken, eine Kopie zu machen. Kommt es zu Rückfragen, können Sie mithilfe der Kopien besser reagieren. Außerdem haben Sie eine gute Vorlage für das nächste Jahr. Wer elektronisch abgibt, hat die sowieso.

# Los geht's mit dem Hauptvordruck

**Der Mantelbogen ist Vergangenheit.** Der Hauptvordruck wurde bisher landläufig Mantelbogen genannt, weil er die einzelnen Papier-Anlagen wie ein Mantel umschlossen hat. Ab der Steuererklärung 2019 besteht das Formular nur noch aus zwei Seiten. Schlanker muss die eingereichte Steuererklärung deshalb nicht zwangsläufig ausfallen, da die „ausgelagerten" Abfragen nun in vier weiteren Anlagen eingetragen werden können (→ das ausgefüllte Formular Seite 184).

 **NEU:** Manche Rentner müssen ab 2019 nur noch den Hauptvordruck ausfüllen und haben ihre Steuererklärung damit erledigt. Weitere Anlagen helfen vor allem, Steuern zu sparen.

## Zeile 1 bis 5: Aller Anfang ist leicht

Ganz oben links in **Zeile 1** machen Sie Ihr Kreuz bei „Einkommensteuererklärung". Wer eine Steuererklärung nur deswegen abgibt, weil er Kirchensteuer auf Zinsen und andere Kapitalerträge bezahlen muss, kreuzt das in **Zeile 2** (linkes Kästchen) an. Das ist immer dann erforderlich, wenn jemand kirchensteuerpflichtig ist und die Bank die Abgeltungsteuer auf Zinsen ohne die Berücksichtigung von Kirchensteuer an das Finanzamt abgeführt hat. Ob das so war, ergibt sich aus den Mitteilungen der Bank.

Seit 2015 führen Banken und andere Finanzinstitute Kirchensteuer, die sie einbehalten haben, automatisch an den Fiskus ab. Wenn das laut Steuerbescheinigung geschehen ist, müssen Sie hier nichts ankreuzen. Haben Sie beim Bundeszentralamt für Steuern einen „Sperrvermerk" eingereicht, kommt hierher ein Kreuz ( Seite 85). Wenn Sie eine Steuernummer haben, tragen Sie die in **Zeile 3** ein, ansonsten lassen Sie diese Zeile frei oder schreiben das Wort „NEU" hinein. Die Persönliche Identifikationsnummer wird in **Zeile 7 und 16** abgefragt. Das zuständige Finanzamt (**Zeile 4**) ist das Amt, in dessen Amtsbezirk Sie derzeit wohnen. Nur nach einem Wohnsitzwechsel ist ein Eintrag in **Zeile 5** erforderlich. In **Zeile 4** am rechten Rand finden Sie ebenfalls den ersten Hinweis auf eine grundlegende Veränderung ab der Steuererklärung 2019. Die für Sie gemeldeten Daten, zum Beispiel von der Rentenversicherung, brauchen Sie in der Regel nicht mehr in die Steuererklärung eintragen. Die Felder, in denen Sie in der Regel keine Eintragungen vornehmen sollen, sind mit einer dunkelgrünen Farbe hervorgehoben.

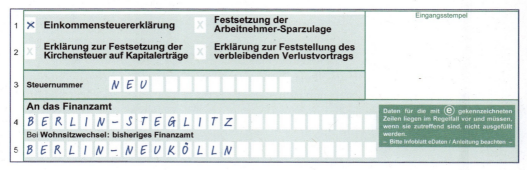

## Zeile 6 bis 23: Allgemeine Angaben

Geben Ehemann und Ehefrau eine gemeinsame Steuererklärung ab, schreiben sie ihre Daten ab **Zeile 7** bzw. ab **Zeile 16** in das Formular. Bei gleichgeschlechtlichen Ehepaaren und eingetragenen Lebenspartnern kommt in **Zeile 7 bis 14** derjenige als „Person A", dessen Nachname im Alphabet zuerst steht. Der andere gehört als „Person B" in **Zeile 16 bis 23**. Bei gleichen Namen entscheidet der Vorname, bei Gleichheit auch dort zählt das Geburtsdatum: der ältere Partner bekommt **Zeile 7 bis 14**. Die Religion wird rechts in **Zeile 11 und 20** mit den dort abgedruckten Abkürzungen angegeben, weitere Abkürzungen stehen in der „Anleitung zur Einkommensteuererklärung" des Finanzamts.

 **TIPP:** Auf Antrag kappen viele Kirchenbehörden bei hohen Einkünften die Kirchensteuer bei 3 bis 4 Prozent des zu versteuernden Einkommens oder sie erstatten bei Abfindungen einen Teil der Kirchensteuer. Eine Nachfrage bei der Kirche bringt Klarheit und eventuell weniger Steuerbelastung.

**Zeile 15** betrifft bestehende oder gewesene Ehe-/Lebenspartner. Wer ganz rechts (dauernd getrennt) ein Datum vor Neujahr 2019 einträgt, wird wie ein Lediger besteuert.

## Zeile 24: Nur für Ehepaare/Lebenspartner

Diese Paare entscheiden selbst, ob sie eine gemeinsame Steuererklärung abgeben wollen („Zusammenveranlagung" ankreuzen) oder zwei getrennte. Zusammen ist in der Regel vorteilhaft. Eine „Einzelveranlagung" kann sich ausnahmsweise lohnen, etwa bei hohen medizinischen Kosten, Auslandseinkünften oder Abfindungen. Dann sollte vorher eine Vergleichsrechnung gemacht oder ein Steuerprofi befragt werden.

Wer nicht zusammen abgeben will, kann die „Einzelveranlagung" wählen. Die erlaubt es aber nicht, bestimmte Kosten, etwa Sonderausgaben, außergewöhnliche Belastungen oder Steuerermäßigungen nach freier Entscheidung einem der Partner zuzuordnen: Die Kosten darf nur noch der absetzen, der sie auch getragen hat. Ehe- und Lebenspartner können aber beantragen, dass sie bei jedem zur Hälfte berücksichtigt werden.

Ist ein Partner 2019 verstorben, kann der andere für 2019 und 2020 noch partnerschaftsbedingte Steuervorteile nutzen ( ab Seite 134).

### Zeile 25 bis 36: Bankverbindung und Adresse

In **Zeile 25** schreiben Sie die IBAN Ihrer inländischen Bank. Handelt es sich um ein ausländisches Kreditinstitut, das innerhalb des „Europäischen Zahlungsverkehrsraums" (SEPA) agiert, gehört die IBAN in **Zeile 26**, die BIC in **Zeile 27**. Bankverbindungen außerhalb des SEPA-Raums müssen dem Finanzamt formlos schriftlich mitgeteilt werden.

Das Buchstabenfeld in **Zeile 28** füllen Sie nur aus, wenn eine Steuererstattung nicht an Sie oder Ihren Partner überwiesen werden soll.

**Zeile 31 bis 36** füllen Sie aus, wenn der Steuerbescheid nicht zu Ihnen nach Hause geschickt werden soll. **Zeile 36** ist neu hinzugefügt, falls der Steuerbescheid an einen Empfangsberechtigten im Ausland gesandt werden muss.

### Zeile 37: Arbeitnehmer-Sparzulage

Anspruch auf eine Arbeitnehmer-Sparzulage haben Sie nur, wenn Sie 2019 noch in einem Arbeitsverhältnis standen. Die Zulage für eingezahlte Vermögenswirksame Leistungen beantragen Sie dann durch Eintragung der Ziffer 1 in **Zeile 37**. Außerdem müssen Sie in **Zeile 1** des Hauptvordrucks die „Festsetzung der Arbeitnehmersparzulage" ankreuzen. Die eingezahlten Beiträge werden vom Anbieter elektronisch an die Finanzverwaltung übermittelt.

### Zeile 38 und 39: Ersatzleistungen

In diesen Zeilen wird nach „Einkommensersatzleistungen" gefragt. Das sind Leistungen, die anstelle eines Einkommens gezahlt wurden, etwa Arbeitslosen- oder Krankengeld. Die meisten Ruheständler müssen hier keine Ersatzleistungen erklären. Es sei denn, im Jahr des Renteneintritts bezogen sie zuvor zunächst zum Beispiel Arbeitslosengeld. Hat der Anbieter Ihnen mitgeteilt, was er dem Finanzamt übermittelt hat, können Sie die **Zeile 38** frei lassen. Die elektronischen Daten werden vom Finanzamt automatisch übernommen. Im Steuerbescheid sollten Sie unbedingt überprüfen, ob die übernommenen Ersatzleistungen mit denen auf Ihrer Bescheinigung übereinstimmen. Der Betrag steht in den Erläuterungen zur Steuerfestsetzung ( ab Seite 136). Erhalten Sie vergleichbare Leistungen aus dem EU- oder EWR-Ausland oder der Schweiz, liegen der Finanzverwaltung keine elektronische Daten vor und die Beträge sind in **Zeile 39** einzutragen.

| Einkommensersatzleistungen | | stpfl. Person / Ehemann / Person A EUR | Ehefrau / Person B EUR | 18 |
|---|---|---|---|---|
| – ohne Beträge lt. Zeile 28 der Anlage N – | | | | |
| 38 | – die dem Progressionsvorbehalt unterliegen, z. B. Arbeitslosengeld, Elterngeld, Insolvenzgeld, Krankengeld, Mutterschaftsgeld | 120 ___ ,— | 121 ___ ,— | |
| 39 | – vergleichbare Leistungen i. S. d. Zeile 38 aus einem EU- / EWR-Staat oder der Schweiz | 136 *1 0 2 0* ,— | 137 ___ ,— | |

## Zeile 40: Ergänzende Angaben

Hintergrund ist die zunehmende Fähigkeit der Verwaltung, Steuererklärungen vollautomatisch, also ohne persönliche Bearbeitung oder Prüfung durch Finanzbeamte zu verarbeiten. Das „Gesetz zur Modernisierung des Besteuerungsverfahrens" sieht aber vor, dass jeder Bürger die Möglichkeit haben muss, Angaben zu machen, die weiterhin eine persönliche Bearbeitung durch Finanzbeamte erfordern. Es kann sich dabei um Angaben handeln, die Sie in andere Zeilen der Steuererklärung nicht eintragen können oder um eine abweichende Rechtsauffassung. Wer in **Zeile 40** die Ziffer „1" einträgt, erreicht die personelle Bearbeitung seiner Steuererklärung. Die zusätzlichen Angaben sind auf einer formlosen Anlage mit der Überschrift: „Ergänzende Angaben zur Steuererklärung" einzureichen. Wer elektronisch abgibt, hat für diese Angaben ein zusätzliches Textfeld in der Steuererklärung.

### Zeile 41 bis 42: Unterschrift

In das Kästchen in Zeile 41 gehört die Ziffer „1", wenn ein Steuerberater oder Lohnsteuerhilfeverein bei der Steuererklärung geholfen hat. Vergessen Sie vor lauter Freude über das Ende des Hauptvordrucks die Unterschrift in Zeile 42 nicht, unterschreiben Sie deshalb lieber gleich. Ohne Unterschrift ist die Steuererklärung auf dem Papierformular unwirksam. Für die elektronische Steuererklärung gelten andere Regeln ( ab Seite 143). Denken Sie bei einer gemeinsamen Steuererklärung auch an die Unterschrift des Ehe- oder Lebenspartners. Hat ein Steuerberater oder Lohnsteuerhilfeverein bei der Steuererklärung geholfen, kommen die Angaben dazu in den Kasten rechts neben der Unterschrift. Hat der Nachbar ein bisschen mitgemacht, behalten Sie das besser für sich, denn der ist dazu in der Regel nicht befugt. Wenn er es doch getan hat, kann es für alle Beteiligten Ärger geben.

# Anlage Sonderausgaben

**Die in dieser Anlage** einzutragenden Aufwendungen bieten Rentnern und Pensionären interessante Steuersparchancen. Der Fiskus berücksichtigt automatisch nur eine geringe Pauschale von 36 Euro für Alleinstehende, 72 Euro für Ehepaare/Lebenspartner. Bis zur Steuererklärung 2018 wurden diese Angaben auf der Seite 2 des Mantelbogens abgefragt. Nach der Umgestaltung 2019 sind sie in die neue Anlage Sonderausgaben einzutragen.

Zu Beginn schreiben Sie zunächst nochmals Ihren Namen und die Steuernummer. Das gilt für alle Anlagen, die zusätzlich zum Hauptvordruck abgegeben werden. Zusammen veranlagte Ehepaare und eingetragene Lebenspartner füllen eine gemeinsame Anlage aus.

### Zeile 4: Kirchensteuer

Hierher gehört die tatsächlich gezahlte Kirchensteuer, einschließlich im Jahresverlauf geleisteter Voraus- oder Nachzahlungen. Erstattete Kirchensteuer ist in der Zeile rechts gesondert anzugeben. Freiwillige Beiträge oder Zahlungen sind nicht hier, sondern unter Spenden (**Zeile 5**) einzutragen. Kirchensteuer, die die Bank oder ein anderer Finanzdienstleister im Rahmen der Abgeltungsteuer bereits an das Finanzamt abgeführt hat, gehört nicht hierher. Ob etwas abgeführt wurde, ergibt sich in der Regel aus den Mitteilungen der Banken ( → Anlage KAP ab Seite 83).

| Kirchensteuer | | 2019 gezahlt EUR | | 2019 erstattet EUR | |
|---|---|---|---|---|---|
| 4 | soweit diese nicht als Zuschlag zur Abgeltungsteuer einbehalten oder gezahlt wurde | 103 | 4 8 7,— | 104 | 2 1 2,— |

Spenden sind für viele Rentner und Pensionäre ein wichtiges Thema, wobei das Finanzamt dabei bisher oft keine Rolle spielte. Mit der wachsenden Anzahl von Ruheständlern, die der Fiskus zur Kasse bittet, ändert sich das gerade.

Absetzbar sind Spenden „zur Förderung steuerbegünstigter Zwecke" im Inland (**Zeile 5**) und im Ausland (**Zeile 6**). Hinter dieser Formulierung verbirgt sich so ziemlich alles, zum Beispiel Kultur und Bildung, Jugend und Sport, Denkmalschutz und Heimatpflege, auch Mitgliedsbeiträge mancher Organisationen, etwa des DRK, sind absetzbar. Spenden können grundsätzlich bis zur Höhe von 20 Prozent der Einkünfte abzugsfähige Sonderausgaben sein (→ Beispiel Seite 51).

**TIPP:** Beiträge an Kulturfördervereine sind auch dann absetzbar, wenn die Mitglieder Sondervorteile, zum Beispiel verbilligte Karten für Veranstaltungen, erhalten.

Für die Anerkennung der Spende ist in der Regel die Spendenbescheinigung des Empfängers nach amtlichem Muster im Original erforderlich – eine sogenannte Zuwendungsbescheinigung. Spenden an Empfänger in der EU und im Europäischen Wirtschaftsraum (EWR) gehören in **Zeile 6**. Bei Spenden bis 200 Euro ist keine Zuwendungsbescheinigung nötig, es reicht der Kontoauszug. Der gleiche Nachweis genügt auch für höhere Beträge in Katastrophenfällen, wenn auf bestimmte Sonderkonten gespendet wurde.

Elektronisch an die Finanzverwaltung übermittelte Spenden werden nicht mehr gesondert abgefragt, sondern sind ebenfalls in die Zeile 5 einzutragen. Die Meldung der Höhe der Spende ist bisher nicht umsetzbar, so dass das Finanzamt keine eDaten berücksichtigen kann.

### → Zum Beispiel Käte und Karl K.

Das Ehepaar hat nach Abzug von Werbungskosten und Sonderausgaben (außer Spenden) gemeinsam steuerpflichtige Einkünfte von 20 000 Euro. Sie haben 500 Euro an ein Heim des Deutschen Roten Kreuzes für behinderte Kinder gespendet, 500 Euro für die neue Orgel der Dorfkirche und 800 Euro für den örtlichen Fußballverein. Sie dürfen die gespendeten 1 800 Euro absetzen, denn ihr „Spendenvolumen" beträgt 4 000 Euro (das sind 20 Prozent von 20 000 Euro).

Auch gespendete Sachen wie Kleider, Möbel oder Bücher sind von der Steuer absetzbar, wenn sich der Wert der Gegenstände nachvollziehbar ermitteln lässt. Bei erbrachten Leistungen ist das mitunter leichter festzustellen, zum Beispiel, wenn unter Verzicht auf einen – rechtlich zustehenden – Kostenersatz Pkw-Fahrten für den Verein unternommen wurden. Auch in diesen Fällen ist eine Spendenbescheinigung erforderlich.

 **TIPP:** Spendenbescheinigungen müssen der Steuererklärung nicht mehr beigefügt werden. Sie müssen aber auf Anforderung vorgelegt und bis zu einem Jahr nach Erhalt des Steuerbescheids aufbewahrt werden.

In Zeile **7 bis 8** gehören Mitgliedsbeiträge und Spenden an politische Parteien sowie unabhängige Wählervereinigungen. Davon drücken bei Ledigen bis zu 1 650 Euro, bei Ehe-/Lebenspartnern bis zu 3 300 Euro zur Hälfte direkt die Steuerschuld. Höhere Spenden können bis zu 1 650 beziehungsweise 3 300 Euro zusätzlich als Sonderausgaben abgesetzt werden. Spendet beispielsweise ein Lediger 2 000 Euro an eine Partei, zahlt er 825 Euro weniger Steuern (50 Prozent von 1 650). Die darüber hinaus gespendeten 350 Euro darf er als Sonderausgaben geltend machen (2 000 minus 1 650). Zusätzlich zu seiner Parteispende und in gleicher Weise steuerlich gefördert dürfte er an eine unabhängige Wählervereinigung spenden.

In den **Zeilen 9 bis 12** geht es um Zuwendungen an bestimmte Stiftungen. Wer damit zu tun hat, braucht ohnehin einen Steuerberater. Das gilt auch für Großspenden oberhalb der 20-Prozent-Grenze.

Der Freibetrag für alle, die sich im Verein gemeinnützig engagiert haben und dafür eine Aufwandsentschädigung bekamen, gehört nicht hierher, sondern in Anlage N oder S (→ Seite 96, 109).

## Zeile 13 bis 14: Berufsausbildung

Hierher gehören Kosten für eine erste Berufsausbildung und für ein Erststudium. Die Betonung liegt hier auf „Erst", denn das Finanzamt unterscheidet strikt zwischen einer Erst- und einer Folgeausbildung. Eine Erstausbildung ist bei den Sonderausgaben nur zu berücksichtigen, wenn bisher überhaupt noch kein Berufs- oder Studienabschluss vorhanden war und 2019 erstmals eine Ausbildung mit dem Ziel erfolgte, Einnahmen zu erzielen. Das wird bei Ruheständlern gewöhnlich nicht zutreffen, sodass dann diese Zeilen leer bleiben.

## Zeile 15 bis 16: Gezahlte Versorgungsleistungen

In **Zeile 15 und 16** geht es um Versorgungsleistungen-oft im Zusammenhang mit Vermögensübertragungen der Älteren an die Jüngeren der Familie. Für das Vermögen erhalten die Älteren zum Beispiel eine lebenslange Rente. Diese Zahlungen können die Jüngeren unter bestimmten Voraussetzungen als Sonderausgaben absetzen. Für Ruheständler sind diese Zeilen weniger interessant, weil sie meist die Empfänger (→ Seite 100) solcher Leistungen sind. Außerdem geht es hier um komplizierte Rechtsverhältnisse, bei denen ein Fachmann helfen sollte.

## Zeile 17 bis 21: Zahlungen an den oder die Ex

**Zeile 17** behandelt Unterhaltsleistungen, die an einen geschiedenen oder getrennt lebenden Ehegatten oder Lebenspartner geleistet wurden. Voraussetzung für die steuermindernde Berücksichtigung ist, dass der Unterhaltsempfänger auf der Anlage U (→ Seite 100) zugestimmt hat, die Zahlungen als Einnahmen zu versteuern. Sie sind beim Zahler in dem Umfang als Sonderausgaben abzugsfähig, wie sie beim Empfänger steuerpflichtig sind. Hier ist auch die Steueridentifikationsnummer des Unterstützten einzutragen.

>  **TIPP:** Zusätzlich zum Höchstbetrag von 13 805 Euro Unterhalt kann der Zahler übernommene Beiträge zur Basiskrankenversicherung und die Beiträge zur gesetzlichen Pflegeversicherung des Unterstützten als Sonderausgaben geltend machen.

In **Zeile 18** (links) muss der Teil der Unterhaltszahlung, der auf Beiträge zur Kranken- und Pflegeversicherung entfällt, nochmals separat aufgeführt werden. Krankenversicherungsbeiträge, die Anspruch auf Krankengeld auslösen, müssen rechts zusätzlich separat erscheinen.

**Zeile 19 und 20** behandelt Ausgleichszahlungen, die im Rahmen eines vertraglichen oder gerichtlich angeordneten Versorgungsausgleiches an einen geschiedenen Ehegatten oder Lebenspartner geleistet wurden. Sie werden vom Finanzamt in der Höhe als Sonderausgaben abgezogen, in der sie beim Empfänger steuerpflichtig sind. In **Zeile 21** gehören Zahlungen, die als Ausgleich erfolgt sind, um einen Versorgungsausgleich, also eine Kürzung der eigenen Altersbezüge, zu vermeiden. Für den Abzug ist die Anlage U erforderlich.

# Anlage Außergewöhnliche Belastungen

**Die neue Anlage** enthält die Angaben, die bis 2018 auf der dritten Seite des Mantelbogens abgefragt wurden. Für Rentner und Pensionäre kann sie ganz besonders interessant sein, weil hinter den „außergewöhnlichen Belastungen" so manches steckt, womit gerade sie ihre Steuerlast senken können. Und so „außergewöhnlich" ist das alles gar nicht, geht es doch zum Beispiel um Krankheit, Unterstützung Bedürftiger, Behinderung oder Pflege.

Daneben gibt es eine Reihe weiterer Sachverhalte, die manchmal erst nach gerichtlicher Klärung anerkannt werden. So kann nach Urteilen des Bundesfinanzhofs die Beseitigung von Gebäudeschäden durch Hausschwamm, Brand oder Hochwasser eine außergewöhnliche Belastung sein (VI R 70/10), ebenso die Abwehr einer Gesundheitsgefährdung durch ein mit Asbest verseuchtes Dach (VI R 47/10).

### Zeile 4 bis 9: Behinderung

Je nach Grad der Behinderung gewährt das Finanzamt einen pauschalen Freibetrag zwischen 310 und 3 700 Euro jährlich (Seite 165). In die **Zeilen 4 und 9** werden die Gültigkeitsdaten der entsprechenden Dokumente (zum Beispiel Ausweis des Versorgungsamts) eingetragen sowie rechts der Grad der Behinderung, der auf ihnen vermerkt ist. Legen Sie bei einer erstmaligen Beantragung eines Behindertenpauschbetrags eine Kopie des Dokuments bei. Die kleinen Kästchen in den **Zeilen 5 bis 6** und **8 bis 9** sind, wenn die genannten gesundheitlichen Einschränkungen vorliegen, mit der Ziffer „1" auszufüllen. Die Merkzeichen Bl oder H auf dem Ausweis stehen für blind oder hilflos, die Merkzeichen G und aG (außergewöhnliche Gehbehinderung) bedeuten geh- und stehbehindert.

| Behinderten-Pauschbetrag | | | | | 53 |
|---|---|---|---|---|---|
| – bei erstmaliger Beantragung / Änderung bitte Nachweis einreichen – | | | | | |

| | Ausweis / Rentenbescheid / Bescheinigung gültig von | bis | unbefristet gültig | Grad der Behinderung |
|---|---|---|---|---|
| stpfl. Person / Ehemann / Person A | 100 *0 4 1 5* 101 | M M J J | 102 *1* 1 = Ja | 105 *6 0* |
| Ich bin | – geh- und stehbehindert | 104 *1* 1 = Ja | | |
| | – blind / ständig hilflos | 103 1 = Ja | | |

Pauschbeträge gewährt das Finanzamt grundsätzlich erst ab einem Behinderungsgrad von 50. Es gibt aber Ausnahmen, zum Beispiel bei einer Behinderung wegen einer typischen Berufskrankheit oder wenn wegen der Behinderung ein gesetzlicher Anspruch auf Rente besteht. Ob im konkreten Fall Ausnahmen zutreffen, kann eine Nachfrage beim zuständigen Finanzamt klären.

**TIPP**: Viele Ruheständler haben erhebliche Gesundheitsprobleme, wissen aber oftmals nicht, dass ihnen dafür eigentlich ein Behindertenpauschbetrag zusteht. Fragen Sie den Hausarzt, ob und wie ein Antrag auf einen Behindertenausweis Erfolgsaussichten haben kann.

Neben dem Pauschbetrag können Behinderte weitere Ausgaben geltend machen, zum Beispiel für andere Krankheitskosten und für Kfz-Fahrten. Ohne Nachweis sind das bis 900 Euro Kfz-Kosten (ab einem Behinderungsgrad von 80 oder ab 70 und Merkzeichen G), mit Nachweis bis 4500 Euro bei Merkzeichen aG, Bl und H. Auch Ausgaben für einen behindertengerechten Umbau eines Kfz oder einer Wohnung können absetzbar sein. Das gilt auch für bestimmte Kosten einer Begleitperson im Urlaub.

Anstelle des Behindertenpauschbetrags können auch die tatsächlichen, nachgewiesenen Kosten der Behinderung geltend gemacht werden. Das passiert alles in Zeile 18 beziehungsweise in ergänzenden Aufstellungen zu diesen Zeilen.

Um behinderungsbedingte Steuervorteile auszuschöpfen, kann die Hilfe eines Steuerprofis zumindest beim erstmaligen Ausfüllen einer Steuererklärung zweckmäßig sein.

In der **Zeile 10** ist ein Pauschbetrag für Hinterbliebene zu beantragen. Er beläuft sich auf 370 Euro und steht Menschen zu, denen aufgrund ganz bestimmter gesetzlicher Regelungen Hinterbliebenenbezüge gewährt werden, zum Beispiel nach einem Dienstunfall eines Beamten.

### Zeile 11 bis 12: Pflege zu Hause

Wer eine andere Person in seiner Wohnung oder in deren Wohnung unentgeltlich pflegt, kann den Pflegepauschbetrag von 924 Euro im Jahr erhalten. Dafür gilt aber eine Reihe von Voraussetzungen: Die Pflege muss persönlich geleistet werden (eine Unterstützung durch einen ambulanten Pflegedienst schadet aber nichts). Der Gepflegte muss hilflos sein (Merkmal H) oder den Pflegegrad 4 oder 5 haben. Den Pauschbetrag erhalten Menschen, die unterhaltsberechtigte Angehörige pflegen. Es gibt ihn aber auch, wenn andere Verwandte, Lebensgefährten, Freunde oder Nachbarn gepflegt werden. Dann muss der Pflegende darlegen können, dass er die Pflege aus tatsächlichen oder sittlichen Gründen übernehmen musste. Sind mehrere Menschen an der Pflege einer Person beteiligt, etwa Geschwister, die ihre Eltern pflegen, wird der Pauschbetrag nach Zahl der beteiligten Personen aufgeteilt.

 **TIPP:** Den Pflegepauschbetrag gibt es auch, wenn die gepflegte Person in einem Heim untergebracht ist und nur an den Wochenenden zu Hause gepflegt wird.

**Zeile 11** fragt, wer der Pflegende ist und bietet mit den Ziffern „1", „2" oder „3" eine Auswahl an. In **Zeile 12** gehören Angaben zur gepflegten Person und dem Verwandtschaftsverhältnis. In das rechte Kästchen schreiben Sie die Anzahl eventueller „Mitpfleger" und fügen ein Extrablatt bei.

Pflegekosten können auf unterschiedlichen Wegen geltend gemacht werden: als Pflegepauschbetrag (**Zeile 11 bis 12**), als „allgemeine" außergewöhnliche Belastung (**Zeile 14**), als Steuerermäßigung über die Beschäftigung einer Hausangestellten als geringfügige (**Zeile 14 und 20**) oder voll sozialversicherungspflichtige Tätigkeit (**Zeile 14 und 21**) und über den Behindertenpauschbetrag (**Zeile 4 bis 9**).

Wichtig ist, dass die entsprechenden Voraussetzungen gegeben sind. Die unterscheiden sich aber erheblich. So kann etwa jemand, der einen Verwandten zu Hause oder in einem Heim pflegen lässt, seine Ausgaben in der Regel als allgemeine außergewöhnliche Belastung nur geltend machen, wenn er gegenüber der zu pflegenden Person unterhaltsverpflichtet ist und der Gepflegte die Kosten nicht allein tragen kann. Das wäre etwa dann der Fall, wenn ein Kind Pflegeheimkosten für die bedürftigen Eltern übernimmt. Demgegenüber ist die Nutzung des Pflegepauschbetrags oder einer Steuerermäßigung für Pflegeleistungen im Haushalt nicht an diese Voraussetzungen gebunden. Kombinationen sind ebenfalls möglich. So lässt sich für den Teil der Pflegekosten, der wegen der „zumutbaren Belastung" ( Seite 58) nicht als außergewöhnliche Belastung absetzbar ist, eine Steuerermäßigung als Pflegeleistung im Haushalt beantragen (**Zeilen 14, 20, 21**). Auch kann jemand, der Pflegeleistungen im Haushalt als haushaltsnahe Dienstleistung absetzt, neben dem Höchstbetrag von 20 000 Euro weitere Pflegekosten als außergewöhnliche Belastungen geltend machen.

Was im Einzelfall möglich und was steuerlich günstiger ist, sollte mit einem Steuerprofi besprochen werden. Grundsätzlich ist ein Abzug als außergewöhnliche Belastung günstiger, wenn der Grenzsteuersatz mehr als 20 Prozent beträgt. Alleinstehende erreichen diesen Steuersatz bereits bei einem zu versteuernden Einkommen von rund 12 300 Euro ( Seite 172).

### Zeile 13 bis 22: Krankheit, Todesfall und andere Katastrophen

Hier wird eingetragen, was das Steuerrecht unter „außergewöhnlichen Belastungen allgemeiner Art" versteht. Der Begriff entzieht sich einer klaren Definition und soll es wohl auch, denn hier findet sich so ziemlich alles von Krankheitskosten im weitesten Sinn über Grundwasserschäden bis zum Verlust von Hausrat durch Naturkatastrophen oder Diebstahl. Damit das Ganze nicht ausufert, muss jeder, der eine solche „allgemeine" Belastung absetzen will, einen Teil davon selbst schultern. Der nennt sich „zumutbare Belastung", beläuft sich je nach Familienstand, Kinderzahl und Höhe der Einkünfte auf 1 bis 7 Prozent der Einkünfte ( Seite 26, 58 und 164).

Krankheitskosten sind die außergewöhnlichen Belastungen, die Ruheständler am häufigsten geltend machen. Dazu gehören die Kosten für alle vom Arzt oder Heilpraktiker verordneten Medikamente, Heilbehandlungen und Hilfsmittel, aber nur der Anteil, der selbst bezahlt wurde. Auch dabei gibt es immer wieder umstrittene Positionen, aber grundsätzlich sollten Sie alle Belege sammeln, die etwas mit Kosten für Krankheit und Gesundheit zu tun haben, zum Beispiel Zuzahlungen bei Arzt, Zahnarzt, Masseur und Apotheke, Zahlungen für Heilbehandlungen und Medikamente, die zwar verordnet, aber von der Kasse nicht getragen wurden, zum Beispiel homöopathische Mittel. Ausgaben für Brillen, Einlagen oder Rollstühle gehören dazu ebenso wie die Fahrtkosten zum Arzt und bestimmte Kurkosten.

Ausgaben für einen krankheits- oder pflegebedingten Heimaufenthalt können wie Krankheitskosten als außergewöhnliche Belastung geltend gemacht werden, auch Zahlungen für dort untergebrachte Verwandte, die unterhaltsberechtigt sind.

## → Zum Beispiel das Ehepaar B.

Berthold und Bettina B. sind beide Rentner, die Kinder längst aus dem Haus. Ihre steuerpflichtigen Einkünfte belaufen sich auf 24 000 Euro, das Einkommen beträgt 20 000 Euro. Krankheitskosten fielen reichlich an. Berthold musste beim Zahnarzt 2 000 Euro zuzahlen und Bettina bei ihrer vom Amtsarzt bestätigten Kur 300 Euro. Hinzu kamen Zuzahlungen für Medikamente, Bertholds neue Lesebrille und Fahrtkosten zum Arzt für zusammen 700 Euro. Beide haben die Kur- und Zahnarztkosten insgesamt in diesem Jahr konzentriert, um die Hürde der zumutbaren Belastung sicher zu überwinden ( Seite 164). Ohne die 3 000 Euro Krankheitskosten müssten sie 246 Euro Steuer bezahlen, wegen der Krankheitskosten bleiben sie steuerfrei.

| Einkommen | 20 000 |
| --- | --- |
| Einkommensteuer | 246 |
| Krankheitskosten | 3 000 |
| minus zumutbare Eigenbelastung ( Seite 164) | −1 046 |
| bleiben abzugsfähige Krankheitskosten (3 000 minus 796) | 1 954 |
| steuerpflichtig (20 000 minus 1 954) | 18 046 |
| Einkommensteuer (alle Angaben in Euro) | 0 |

**Andere Aufwendungen**

Krankheitskosten (z. B. Arznei-, Heil- und Hilfsmittel, Kurkosten)
Art der Aufwendungen

Anspruch auf zu erwartende / Erhaltene Versicherungsleistungen, Beihilfen, Unterstützungen; Wert des Nachlasses usw.

Summe der Aufwendungen EUR          EUR

13 *ZAHNARZTKOSTEN UND WEITERE*     3 0 0 0,—     0,—

Prozesskosten sind nur noch absetzbar, wenn sie eine existenzbedrohende Situation abwenden sollen. Scheidungsverfahren gehören nach Auffassung der Richter nicht dazu.

Wenn Hausrat oder Kleidung durch Feuer, Unwetter, Hochwasser oder Diebstahl verloren gegangen sind, können Ausgaben für die Wiederbeschaffung eine außergewöhnliche Belastung sein. Da prüft das Finanzamt

aber sehr genau. Stellt sich beispielsweise heraus, dass keine Hausratversicherung abgeschlossen wurde, hält der Fiskus seine Taschen zu.

Schadstoffe in Haus oder Wohnung können zu einer außergewöhnlichen Belastung führen. Wenn zum Beispiel Asbest, Formaldehyd oder giftige Holzschutzmittel zu beseitigen sind, berücksichtigt das Finanzamt die anfallenden Kosten. Die Anforderungen dafür sind allerdings hoch: Ein Arzt muss in der Regel den Zusammenhang zwischen der Schadstoffbelastung und den gesundheitlichen Folgen attestieren; außerdem will das Finanzamt die Gutachten über die konkrete Gesundheitsgefährdung sehen.

Unter bestimmten Voraussetzungen akzeptiert das Finanzamt auch Beerdigungskosten (**Zeile 17**) als außergewöhnliche Belastung, wenn sie ein Verwandter oder eine dem Toten nahestehende Person übernommen hat, 7 500 Euro nicht übersteigen und nicht aus dem Nachlass bezahlt werden können.

**Zeile 20 bis 22** füllen Sie nur aus, wenn in Zeile 19 Aufwendungen enthalten sind, für die es grundsätzlich auch eine Steuerermäßigung als Pflege- oder Handwerkerleistung geben kann ( auch Seite 162). Das betrifft zum Beispiel Pflegeleistungen, die im Rahmen eines Minijobs erbracht wurden, andere haushaltsnahe Pflegeleistungen und Arbeitskosten für Handwerkerleistungen, beispielsweise für behinderungsbedingte Umbauten.

Sie hatten beispielsweise Kosten für einen Pflegedienst von 4 000 Euro im Jahr. Diesen Betrag haben Sie in Zeile 14 bereits eingetragen. Wegen der zumutbaren Belastung konnten Sie 1 500 Euro von diesen 4 000 Euro nicht absetzen. Wenn Sie die 4 000 Euro auch in Zeile 21 eintragen, kann es für den nicht absetzbaren Betrag eine Steuerermäßigung für haushaltsnahe Dienstleistungen geben.

| | | | | |
|---|---|---|---|---|
| | **Pflegekosten** (z. B. häusliche Pflege und Heimunterbringung)<br>Art der Aufwendungen | | | |
| 14 | PFLEGEDIENST | + 4 000 ,— | + | 0 ,— |
| | **Behinderungsbedingte Aufwendungen** (z. B. Umbaukosten)<br>Art der Aufwendungen | | | |
| 15 | | + ,— | + | ,— |
| | **Behinderungsbedingte Kfz-Kosten**<br>Art der Aufwendungen | | | |
| 16 | 3.000 KM PKW-FAHRTEN WG. BEHIND. | + 900 ,— | + | 0 ,— |
| | **Bestattungskosten** (z. B. Grabstätte, Sarg, Todesanzeige)<br>Art der Aufwendungen | | | |
| 17 | | + ,— | + | ,— |
| | **Sonstige außergewöhnliche Belastungen**<br>Art der Aufwendungen | | | |
| 18 | | + ,— | + | ,— |
| 19 | | 300 4 900 ,— | 301 | 0 ,— |

| | | | |
|---|---|---|---|
| | Für folgende Aufwendungen wird die Steuerermäßigung für haushaltsnahe Beschäftigungsverhältnisse / Dienstleistungen / Handwerkerleistungen beantragt, soweit sie wegen Abzugs der zumutbaren Belastung nicht als außergewöhnliche Belastungen berücksichtigt werden (die Beträge sind nicht zusätzlich in den Zeilen 4 bis 6 der Anlage Haushaltsnahe Aufwendungen einzutragen): | | Aufwendungen<br>(abzüglich Erstattungen)<br>EUR |
| 20 | Die in Zeile 19 enthaltenen Pflegeleistungen im Rahmen eines geringfügigen Beschäftigungs-verhältnisses im Privathaushalt – sog. Minijob – betragen | 370 | ,— |
| 21 | Die in Zeile 19 enthaltenen übrigen haushaltsnahen Pflegeleistungen (ohne Minijob) und in Heimunterbringungskosten enthaltenen Aufwendungen für Dienstleistungen, die denen einer Haushaltshilfe vergleichbar sind, betragen | 371 | 4 000 ,— |

# Anlage Haushaltsnahe Aufwendungen: 20 Prozent Steuerbonus

**Viele Ruheständler** lassen sich für Arbeiten an Haus, Hof oder Wohnung helfen. Unter bestimmten Voraussetzungen können sie die Kosten in dieser Anlage eintragen und verringern ihre Steuerlast.

### Zeile 4 bis 6: Rund um den Haushalt

Wer eine Haushaltshilfe einstellt, kann damit Steuern sparen. Die Hilfskraft muss aber typische Hausarbeiten erledigen, zum Beispiel einkaufen, putzen, waschen, kochen, Familienangehörige betreuen oder den Garten pflegen. Arbeitet die Haushaltshilfe in einem Minijob, gehören die Angaben in **Zeile 4**. Die Verdienstgrenze liegt bei 450 Euro im Monat, zudem gilt Rentenversicherungspflicht. Davon können sich Minijobber aber auf eigenen Antrag bei ihrem Arbeitgeber befreien lassen ( Seite 15). Die Formulare und weitere Informationen gibt es bei der Minijobzentrale (telefonisch 03 55/2 90 27 07 99 oder im Internet unter www.minijobzentrale.de).

Die Angaben für **Zeile 4** können Sie der Bescheinigung der Minijobzentrale entnehmen, die die Sozialabgaben und Steuern pauschal eingezogen und abgeführt hat. Hierher gehört auch eine kurze Tätigkeitsbeschreibung, etwa „Reinigungsarbeiten". Von den Lohnkosten verringern 20 Prozent die Steuerschuld. Die Steuererstattung für einen Minijob bleibt jedoch auf 510 Euro im Jahr begrenzt.

### → Zum Beispiel das Ehepaar U.

Ulrike und Ulrich U. sind beide Rentner. Sie haben Vera V. als Haushaltshilfe in einem Minijob eingestellt. Als Arbeitgeber rechnen sie mit der Minijobzentrale ab, 20 Prozent ihrer Ausgaben für Vera V., maximal 510 Euro, verringern direkt ihre Steuerschuld. Die Ausgaben bestehen aus dem Arbeitslohn und einer Pauschalabgabe von 14,69 Prozent.

| | |
|---|---:|
| **Lohn für Vera V.** (12 × 450) | **5 400** |
| plus Pauschalabgabe (14,69 % von 5 400) | + 794 |
| Lohnkosten des Ehepaars U. | 6 194 |
| **Steuererstattung** (20 % von 6 194, maximal 510, alle Angaben in Euro) | **510** |

Für andere haushaltsnahe Dienstleistungen akzeptiert das Finanzamt Ausgaben bis jährlich 20 000 Euro. Die Ausgaben gehören alle in **Zeile 5**. Förderfähig sind einfache Arbeiten, zum Beispiel Gartenarbeiten, Putzen, Kochen, Kinder- und Seniorenbetreuung. Das Finanzamt zieht 20 Prozent der Arbeitskosten (von bis 20 000 Euro) unmittelbar von der Steuerschuld ab. Das ergibt bis zu 4 000 Euro Steuererstattung im Jahr. Ob sich der eigene Haushalt in einer gemieteten Wohnung oder in einem Eigenheim befindet, ist dabei egal. Auch die Pflege und Betreuung von Personen im Haushalt wird von dieser Zeile erfasst. Dabei muss keine der zu pflegenden Personen Leistungen aus der Pflegeversicherung erhalten oder einem Pflegegrad (vor 2017 Pflegestufe) zugeordnet sein. Lebt die Person im Heim, sind die einer Hilfe im Haushalt vergleichbaren Dienstleistungen absetzbar. Allerdings kann dann nur derjenige, der im Heim lebt, eine Steuerermäßigung auf diese Kosten erhalten.

Angaben zur versicherungspflichtigen Beschäftigung einer Haushaltshilfe mit mehr als 450 Euro Monatslohn gehören ebenfalls hierher. Auch

dafür kann es eine Steuererstattung von maximal 4 000 Euro im Jahr geben. Das Arbeitsverhältnis muss aber wie jeder andere versicherungspflichtige Job angemeldet und abgerechnet werden. Wer das alles richtig machen will, sollte besser einen Steuerprofi zurate ziehen, wenigstens im ersten Jahr der Beschäftigung. Die Lohnunterlagen sollten beigefügt werden. Arbeitsverhältnisse mit Bekannten und Verwandten sind ebenfalls förderfähig. Die Helfer dürfen aber nicht zum eigenen Haushalt gehören. Wird der Ehe-/Lebenspartner als Haushaltshilfe beschäftigt, spielt das Finanzamt nicht mit.

Haushalte, die niemanden einstellen, sondern eine Firma engagieren, können ebenfalls steuerlich geförderte Hilfe im Haushalt nutzen. Das können zum Beispiel Fensterputzer, Gärtner oder Betreuungs- und Pflegedienste sein. Übrigens können in diesem Rahmen auch Speditionskosten eines privaten Umzugs und Entrümpelungsaktionen gefördert werden.

 **TIPP:** Das Finanzamt akzeptiert auch die häusliche Betreuung von Haustieren als haushaltsnahe Dienstleistungen, einschließlich das „Gassiführen" von Hunden. Förderfähig sind auch Aufwendungen für Hausnotrufdienste im betreuten Wohnen.

Zusätzlich zu den haushaltsnahen Dienstleistungen werden Handwerkerleistungen gefördert (**Zeile 6**). Eigentümer und Mieter, die die von ihnen selbst genutzte Wohnung modernisieren, renovieren oder instand halten, können ihre Steuerschuld senken, wenn sie dafür Handwerker, etwa Maler oder Elektriker, engagieren. Das Finanzamt akzeptiert bis zu 6 000 Euro Handwerkerkosten im Jahr, 20 Prozent davon, also bis zu 1 200 Euro, drücken die Steuerschuld.

| **Handwerkerleistungen** für Renovierungs-, Erhaltungs- und Modernisierungsmaßnahmen im eigenen Haushalt (ohne öffentlich geförderte Maßnahmen, für die zinsverbillige Darlehen oder steuerfreie Zuschüsse in Anspruch genommen werden, z. B. KfW-Bank, landeseigener Förderbanken oder Gemeinden) | Summe der Rechnungsbeträge EUR | darin enthaltene Lohnanteile, Maschinen- und Fahrtkosten inkl. Umsatzsteuer EUR |
|---|---|---|
| Art der Aufwendungen<br>6  *MALERARBEITEN* | 1 2 5 0,— 214 | 8 2 0,— |

Gefördert werden Reparaturen sowie Modernisierungsarbeiten an und in vorhandenen Gebäuden. Aber auch Dachausbauten und Anbauten wie Wintergärten können förderfähig sein, ebenso Arbeiten auf dem Grundstück und an Grundstücksanschlüssen außerhalb des Grundstücks. Zu den begünstigten Arbeiten gehören auch die Wartung und Reparatur technischer Geräte im Haushalt, etwa Waschmaschinen oder Kochherde. Förderfähig sind nur die Arbeitskosten. Dazu gehört alles, was nicht unter Material fällt, auch die Anfahrtskosten und die Umsatzsteuer auf die Arbeitskosten. Material- und Arbeitskosten müssen voneinander getrennt nachgewiesen werden. Die aktuelle Liste der geförderten Tätigkeiten finden Sie im Internet unter www.bundesfinanzministerium.de, dort im Suchfeld „Anwendungsschreiben zu § 35a EStG" eingeben.

**TIPP:** Angehörige von Eigentümergemeinschaften und Mieter dürfen ihre anteiligen Kosten für Leistungen wie Treppenreinigung, Gartenarbeiten oder Schneeräumung als haushaltsnahe Dienstleistungen an das Finanzamt weitergeben. Die Höhe entnehmen sie der Nebenkostenabrechnung des Verwalters oder Vermieters.

Zum Nachweis haushaltsnaher Dienst- und Handwerkerleistungen brauchen Sie zwei Belege: die Rechnung des Dienstleisters und den Überweisungsbeleg (Kontoauszug) des Auftraggebers. Die Nachweise müssen der Steuererklärung nicht mehr beigefügt werden, aber auf Verlangen vorzeigbar sein. Alleinstehende, die das gesamte Jahr mit einem oder mehreren anderen Alleinstehenden im gemeinsamen Haushalt lebten, tragen in **Zeile 7** die Anzahl dieser anderen Personen und in **Zeile 8** die persönlichen Daten der ersten Person ein. Die Angaben zu weiteren Personen gehören auf ein Extrablatt. Der Grund dieser Abfrage ist, dass die Höchstbeträge für die Steuerermäßigung pro Haushalt gelten.

Zusammenlebende Alleinstehende sowie Ehe- und Lebenspartner, die keine gemeinsame Steuererklärung abgeben, können jedoch die Höchstbeträge für haushaltsnahe Dienst- und Handwerkerleistungen, die sie in den **Zeilen 4 bis 6** eingetragen haben, unter sich aufteilen. Die **Zeilen 9 bis 11** ermöglichen eine genaue Zuordnung. Der Höchstbetrag für Minijobs aus **Zeile 4** kann in **Zeile 9** aufgeteilt werden, der für andere haushaltsnahe Dienstleistungen laut **Zeile 5** in Zeile 10. Den Höchstbetrag für Handwerkerleistungen in **Zeile 6** können sich die Partner in **Zeile 11** zuordnen. Die Aufteilung geschieht per gemeinsamem Antrag, den Sie der Steuererklärung beifügen müssen. Wenn Sie in die Zeilen nichts eintragen, teilt das Finanzamt hälftig auf zwei Personen auf. Die Aufteilung der Höchstbeträge in den **Zeilen 9 bis 11** gilt auch für Eintragungen auf Steuerermäßigung in den **Zeilen 20 bis 22 der Anlage Außergewöhnliche Belastungen** (Seite 60).

**Zeile 12** betrifft nur Ehepaare und Lebenspartner, die 2019 einen gemeinsamen Haushalt gründeten oder diesen auflösten.

# Anlage Sonstiges

**Seit die Finanzverwaltung** den Mantelbogen abgeschafft hat, gibt es die neue Anlage Sonstiges. Viele Ruheständler werden die neue Anlage nicht benötigen, da sie hier keine Eintragungen vornehmen müssen. In der Anlage werden vor allem „spezielle" Sachverhalte erfragt wie erbschaftssteuerlicher Erwerb, der Besitz von schutzwürdigen Kulturgütern, Spendenvortrag oder Verlustabzug.

### Zeile 4: Erbschaftsteuer

Hier geht es um Einkünfte, die in der Steuererklärung auftauchen und die bestimmte Erbfälle ab 2014 betreffen. Haben Sie die Erbschaftsteuer bereits entrichtet, kann hierfür die Einkommensteuer ermäßigt werden. Denkbar sind in diesem Zusammenhang beispielsweise Mietforderungen oder andere Forderungen des Erblassers, die zum Zeitpunkt bereits bestanden und mit Erbschaftsteuer belegt worden sind. Gehen diese steuerpflichtigen Zahlungen später beim Erben ein, sollte ein Steuerprofi um Rat gefragt werden.

### Zeile 5: Investitionen in Kulturgüter

Haben Sie sich an den Kauf einer alten Mühle, Parkanlage oder Bibliothek gewagt, ist eventuell ein gefördertes Baudenkmal oder Kulturgut in Ihrem Besitz. Bis zu 9 Prozent der Herstellungs- und Erhaltungskosten sind als Sonderausgaben absetzbar, wenn die (umfangreichen) Voraussetzungen eingehalten werden.

### Zeile 6: Spendenvortrag

Großzügige Spender nutzen **Zeile 6**. Wurde mit der Steuererklärung 2018 ein Spendenvortrag festgestellt, setzen Sie hier ein Kreuz. Nachdem Sie den Höchstbetrag für den Abzug von Spenden im Veranlagungsjahr 2018 voll ausgeschöpft haben, beachtet das Finanzamt den verbleibenden Teilbetrag im Steuerjahr 2019.

### Zeile 7 und 8: Verluste

Renten und Pensionen führen in der Regel nicht zu Verlusten. Die können aber bei anderen Einkünften entstehen, zum Beispiel aus Vermietungen. Über bereits festgestellte Verluste aus Vorjahren, die in 2019 einzurechnen sind, informieren Sie das Finanzamt in **Zeile 7**. Ergibt sich mit der Steuererklärung 2019 insgesamt ein Verlust, wird der negative Betrag vom Finanzamt automatisch im Vorjahr berücksichtigt. Wer das nicht will, weil sich der Verlust in folgenden Jahren günstiger auswirkt, nutzt **Zeile 8**. Sie können einen Teilbetrag im Vorjahr berücksichtigen oder mit einer „0" alles in das nächste Jahr vortragen lassen.

### Zeile 9: Freibetrag für Investmentverkäufe

Wer im Vorjahr Altanteile von Investmentfonds verkaufte, für die das Finanzamt einen Freibetrag gewährt hat ( Anlage Kap Seite 89), kreuzt **Zeile 9** an. Das Finanzamt schreibt den verbleibenden Freibetrag fort.

### Zeile 10: Ehepaare mit einzelnen Steuererklärungen

Diese Zeile betrifft nur Ehegatten und eingetragene Lebenspartner, die jeweils eine eigene Steuererklärung abgeben. Sie können hier beantragen, dass Steuerermäßigungen rund um den Haushalt, Sonderausgaben und außergewöhnliche Belastungen hälftig zwischen ihnen aufgeteilt werden.

| | Antrag zur Aufteilung der Abzugsbeträge bei Einzelveranlagung von Ehegatten / Lebenspartnern | |
|---|---|---|
| 10 | Laut übereinstimmendem Antrag sind die Sonderausgaben, außergewöhnlichen Belastungen sowie die Steuerermäßigung für haushaltsnahe Beschäftigungsverhältnisse, Dienstleistungen und Handwerkerleistungen je zur Hälfte aufzuteilen. (Der Antrag auf Aufteilung in einem anderen Verhältnis als je zur Hälfte − des Freibetrages zur Abgeltung eines Sonderbedarfs bei Berufsausbildung eines gemeinsamen volljährigen Kindes ist in Zeile 64 der Anlage Kind, − bei Übertragung des Behinderten- oder Hinterbliebenen-Pauschbetrags eines gemeinsamen Kindes ist in Zeile 72 der Anlage Kind zu stellen.) | 222  *1* 1 = Ja |

### Zeile 11 bis 12: Steuergestaltungen

In **Zeile 11** sind grenzüberschreitende Steuergestaltungen anzuzeigen. Wer davon betroffen ist, sollte Rat bei einem Steuerberater einholen.

# Anlage Vorsorgeaufwand: Versicherungsbeiträge

**Beiträge** zur Rentenversicherung, zur Krankenversicherung und zu anderen Versicherungen, die als Sonderausgaben abzugsfähig sind, gehören in diese ziemlich unübersichtliche Anlage. Beiträge zur Basiskranken- und Pflegeversicherung dürfen grundsätzlich voll als Sonderausgaben abgesetzt werden. Das gilt für gesetzlich und privat Versicherte. Aufwendungen, die nicht im Leistungskatalog der gesetzlichen Krankenversicherung stehen, etwa für eine Chefarztbehandlung, sind in diesem Rahmen allerdings nicht abzugsfähig. Für Ruheständler hat sich praktisch wenig geändert, denn sie konnten in der Regel vorher schon Beiträge zur Kranken- und Pflegeversicherung voll geltend machen (→ das ausgefüllte Formular ab Seite 199).

Ebenso wie in vielen anderen Vordrucken weisen auch auf der Anlage Vorsorgeaufwand die dunkelgrün hinterlegten und mit dem Symbol ⓔ gekennzeichneten Zeilen darauf hin, dass diese Angaben dem Finanzamt in den meisten Fällen bereits vorliegen und die Zeilen in der Steuererklärung auf Papier dann leer bleiben können. Sie müssen nur etwas eintragen, wenn Sie in Ihren Rentenbescheiden, Leistungsmitteilungen der Versorgungträger oder den Versicherungsbescheinigungen feststellen, dass die gemeldeten Angaben Fehler enthalten oder eventuell gar nicht elektronisch gemeldet wurden.

## Zeile 4 bis 10: Altersvorsorge

Mit Beiträgen zur Rentenversicherung können Ruheständler kaum Steuern sparen. In der Regel zahlen sie ja keine Beiträge, sondern erhalten (hoffentlich) eine ordentliche Auszahlung aus der Rentenkasse. Aber auch hier bestätigen Ausnahmen die Regel. Ist zum Beispiel der Ehe-/Lebenspartner eines Ruheständlers noch erwerbstätig, zahlt der Arbeitgeber Beiträge an die gesetzliche Rentenversicherung. Im Regelfall übernimmt das Finanzamt die Daten aus der Meldung des Arbeitgebers. Anderenfalls tragen Sie den korrekten Betrag in **Zeile 4** in die betreffende Spalte „Ehemann/Person A" oder „Ehefrau/Person B"ein und den Arbeitgeberzuschuss in die **Zeile 9**.

Werden die Beiträge in die gesetzliche Rentenversicherung nicht vom Arbeitgeber, sondern, beispielsweise bei freiwilliger Einzahlung, selbst überwiesen, liegen dem Finanzamt keine eDaten vor. Den gezahlten Beitrag müssen Sie deshalb selbst eintragen, er gehört in die **Zeile 6**.

| 5 | Beiträge zur landwirtschaftlichen Alterskasse, zu berufsständischen Versorgungseinrichtungen, die den gesetzlichen Rentenversicherungen vergleichbare Leistungen erbringen (abzüglich steuerfreier Zuschüsse lt. Nr. 22 b der Lohnsteuerbescheinigung) – ohne Beiträge, die in Zeile 4 geltend gemacht werden – | 301 | | 401 | |
|---|---|---|---|---|---|
| 6 | Beiträge zu gesetzlichen Rentenversicherungen – ohne Beiträge, die in Zeile 4 geltend gemacht werden – | 302 | 1 4 5 2 | 402 | |

Haben Sie oder Ihr Partner anstelle der gesetzlichen Rentenversicherung in eine landwirtschaftliche Alterskasse oder eine berufsständische Versorgungseinrichtung Rentenbeiträge gezahlt, geben Sie diese in **Zeile 5** an. Arbeitgeberzuschüsse müssen Sie abzuziehen. Überweist der Arbeitgeber die Beiträge und sind diese auf der Lohnsteuerbescheinigung aufgeführt, gehören die Angaben hingegen in **Zeile 4 und 9** und werden vom Finanzamt als eDaten berücksichtigt. Das gilt in der Regel auch für Erstattungen oder steuerfreie Zuschüsse zu den in den **Zeilen 4 bis 6** genannten Altersvorsorgebeiträgen, die in **Zeile 7** abgefragt werden, und für sogenannte Rürup-Rentenbeiträge (**Zeile 8**).

Die Rentenbeiträge bei Minijobbern werden nicht automatisch berücksichtigt, sondern müssen in **Zeile 6** (Arbeitnehmeranteil) und **Zeile 10** (Arbeitgeberbeitrag) eingetragen werden. Die Angabe ist allerdings freiwillig und vorteilhaft, wenn der Beschäftigte selbst einen Rentenbeitrag zahlt.

## Zeile 11 bis 22: Kranken- und Pflegeversicherung

Die **Zeilen 11 bis 22** betreffen Beiträge an inländische gesetzliche Kranken- und Pflegeversicherungen. Arbeitnehmerbeiträge (**Zeile 11 und 13**) finden Sie auf der Lohnsteuerbescheinigung. Darin enthalten sind auch die Zusatzbeiträge an die Krankenkassen. Die Angaben liegen normalerweise dem Finanzamt als eDaten bereits vor und müssen in die Papier-Steuererklärung deshalb nicht mehr eingetragen werden. Das gilt jedoch nicht für die **Zeile 12.** Als Arbeitnehmer weiterbeschäftigte Rentner und pflichtversicherte Pensionäre tragen hier die Beiträge ein, die sie auf ihren Hinzuverdienst oder die Pension an die Krankenversicherung bezahlen müssen. Weil sie als Rentner keinen Krankengeldanspruch mehr haben, berücksichtigt das Finanzamt den vollen Krankenkassenbeitrag als Vorsorgeaufwand. Bei anderen Arbeitnehmern kürzt das Finanzamt den Beitrag um 4 Prozent. Dieser Anteil gilt als Absicherung von Krankengeld.

| 12 | In Zeile 11 enthaltene Beiträge, aus denen sich kein Anspruch auf Krankengeld ergibt | 322 | 1 1 5 0 ,– | 422 | ,– |

Für Ruheständler, die von ihrer Rente Beiträge in die gesetzlich Kranken- und Pflegeversicherung einzahlen, gelten die **Zeilen 16 bis 22.** Die Beitragshöhe entnehmen gesetzlich Versicherte aus dem Rentenbescheid. Achten Sie dabei auch auf die Beiträge, die Sie auf eine betriebliche Altersversorgung zahlen mussten. Weil die Beiträge bereits elektronisch an das Finanzamt gemeldet werden, müssen Rentner diese Zeilen nicht mehr ausfüllen, wenn die gemeldeten Angaben richtig sind. Das gilt auch für die von der Rentenversicherung gezahlte Zuschüsse, beispielsweise an freiwillig Versicherte, die in **Zeile 21** abgefragt werden. Eine Kürzung der absetzbaren Beiträge wegen des Krankengelds ist für Ruheständler in der Regel kein Thema, weil sie auf Krankengeld ohnehin keinen Anspruch haben. Sollte es ausnahmsweise anders sein, etwa bei manchen Selbstständigen in der gesetzlichen Versicherung, muss der entsprechende Beitrag in **Zeile 20** eingetragen werden.

Nach einem Urteil des Bundesfinanzhofs verringern Bonuszahlungen der Krankenkasse an ihre Mitglieder nicht in jedem Fall die als Sonderausgaben abzugsfähigen Krankenversicherungsbeiträge (Az. X R 17/15). Erhalten aber Versicherte für ihre Teilnahme an bestimmten, von ihnen selbst bezahlten Gesundheitsmaßnahmen Geld- oder Sachleistungen ihrer Kasse, verringert das den Sonderausgabenabzug nicht.

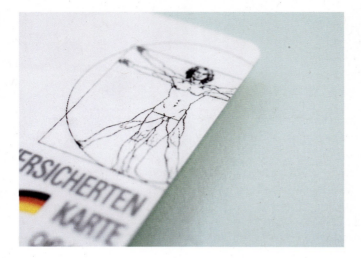

**Zeile 22** fragt nach Beiträgen zu einer gesetzlichen Krankenversicherung für Wahl- oder Zusatzleistungen (etwa Chefarztbehandlung). Das betrifft gesetzlich versicherte Arbeitnehmer wie Ruheständler. Diese Beiträge werden nicht elektronisch an das Finanzamt gemeldet und müssen deshalb gesondert eingetragen werden.

Die Beiträge, Zuschüsse und Erstattungen zur Kranken- und Pflegeversicherung für in Deutschland privat Versicherte gehören in die **Zeilen 23 bis 26**. Die dunkelgrün gekennzeichneten Zeilen weisen Sie darauf hin, dass die Daten dem Finanzamt bereits bekannt sind und die Zeilen deshalb leer bleiben können. Das betrifft jedoch nur die Krankenversicherungsbeiträge zu einer sogenannten Basisabsicherung. Das ist die Absicherung, die dem Leistungskatalog der gesetzlichen Krankenversicherung entspricht. Die Krankenkasse schlüsselt die Beiträge auf. Beitragsteile für eine zusätzliche Versicherungsleistungen und Beiträge zu privaten Zusatzversicherungen, etwa für Auslandsreisekrankenversicherungen, Zahnversicherungen oder zusätzliche private Pflegeversicherungen werden dem Finanzamt nicht gemeldet und müssen deshalb weiterhin eingetragen werden. Sie gehören in **Zeile 27 und 28**.

In den **Zeilen 31 bis 36** geht es um Zahlungen an gesetzliche oder private ausländische Kranken- und Pflegeversicherungen. Weil die Pflicht zur elektronischen Meldung an das Finanzamt für Versicherungen im Ausland nicht gilt, müssen solche Beiträge ebenfalls weiterhin eingetragen werden.

| | Beiträge zur ausländischen gesetzlichen oder privaten Kranken- und Pflegeversicherung | | stpfl. Person / Ehemann / Person A EUR | Ehefrau / Person B EUR |
|---|---|---|---|---|
| 31 | Beiträge (abzüglich steuerfreier Zuschüsse – ohne Beträge lt. Zeile 37 –) zur Krankenversicherung, die mit einer inländischen Krankenversicherung vergleichbar ist (nur Basisabsicherung, keine Wahlleistungen) | 333 | 3 1 2 0 ,– | 433 ,– |
| 32 | In Zeile 31 enthaltene Beiträge zur Krankenversicherung, aus denen sich kein Anspruch auf Krankengeld ergibt | 334 | ,– | 434 ,– |
| 33 | Beiträge (abzüglich steuerfreier Zuschüsse – ohne Beträge lt. Zeile 39 –) zur sozialen Pflegeversicherung / Pflege-Pflichtversicherung, die mit einer inländischen Pflegeversicherung vergleichbar ist | 335 | ,– | 435 ,– |
| 34 | Zu den Zeilen 31 bis 33: Von der Kranken- und / oder sozialen Pflegeversicherung / Pflege-Pflichtversicherung erstattete Beiträge | 336 | ,– | 436 ,– |
| 35 | In Zeile 34 enthaltene Beiträge zur Krankenversicherung, aus denen sich kein Anspruch auf Krankengeld ergibt, und zur sozialen Pflegeversicherung | 337 | ,– | 437 ,– |
| 36 | Über die Basisabsicherung hinausgehende Beiträge (abzüglich erstatteter Beiträge) zu Krankenversicherungen und zusätzlichen Pflegeversicherungen (z. B. für Wahlleistungen, Zusatzversicherungen) | 339 | ,– | 439 ,– |

Die **Zeilen 40 bis 44** betreffen Kranken- und Pflegeversicherungsbeiträge, die für andere gezahlt wurden, zum Beispiel für getrennt lebende Ehe-/Lebenspartner oder für (in der Regel erwachsene) Kinder, für die kein Anspruch auf Kindergeld besteht. In der Regel genügt die Eintragung der Steueridentifikationsnummer sowie des Namens und der Anschrift der mitversicherten Person in **Zeile 40**. Die in den **Zeilen 41 bis 43** abgefragten übernommenen Beiträge zur Kranken- und Pflegeversicherung sowie Beitragserstattungen werden als eDaten vom Finanzamt aus der elektronischen Meldungen der Versicherung übernommen. Selbst ausfüllen müssen Sie jedoch **Zeile 44**, wenn Beiträge für zusätzliche Versicherungen außerhalb der Basisabsicherung, etwa für ein Einzelzimmer im Krankenhaus oder für eine zusätzliche Pflegeversicherung, gezahlt wurden.

## Zeile 45 bis 50: Weitere abzugsfähige Beiträge

**Zeile 45** fragt nach den Beiträgen von Arbeitnehmern zur gesetzlichen Arbeitslosenversicherung. Der Betrag ergibt sich aus der Lohnsteuerbescheinigung und wird vom Finanzamt aus der Arbeitgebermeldung übernommen. Alle folgenden Zeilen müssen Sie dagegen weiterhin ausfüllen, wenn Sie entsprechende Beiträge gezahlt haben. In **Zeile 46** gehören freiwillige Zahlungen in eine Arbeitslosenversicherungen. Beiträge zur privaten Erwerbs- und Berufsunfähigkeitsversicherung fragt **Zeile 47** ab. In die **Zeilen 48 bis 50** gehören Beiträge zu Haftpflichtversicherungen, zu Unfall-

oder Risikolebensversicherungen. Auch Beiträge zu bestimmten Kapitalle-bens- und Rentenversicherungen, die vor 2005 abgeschlossen wurden, können hier geltend gemacht werden (→ Seite 210). Sie werden vom Fi-nanzamt auf 88 Prozent gekürzt.

 **TIPP:** Ruheständler, die als Versicherungsnehmer für Kinder, Enkel oder andere Personen Haftpflicht-, Unfall- oder andere be-günstigte Versicherungen abschließen, können damit sogar noch Steuern sparen, wenn die Beiträge das ihnen zur Verfü-gung stehende Absetzungsvolumen nicht überschreiten.

### Zeile 51 bis 57: Ergänzende Angaben

Das Finanzamt fragt in **Zeile 51** nach steuerfreien Zuschüssen zur Kran-kenversicherung oder zu den Krankheitskosten. Diese bekommen gesetz-lich versicherte Rentner, Pensionäre und Arbeitnehmer. Besteht der An-spruch, ist in der Zeile kein Eintrag notwendig. Selbstständige und nicht familienversicherte Hausfrauen/-männer, die ihren gesamten Beitrag selbst bezahlen, tragen jedoch die Ziffer „2" (Nein) ein. Sie können dann neben Rentenversicherungsbeiträgen bis zu 2 800 Euro andere abzugs-fähige Versicherungsbeiträge absetzen. Für alle anderen gilt nur eine Grenze von 1 900 Euro.

Für viele Ruheständler würde das bedeuten, dass allein ihre Kranken- und Pflegeversicherungsbeiträge das mögliche Abzugsvolumen aus-schöpfen. Lassen Sie sich davon aber nicht beeindrucken. Das Finanzamt berücksichtigt die Beiträge für die Basisabsicherung in der gesetzlichen oder privaten Krankenversicherung und die Pflege-Pflichtversicherung auch, wenn die Grenze von 1 900 oder 2 800 Euro überschritten wird. Le-diglich alle Beiträge für weiteren Versicherungsschutz werden dann nicht berücksichtigt. Außerdem nimmt das Finanzamt 2019 letztmalig eine „Günstigerprüfung" mit einer alten Regelung des Sonderausgaben-abzugs vor. Viele Ruheständler fahren mit der alten Regelung besser und

können 2019 bis 2 301 Euro Versicherungsbeiträge absetzen. Für Ehepaare/ Lebenspartner gilt der doppelte Betrag (→ Seite 162).

Die weiteren Fragen betreffen angestellte Rentner und Pensionäre, die die Anlage N auch wegen einer weiteren Beschäftigung ausfüllen müssen. Verdient sich etwa ein Rentner als versicherungspflichtiger Arbeitnehmer etwas hinzu, trägt er in **Zeile 54** ein: „weiterbeschäftigter Altersrentner" und stimmt mit „Ja" (Ziffer „1") ab.

| | **Ergänzende Angaben zu Vorsorgeaufwendungen** | stpfl. Person / Ehemann / Person A | | Ehefrau / Person B | |
|---|---|---|---|---|---|
| 51 | Haben Sie zu Ihrer Krankenversicherung oder Ihren Krankheitskosten Anspruch auf steuerfreie Zuschüsse, steuerfreie Arbeitgeberbeiträge oder steuerfreie Be hilfen? | 307 | 2 = Nein | 407 | 2 = Nein |
| | Es bestand 2019 keine gesetzliche Rentenversicherungspflicht aus dem **aktiven** Dienstverhältnis / aus der Tätigkeit | | | | |
| 52 | – als Beamter / Beamtin | 380 | 1 = Ja | 480 | 1 = Ja |
| 53 | – als Vorstandsmitglied / GmbH-Gesellschafter-Geschäftsführer/in | 381 | 1 = Ja | 481 | 1 = Ja |
| 54 | – als (z. B. Praktikant/in, Student/in im Praktikum)<br>Bezeichnung<br>*RENTNER* | 382 *1* | 1 = Ja | 482 | 1 = Ja |

Für die Ehefrau wird in der Spalte daneben das Gleiche abgefragt. Beamte im aktiven Dienst tragen in **Zeile 52, 55 und Zeile 56** die Ziffer „1" ein. Die **Zeile 57** kreuzen vor allem die dort genannten Menschen an, die früher als geplant in den Ruhestand gehen durften, aber noch keine Versorgungsbezüge, sondern weiter Arbeitslohn erhalten haben.

# Anlage R: Speziell für Rentner

**An das Finanzamt** werden schon länger jährlich die steuerpflichtigen Renten von der Deutschen Rentenversicherung oder anderen Leistungsträgern gemeldet. Erstmals ab 2019 müssen diese Rentenbeträge nicht mehr in das Formular eingetragen werden. Wenn im Vordruck keine weiteren Angaben erforderlich sind, können Rentner die Anlage R bei ihrer Steuererklärung sogar ganz weglassen.

Der Vordruck ist auszufüllen, wenn steuerpflichtige Renten nicht gemeldet wurden, beispielsweise weil sie aus dem Ausland stammen oder als Rentenzahlung aus einem Hausverkauf von einer Privatperson gezahlt werden. Eintragungen sind außerdem notwendig, wenn die gemeldeten Daten von den tatsächlich erhaltenen Renten abweichen, also fehlerhaft sind oder wenn in den hellgrünen Formularzeilen weitere Angaben oder Werbungskosten einzutragen sind. Für diese Fälle wird der Vordruck nachfolgend Zeile für Zeile erklärt.

Die Rentenzahlungen unterteilen sich entsprechend der Besteuerung in drei Gruppen:

**1** Die gesetzlichen und gleichgestellten Renten, etwa aus berufsständischen Versorgungseinrichtungen, gehören in die **Zeilen 5 bis 10**. Von ihnen wird je nach Kalenderjahr der Bewilligung der Rente mindestens die Hälfte besteuert ( → Seite 159).

**2** Dagegen sind privat finanzierte Renten in der Regel nur mit dem sogenannten Ertragsanteil steuerpflichtig. Dessen Höhe hängt vom Renteneintrittsalter oder von der Laufzeit ab ( → ab Seite 160). Sie werden in den **Zeilen 14 bis 20** abgefragt.

**3** Geförderte Riester-Renten und Auszahlungen aus der betrieblichen Altersvorsorge sind in der Regel voll steuerpflichtig und gehören in die **Zeilen 31 bis 53**.

Steuerfreie Renten, wie gesetzliche Unfallrenten oder Kriegs- und Wehrdienstbeschädigtenrenten, gehören nicht in die Steuererklärung.

Auf dem 2019 für die eDaten neu gestalteten Formular können nur noch zwei Leibrenten auf der Vorderseite erklärt werden. Das gleiche gilt auch für die Rückseite mit Renten aus Altersvorsorgeverträgen oder betrieblicher Altersvorsorge. Haben Sie mehr als zwei gleichartige Renten, brauchen Sie eine weitere Anlage R. Für die fortlaufende Nummerierung nutzen Sie das entsprechende Feld in **Zeile 3**.

## Zeile 4 bis 10: Gesetzliche Renten & Co.

Diese Zeilen sind für die Papiererklärung Kür, für die elektronische Steuererklärung sind sie in 2019 noch Pflicht. Renten aus der gesetzlichen Rentenversicherung und steuerlich gleich behandelte Renten oder Altersbezüge der berufsständischen Versorgungseinrichtungen für Ärzte, Anwälte oder andere Freiberufler werden als eDaten an die Finanzverwaltung übermittelt.

Wer als Ruheständler eine Rente aus gesetzlicher Versicherung aus dem Ausland bezieht, muss in **Zeile 4** eine „1" eintragen und nachfolgend die Rentenbeträge analog einer deutschen Sozialversicherungsrente eintragen. Zahlungen aus dem Ausland werden bisher nicht ans deutsche Finanzamt gemeldet und müssen deshalb stets eingetragen werden, wenn sie in Deutschland zu versteuern sind.

| **Leibrenten / Leistungen** | | | | | | |
|---|---|---|---|---|---|---|
| – aus gesetzlichen Rentenversicherungen, landwirtschaftlicher Alterskasse, berufsständischen Versorgungseinrichtungen, eigenen zertifizierten Basisrentenverträgen – | | | | | | |
| | | | 1. Rente | | 2. Rente | |
| 4 | Ich habe Rente(n) aus einer ausländischen Versicherung / einem ausländischen Rentenvertrag bezogen. | 120 | *1* 1 = Ja (bitte Zeile 5 bis 10 ausfüllen) | 170 | 1 = Ja (bitte Zeile 5 bis 10 ausfüllen) | |
| | | | EUR | | EUR | |
| 5 | Rentenbetrag (einschließlich Einmalzahlung und Leistungen) | 101 | 4 600,– | 151 | , | |

### → Zum Beispiel Valentina B.

Die alleinstehende Tschechin lebt mit ihrem deutschen Partner in
Berlin. Aus ihrer früheren Tätigkeit erhält sie seit dem 1. Februar
2014 eine Rente der tschechischen Rentenversicherung. Weil Valentina in Deutschland wohnt, muss sie nach der zwischenstaatlichen
Vereinbarung, dem Doppelbesteuerungsabkommen, ihre tsche-
chische Rente in Deutschland versteuern. Die Finanzverwaltung erhält jedoch keine eDaten aus dem Ausland. Daher trägt Valentina ihre
Rente in den **Zeilen 5 bis 10** ein. Sie bestätigt mit der „1" in **Zeile 4,**
dass eine Rente aus einem ausländischen Rentenvertrag gezahlt
wird. Die Rente 2019 in Höhe von 4 600 Euro (Umrechnung der
tschechischen Währung Kronen in Euro) wird in **Zeile 5** eingetragen.
Der Rentenanpassungsbetrag für **Zeile 6** besteht aus den Rentenerhöhungen ab dem zweiten Jahr nach Rentenbeginn (→ Beispiel
Seite 32). Valentina errechnet sie, indem sie von der Jahresrente
2019 die Rente im Jahr 2015 abzieht (4 600 Euro minus 4 300 Euro
ergeben 300 Euro). Die 300 Euro gehören dann in **Zeile 6**, auch
wenn sie bereits in **Zeile 5** berücksichtigt sind. Ihren Rentenbeginn
(**Zeile 7**) trägt sie mit 01 02 2014 ein. **Zeile 10** fragt nach milder be-
steuerten Zahlungen für mehrere Jahre, etwa bei Rentennachzahlungen.

### Zeile 11 bis 13: Höhere Beiträge

Die **Zeilen 11 bis 13** betreffen nur Ruheständler, die vor 2005 mindestens
zehn Jahre lang Beiträge oberhalb des Höchstbetrags zur gesetzlichen
Rentenversicherung (West) eingezahlt haben. Diese sogenannte Öffnungs-

klausel können vor allem Freiberufler und andere Selbstständige nutzen (→ Seite 215). Dazu müssen Sie bei Ihrem Versorgungswerk eine Bescheinigung über die Einzahlungen in den einzelnen Jahren beantragen. Das Versorgungswerk ermittelt daraus den Prozentsatz Ihrer Rente, der günstiger zu versteuern ist als der Rest. Der mitgeteilte Prozentsatz gehört in **Zeile 11**. Er wird mit dem Ertragsanteil besteuert (→ Seite 21 und das folgende Beispiel). Sie müssen die Bescheinigung rechtzeitig bei Ihrem Versorgungswerk beantragen. Ist der Einkommensteuerbescheid erst einmal bestandskräftig, geht nachträglich nichts mehr.

Handelt es sich um eine befristete Rente, muss **Zeile 12** ausgefüllt werden, bei einer Einmalzahlung **Zeile 13**.

### Zeile 14 bis 20: Private Renten

Hier geht es um Renten, die überwiegend aus bereits versteuerten Mitteln finanziert wurden. Sie sind mit dem Ertragsanteil steuerpflichtig (→ Seite 160). Beispielsweise kann es sich um eine Rente aus einer privaten Rentenversicherung handeln oder um eine private Erwerbsminderungsrente. Weil in Deutschland ansässige Versicherungsträger die Daten an die Finanzverwaltung übermitteln, müssen Rentenbezieher diese Zeilen in der Regel nicht mehr ausfüllen.

Anders verhält es sich bei Renten, die aus privaten Vermögensübertragungen entstanden sind (in **Zeile 14** die Ziffer „1" eintragen). Ein Grundstück oder Betriebsvermögen wurde gegen die Zahlung einer lebenslangen Rente verkauft. Der Vermögenswert entspricht dabei etwa dem kapitalisierten Wert der Rente. Bei solchen Gestaltungen sollte im Vorfeld unbedingt ein professioneller steuerlicher Rat eingeholt werden.

### → Zum Beispiel Dieter D.

Der verheiratete Rentner erhält seit 1. März 2004 monatlich 1 000 Euro aus dem Verkauf eines Grundstücks. Er trägt in **Zeile 14** die Ziffer „1" ein und 12 000 Euro in **Zeile 15** (1000 mal 12). Als Rentenbeginn kommt in **Zeile 16** die Zahlenfolge 01032004. Die **Zeilen 17 bis 19** interessieren ihn nicht, weil seine Rente keine Garantierente ist und sie

weder durch den Tod einer dritten Person noch durch Zeitablauf umgewandelt wird. Nachzahlungen (**Zeile 20**) gab es nicht. Trotzdem kann
sich Dieter über einen kleinen Steuereffekt freuen. Als er 2004 mit 60
die Rente erstmals bezog, hatte er 32 Prozent davon zu versteuern. Seit
2005 muss er nur noch 22 Prozent seiner Privatrente mit dem Fiskus teilen (→ Seite 160).

Für eine ausländische Rente aus einem privaten Versicherungsvertrag tragen Sie in **Zeile 14** eine „2" ein und ergänzen die Rentenbeträge. Zeitlich
begrenzte private Renten, etwa private Berufsunfähigkeitsrenten, gehören ebenfalls in eine der Spalten der **Zeile 15**. Neben dem Rentenbeginn
(**Zeile 16**) ist auch das Ende der vertraglich vereinbarten Laufzeit erfragt
(**Zeile 19**, → Seiten 21, 34 und ab Seite 160). Im Papierformular ist der Bereich dunkelgrün hinterlegt und so erkennbar, dass Zahlungen aus Versicherungen in Deutschland dem Finanzamt bereits vorliegen.

| **Leibrenten** (ohne Renten lt. Zeile 4 bis 13) | | |
|---|---|---|
| – aus privaten Rentenversicherungen (auf Lebenszeit / mit zeitlich befristeter Laufzeit), sonstige Verpflichtungsgründe (z. B. Renten aus Veräußerungsgeschäften) – | | |
| Ich habe Rente(n) bezogen aus: | 1. Rente | 2. Rente |
| 14   1 = sonstigen Verpflichtungsgründen (z. B. Renten aus Veräußerungsgeschäften) <br> 2 = ausländischen Versicherungen | 140   2   ggf. 1 oder 2 eintragen <br> (bitte Zeile 15 bis 20 ausfüllen) <br> EUR | 190   ggf. 1 oder 2 eintragen <br> (bitte Zeile 15 bis 20 ausfüllen) <br> EUR |

In der **Zeile 17** geht es um das Geburtsdatum eines Erblassers von „Garan-
tiezeitrenten". Das sind Renten aus einem privat vereinbarten Vertrag, die
auch nach dem Tod des Rentenempfängers (manchmal als einmaliger Betrag) gezahlt werden. Hängt die Rente vom Leben einer anderen Person ab,
gehört deren Name in **Zeile 18**. Diese Daten werden dem Finanzamt nicht
elektronisch gemeldet und müssen deshalb weiterhin eingetragen werden. Wer sich damit erstmals befasst, sollte Profirat einholen.

In **Zeile 20** gehören Rentennachzahlungen für mehrere Jahre. Sie sind
bereits mit in **Zeile 15** zu erfassen, können aber ermäßigt besteuert werden und werden deshalb hier nochmals einzeln abgefragt. In **Zeile 23** geht
es um Rentenzahlungen, die mit Steuerstundungsmodellen zusammen-

hängen. Wer solche Renten bezieht, sollte zumindest beim ersten Mal einen Steuerberater aufsuchen.

 **TIPP:** Einmalauszahlungen aus Renten- oder Direktversicherungen können steuerfrei sein, wenn die Verträge vor 2005 abgeschlossen wurden (→ Seite 210 und 207).

Werden Renten zwischen Privatpersonen vereinbart, zum Beispiel nach einer Vermögensübertragung, sollte der Steuererklärung zumindest bei der erstmaligen Eintragung der entsprechende Vertrag beigelegt werden.

### Zeile 21, 22, 54 bis 60: Werbungskosten

Das Finanzamt berücksichtigt von sich aus pauschal 102 Euro für Werbungskosten im Zusammenhang mit Renten und Pensionen, ganz gleich, ob welche angefallen sind oder nicht. Rentner und Pensionäre, die mehr ausgeben mussten, können auch mehr geltend machen. In den **Zeilen 21 und 22 sowie in den Zeilen 54 bis 60** werden die Werbungskosten den jeweiligen Leistungen zugeordnet. Zu den Kosten für Erwerb und Sicherung der Rente gehören zum Beispiel Aufwendungen für Telefon, Fahrten oder Porto, die bei Beantragung der Rente anfielen.

Auch Ausgaben für eine Rentenberatung oder juristische Auseinandersetzungen um die Rente lassen sich absetzen.

| Werbungskosten | Die Eintragungen in den Zeilen 21 und 22 sind nur in der ersten Anlage R vorzunehmen. | | |
|---|---|---|---|
| | – zu den Zeilen 5 und 15 – ohne Werbungskosten lt. Zeile 22 – (Art der Aufwendungen) | | EUR |
| 21 | RENTENBERATUNG, GEWERKSCHAFTSBEITRAG | 800 | 1 9 5,- |

Finanzierungskosten im Zusammenhang mit einer sofort beginnenden Rente sind unter bestimmten Voraussetzungen abzugsfähig. Bei einer solchen Konstruktion empfiehlt sich aber dringend die Hilfe eines Steuerprofis (→ Seite 130).

**TIPP:** Rentner können Gewerkschaftsbeiträge als Werbungs-kosten absetzen. Damit dürften einige über die magere Werbungskostenpauschale von 102 Euro kommen.

### Zeile 31 bis 53: Riester & Co.

Auf die Rückseite der Anlage R gehören Riester-Renten und Leistungen aus Pensionsfonds und anderen Formen der geförderten betrieblichen Altersversorgung. Empfänger solcher Leistungen, zum Beispiel aus Lebensversicherungen, Banksparplänen oder anderen Geldanlagen, erhalten einen amtlichen Vordruck, auf dem in 14 Zeilen unterschiedliche Arten der Besteuerung solcher Leistungen aufgeführt sein können (→ ab Seite 122). Da staunt der Laie und der Fachmann wundert sich.

In Abhängigkeit davon, aus welchen Quellen die eingezahlten Beiträge stammten, sind die Altersbezüge voll, teilweise oder gar nicht steuerpflichtig (→ Begriffsübersicht ab Seite 205). Bei Fragen zur Leistungsmitteilung hilft in der Regel nur eine Nachfrage beim Versorgungsträger oder einem Steuerprofi. Wer die Daten in die Anlage R übernehmen muss, orientiert sich an der Zeilennummerierung in der Leistungsmitteilung und der entsprechenden Abfrage auf der Anlage R. Weil die meisten Zeilen dunkelgrün hervorgehoben sind, bedeutet dies, dass die Daten der Leistungsmitteilung dem Finanzamt bereits vorliegen und deshalb nicht abgeschrieben werden müssen. Lediglich die hellgrünen Zeilen sind in den entsprechenden Fällen auszufüllen. Die Angaben zu **Zeile 33 bis 35** sind notwendig, weil bei bestimmten Zahlungen aus einem Pensionsfonds zusätzlich ein Versorgungsfreibetrag berücksichtigt wird. Die Angaben entnehmen Rentner in der Regel der Leistungsmitteilung. **Zeile 44** betrifft Renten, die aus einem betrieblichen oder privaten Altersvorsorgevertrag für eine garantierte Anzahl von Jahren an Hinterbliebene gezahlt werden.

# Anlage KAP:
# Für Sparer und Anleger

**Die Anlage KAP** wie („Einkünfte aus <u>Kap</u>italvermögen") brauchen viele nicht ausfüllen: Die Bank behält von steuerpflichtigen Kapitalerträgen 25 Prozent Steuer ein (plus 5,5 Prozent Solidaritätszuschlag und gegebenenfalls Kirchensteuer) und überweist sie direkt an das Finanzamt. Sparer und Anleger erreichen per sogenanntem Freistellungsauftrag an Banken und andere Finanzinstitute, dass ihnen Zinsen und andere Kapitalerträge bis 801 Euro steuerfrei ausgezahlt werden. Dieser Sparerpauschbetrag verdoppelt sich für Ehe-/Lebenspartner auf 1602 Euro (→ Seite 89).

Doch Achtung: Von diesen einfach klingenden Regeln gibt es Ausnahmen. Die schreiben einerseits eine Abgabe der Anlage KAP vor, zum Beispiel, wenn von bestimmten Zinsen keine Abgeltungsteuer oder keine Kirchensteuer einbehalten wurde. Andererseits kann sich eine freiwillige Abgabe lohnen, wenn auf Zins & Co. im Jahresverlauf zu viele Steuern bezahlt wurden. Das konnte beispielsweise passieren, weil Freistellungsaufträge nicht oder nicht korrekt gestellt wurden oder weil der persönliche Grenzsteuersatz unter 25 Prozent lag (→ Beispiel ab Seite 86). Ein weiterer Grund besteht für Rentner und Pensionäre, die im Jahr 2019 mindestens 65 Jahre alt waren. Dann steht ihnen für Zusatzeinkünfte ein Altersentlastungsbetrag zu, der nur über die Abgabe der Steuererklärung berücksichtigt wird.

Die Anlage KAP war bisher schon der schwierige Versuch der Finanzverwaltung, das Universum der Kapitalerträge auf zwei Formularseiten zu quetschen. Ab 2018 müssen sich Betroffene mit gleich drei Anlagen KAP und insgesamt sechs Formularseiten herumschlagen. Neben der Anlage KAP entwickelte die Verwaltung die „Anlage KAP-BET" (für Beteiligungen) und die „Anlage KAP-INV" (für Erträge im Ausland verwahrter Investmentfonds). Wer die ausfüllen muss, sollte professionellen steuerlichen Rat nutzen, zumindest beim ersten Mal. Wir werden auf die Anlagen dort hinweisen, wo es für das Ausfüllen der Anlage KAP erforderlich ist (→ auch das ausgefüllte Musterformular ab Seite 194).

Wichtige Ausfüllhilfen der Anlage KAP sind die Steuerbescheinigungen, die Banken und andere Finanzdienstleister ihren Kunden ausstellen. Auf den Bescheinigungen sind Kapitalerträge, einbehaltene Steuern und andere Informationen vermerkt und ein ganz wichtiger Hinweis: In welche Zeile der Anlage KAP welche Beträge gehören.

## Amtlicher Freibrief

Mit einer sogenannten Nichtveranlagungsbescheinigung (NV-Bescheinigung) können viele Ruheständler auch ganz ohne Anlage KAP steuerfreie Kapitalerträge oberhalb des Sparerpauschbetrags kassieren. Das Finanzamt erteilt sie, wenn sich auch bei Abgabe einer Steuererklärung keine Steuer ergeben würde. Aussicht darauf haben zum Beispiel Menschen mit hohen Zinseinnahmen und geringen anderen Einkünften. Wer seiner Bank eine NV-Bescheinigung vorlegt, bekommt alle Zinsen ohne Steuerabzug ausgezahlt. Sie gilt meist drei Jahre und wird auf einem besonderen Formular beantragt.

### → Zum Beispiel Hertha H.

Hertha ist 75 Jahre alt und bezieht 600 Euro Monatsrente. Davon bleiben nach allen Abzügen 3 000 Euro pro Jahr steuerpflichtiges Einkommen. Außerdem kassiert sie 8 000 Euro Zinsen und andere Kapitaleinkünfte im Jahr. Normalerweise müsste die Bank davon rund 1 900 Euro Steuern einbehalten. Hertha bekommt aber alles ausgezahlt. Das Finanzamt stellte eine Nichtveranlagungsbescheinigung aus, weil das zu versteuernde Einkommen unterhalb des Grundfreibetrags von 9 168 Euro bleibt.

| | |
|---|---:|
| **steuerpflichtiges Renteneinkommen** | **3 000** |
| plus Zinsen und andere Kapitaleinkünfte | 8 000 |
| minus Sparer-Pauschbetrag | – 801 |
| minus Altersentlastungsbetrag (→ Seite 163) | – 1 596 |
| zu versteuern | 8 603 |
| **Steuer (alle Angaben in Euro)** | **0** |

### Zeile 1 bis 6: Abgabepflicht und Abgabekür

Alle, die dennoch abgeben müssen oder wollen, füllen **Zeile 1 bis 3** mit den persönlichen Angaben aus und kreuzen rechts den Zweck an (Einkommensteuererklärung und/oder Kirchensteuer) und die Person, um die es geht. Von Ehepaaren/Lebenspartnerschaften will das Finanzamt in der Regel zwei Anlagen KAP sehen.

In **Zeile 4 bis 6** geht es um die Abgabegründe. Die Eintragung der Ziffer „1" in **Zeile 4** beantragt die „Günstigerprüfung". Das Finanzamt prüft dann, ob die Abgeltungsteuer günstiger war als die Versteuerung der Kapitaleinkünfte mit dem persönlichen Steuersatz des Sparers.

Wenn das zu versteuernde Einkommen ohne die Kapitaleinkünfte unterhalb von rund 16 500/33 000 Euro (alleinstehend/verheiratet) liegt, ist der Grenzsteuersatz geringer als 25 Prozent. Dann lohnt sich in der Regel die Günstigerprüfung. Wer wissen will, wie hoch sein persönlicher Grenzsteuersatz ist, kann das mithilfe der Tabelle auf Seite 172 überschlagen. Wer im Bereich des Grenzsteuersatzes von 25 Prozent liegt, sollte stets die Günstigerprüfung beantragen. Verlieren kann man dabei nie.

Höhere Kapitaleinkünfte bleiben steuerfrei, wenn Sparer 65 Jahre oder älter sind und den Altersentlastungsbetrag für Zins & Co. verwenden können (→ Seite 13 und 163). Bis 1 900 Euro sind auf diese Weise steuerfrei, und zwar zusätzlich zum Sparerpauschbetrag.

## → Zum Beispiel das Ehepaar W.

Waltraud und Wolfgang W. haben aus Rente und Pension ein zu versteuerndes Einkommen von 20 000 Euro. Zusätzlich hatten sie zusammen 8 000 Euro Zinsen und andere Kapitaleinkünfte. Ihnen wurde im Jahresverlauf Abgeltungsteuer abgezogen. Dank der Anlagen KAP bekommen sie davon 999 Euro zurück (Ehepaare/Lebenspartner müssen für die Günstigerprüfung in der Regel zwei Anlagen KAP abgeben). Für das Ehepaar W. fällt das Ergebnis besonders günstig aus, weil beide den vollen Altersentlastungsbetrag geltend machen können. Aber auch wenn der Altersentlastungsbetrag geringer ausfiele oder für Kapitalerträge gar nicht nutzbar wäre, würde das Ehepaar W. durch die Günstigerprüfung Steuern sparen.

### 1. Berechnung mit Abgeltungsteuer

| Ruhestandseinkommen ohne Zinsen | | 20 000 |
|---|---|---|
| Einkommensteuer | | 246 |
| Durchschnittssteuersatz | 1,23 % | |
| Grenzsteuersatz | 15,63 % | |
| Zinsen | | 8 000 |
| minus Sparerpauschbetrag (2 mal 801) | | −1 602 |
| steuerpflichtig (8 000 minus 1 602) | | 6 398 |
| Abgeltungsteuer (25 % von 6 398 plus 5,5 % Soli) | | 1 687 |
| ausgezahlte Zinsen (8 000 minus 1 687) | | 6 313 |
| **Steuer auf Ruhestandseinkommen und Zinsen** (246 plus 1 687) | | **1 933** |

## 2. Berechnung mit persönlichem Steuersatz

| Ruhestandseinkommen ohne Zinsen | 20 000 |
| --- | --- |
| Zinsen | 8 000 |
| minus Sparerpauschbetrag (2 mal 801) | − 1 602 |
| steuerpflichtige Zinsen (8 000 minus 1 602) | 6 398 |
| minus Altersentlastungsbetrag (40 % von 6 398) | − 2 559 |
| zu versteuern | 23 839 |
| Einkommensteuer | 918 |
| Steuerentlastung durch Günstigerprüfung (1 933 minus 918, alle Angaben in Euro) | 1 015 |

Wer in **Zeile 5** die Ziffer „1" in das Kästchen schreibt, erreicht die Überprüfung seiner im Jahresverlauf bereits an das Finanzamt abgeführten Steuern auf Kapitaleinkünfte. Das kann beispielsweise sinnvoll sein, wenn Abgeltungsteuer abgeführt wurde, obwohl der Sparerpauschbetrag von 801 Euro (Ehepaare 1 602 Euro) nicht ausgeschöpft wurde, weil etwa die Freistellungsaufträge nicht richtig verteilt waren oder weil beim Bank- oder Depotwechsel etwas schiefgelaufen ist. Auch ausländische Quellensteuer lässt sich so zurückholen.

In **Zeile 6** markieren kirchensteuerpflichtige Menschen mit der Ziffer „1", dass für ihre laufenden Kapitalerträge von der Bank keine Kirchensteuer abgeführt wurde und dass sie das im Rahmen der Steuererklärung nachholen (auch Hauptvordruck Zeile 2 ankreuzen, → Seite 43). Das betrifft jetzt noch weniger Menschen als vorher. Denn seit 2015 führen Banken und andere Finanzinstitute die Kirchensteuer, die sie im Rahmen der Abgeltungsteuer einbehalten haben, automatisch an den Fiskus ab.

Finanzinstitute und alle anderen, die zum Steuerabzug verpflichtet sind, müssen den Religionsstatus ihrer Kunden oder Zahlungsempfänger zum Stichtag 31. August beim Bundeszentralamt für Steuern (BZSt) abfragen. Die Abfrage erfolgt in der Regel jährlich neu in den Monaten September bis Oktober. Das Ergebnis bildet die Grundlage für den Abzug der Kirchensteuer im Folgejahr. Für das Jahr 2019 gilt also das Abfrageergebnis von 2018.

Wer keiner Religionsgemeinschaft angehört, bleibt ohne Abzug. Ob das tatsächlich funktioniert hat, sollten Betroffene aber unbedingt mithilfe der Mitteilungen der Kreditinstitute überprüfen. Kirchensteuerpflichtige, die bis 30. Juni 2018 eine „Sperrvermerkserklärung" beim BZSt eingereicht hatten, konnten die Datenübermittlung für 2019 verhindern. Der Sperrvermerk löste aber in jedem Fall eine Information des BZSt an das zuständige Finanzamt aus und ist in der Regel ein Grund für die Pflichtabgabe einer Steuererklärung.

Es gibt weitere, in **Zeile 4 bis 6** nicht genannte Gründe, die Sparer und Anleger verpflichten, eine Anlage KAP abzugeben: etwa Kapitaleinkünfte, die nicht der Abgeltungsteuer unterlagen, oder Zinsen aus bestimmten privaten Darlehen (→ ab Seite 90).

## Zeile 7 bis 11: Abgeltungsteuer abgeführt

In **Zeile 7** schreiben Sie zusammengefasst sämtliche Kapitalerträge, für die im Jahresverlauf Abgeltungsteuer abgeführt wurde. Dazu gehören auch die per Freistellungsauftrag im Rahmen des Sparerpauschbetrags freigestellten Beträge bis 801/1 602 Euro (alleinstehend/verheiratet oder verpartnert). Hier geht es unter anderem um laufende Kapitalerträge wie etwa Zinsen und Dividenden. Die genauen Beträge ergeben sich aus den Steuerbescheinigungen von Banken, Fondsgesellschaften und anderen Finanzdienstleistern. Hierher gehören auch Erträge aus Lebensversicherungen, die nicht steuerbegünstigt sind (→ auch Seite 91). Außerdem tragen Sie hier Gewinne aus dem Verkauf von Wertpapieren aller Art, etwa Aktien, Anleihen oder Zertifikate, aus Termingeschäften oder aus dem Verkauf von „gebrauchten" Lebensversicherungen ein. Was hier einzutragen ist, ergibt sich in der Regel aus den vorliegenden Steuerbescheinigungen.

In **Zeile 8** müssen Gewinne aus Aktienverkäufen (aus **Zeile 7**) nochmals separat erscheinen, weil sie steuerlich etwas anders als andere Kapitalerträge behandelt werden.

| Kapitalerträge, die dem inländischen Steuerabzug unterlegen haben | | Beträge lt. Steuerbescheinigung(en) EUR | | korrigierte Beträge (lt. gesonderter Aufstellung) EUR |
|---|---|---|---|---|
| 7 | Kapitalerträge | 10 | *1 9 5 5,—* 20 | , — |
| 8 | In Zeile 7 enthaltene Gewinne aus Aktien- veräußerungen | 12 | *1 5 5,—* 22 | , — |

Die **Zeile 8a** fragt nach „bestandsgeschützten Alt-Anteilen". Dabei geht es um Investmentfondsanteile, die vor dem 1. Januar 2009 gekauft wurden. Gewinne, die vor dem 31. Dezember 2017 entstanden, bleiben auch nach dem neuen „Investmentsteuerreformgesetz 2018" weiterhin steuerfrei. Gewinne ab dem 1.1.2018 sind steuerpflichtig. Allerdings gilt für sie ein Freibetrag von 100.000 Euro. Hierher gehören ausschließlich Veräußerungsgewinne des Jahres 2019, keine Veräußerungsverluste. Anleger finden die erforderlichen Angaben im nachrichtlichen Teil der Steuerbescheinigungen der Fonds.

In **Zeile 9** geht es um die sogenannte Ersatzbemessungsgrundlage. Das sind 30 Prozent der Einnahmen aus einem Wertpapiergeschäft. Die Bank erhebt die Steuer auf dieser pauschal angenommenen Grundlage, wenn sie die genauen Anschaffungskosten des Wertpapiers nicht kennt. Betroffene können eine zu hoch veranschlagte Ersatzbemessungsgrundlage hier korrigieren, wenn sie entsprechende Nachweise haben. Das funktioniert in der rechten Spalte der **Zeile 9** („korrigierte Beträge"). In dieser rechten Spalte der **Zeilen 7 bis 11** lassen sich außerdem Verluste von Konten bei unterschiedlichen Banken berücksichtigen oder Kosten von Veräußerungsgeschäften, die die Bank in ihre Abrechnung nicht einbezogen hat. In **Zeile 10 bis 11** fragt das Formular nach Verlusten aus Wertpapiergeschäften (unterteilt nach Aktien- und anderen Verlusten). Wer sich erstmals damit herumschlagen muss, sollte einen Steuerprofi konsultieren.

## Zeile 12 bis 13: Sparerpauschbetrag

Ob und in welcher Höhe der Sparerpauschbetrag genutzt wurde, ergibt sich im Regelfall aus den vorliegenden Steuerbescheinigungen. **Zeile 12** fragt nach dem Teil des Sparerpauschbetrags, der für die in **Zeile 7 bis 11** und in **Zeile 23 und 26** aufgeführten Kapitalerträge verwendet worden ist.

Normalerweise erscheint hier der gesamte genutzte Sparerpauschbetrag von 801 Euro. In **Zeile 13** kommt eine Ausnahme. Hierher gehört der Teil des Sparerpauschbetrags, der für Kapitalerträge genutzt wurde, die nicht in den hier genannten Zeilen auftauchen. Ein solcher Fall kann beispielsweise dann eintreten, wenn die Bank bereits ordnungsgemäß und unter Berücksichtigung des Freistellungsauftrags Abgeltungsteuer abgeführt hat und der Sparer daran auch nachträglich nichts ändern möchte. Wer in Zeile 4 die Günstigerprüfung beantragt hat und deshalb alle Kapitalerträge vollständig in die Anlage KAP sowie bei Investmenterträgen im Ausland und bei Beteiligungen in die Anlagen KAP-INV und KAP-BET eingetragen hat, lässt die **Zeile 13** leer.

### Zeile 14 bis 27: Ohne Abgeltungsteuer

In **Zeile 14 bis 19** werden Kapitalerträge abgefragt, die nicht der Abgeltungsteuer unterlegen haben. Dabei kann es sich zum Beispiel um ausländische Zinsen handeln oder auch um Kreditzinsen aus bestimmten Privatdarlehen. Alle diese Kapitalerträge gehören zusammengefasst in **Zeile 14** (Inland) oder **Zeile 15** (Ausland). In **Zeile 16** will das Finanzamt eine gesonderte Aufstellung der bereits in **Zeile 14 und 15** enthaltenen Gewinne (beziehungsweise Verluste) aus Aktiengeschäften sehen. Ausgenommen von der Zusammenfassung in **Zeile 14 und 15** sind Zinsen für Steuererstattungen, die das Finanzamt (obwohl es sie genau kennt) in **Zeile 19** ebenfalls separat sehen will und die in der Regel im letzten Steuerbescheid zu finden sind. Verluste aus Wertpapiergeschäften gehören insgesamt in **Zeile 17**, Aktienverluste nochmals separat in **Zeile 18**.

>  **TIPP:** Erträge von Investmentfonds, die nicht dem inländischen Steuerabzug unterlagen, gehören nicht hierher, sondern in die Anlage KAP-INV. Erträge aus Beteiligungen sind in die Anlage KAP-BET einzutragen.

Und noch ein Tipp: Das Bundesverfassungsgericht muss aktuell in mehreren Verfahren darüber entscheiden, ob Erstattungszinsen steuerpflichtig sind (zum Beispiel Az. 2 BvR 482/14). Betroffene können mit Bezug auf das betreffende Aktenzeichen Einspruch gegen ihren Steuerbescheid einlegen und so ihre Chance auf Änderung wahren (→ab Seite 137).

Bei Kapitalerträgen, die nicht mit der Abgeltungsteuer, sondern mit dem persönlichen Steuersatz versteuert werden müssen (**Zeile 20 bis 27**), geht es um Erträge, die im betrieblichen Bereich anfallen, und um weitere Spezialfälle, die „Normalsteuerzahler" eher selten betreffen. Kapitalerträge aus inländischen und ausländischen Beteiligungen gehören nicht mehr hierher, sondern in die Anlage KAP-BET. **Zeile 21** fragt übrigens auch nach Zinsen aus privaten Darlehen an Verwandte und andere Menschen. Die unterliegen dem persönlichen Steuersatz, wenn sie beim Schuldner als Werbungskosten oder als Betriebsausgaben absetzbar sind. Der Bundesfinanzhof sieht das großzügiger. Er hat in mehreren Urteilen entschieden, dass die Nutzung der Abgeltungsteuer auch in diesen Fällen möglich ist, wenn kein Beherrschungsverhältnis zwischen den beteiligten Seiten vorliegt und das Darlehen einem Fremdvergleich standhält (zum Beispiel Az. VIII R 44/13).

In **Zeile 23** tragen Sie Erträge aus steuerlich begünstigten Lebensversicherungen ein, die nach dem Stichtag 31.12.2004 abgeschlossen wurden (→ ab Seite 210). Der Ertrag, das ist die Differenz zwischen Auszahlung und eingezahlten Beiträgen, bleibt zur Hälfte steuerfrei. Er wird jedoch mit dem persönlichen Steuersatz versteuert, nicht mit dem Abgeltungsteuersatz. Einbehaltene Abgeltungsteuer wird erstattet.

**TIPP:** Wer sich eine solche Versicherung frühestens einen Tag nach dem 60. Geburtstag auszahlen lässt, erhält, wenn die Versicherung mindestens 12 Jahre lang bestand, die Hälfte der Erträge steuerfrei. Dazu muss die Zeile 23 ausgefüllt werden. Die Versicherung berechnet zunächst auf die gesamten Erträge Abgeltungsteuer.

In der **Zeile 26** geht es unter anderem um die steuerliche Behandlung sogenannter verdeckter Gewinnausschüttungen in speziellen Fällen. Ohne Steuerberater sollte sich hier niemand bewegen. Das gilt auch für die **Zeile 27**, die „Spezial-Investmentanteile" behandelt.

### Zeile 48 bis 61: Steuerabzug & Co.

In **Zeile 48 bis 53** müssen Sie die von den Banken und anderen Anlageinstituten bereits abgezogenen Steuern auf Kapitalerträge eintragen, getrennt nach Abgeltungsteuer, Solidaritätszuschlag und gegebenenfalls Kirchensteuern hierauf sowie ausländische Steuern. Diese Beträge werden im Steuerbescheid auf die vom Finanzamt berechneten Steuer und Zuschläge angerechnet. Für welche Kapitalerträge die Eintragung erfolgt, findet sich in den Zeilenangaben der Überschrift. So gehört beispielsweise die insgesamt abgeführte Abgeltungsteuer in **Zeile 48**, und zwar auch die Steuer, die auf Investmenterträge abgeführt wurde, die ansonsten in der Anlage KAP-INV abgehandelt werden. Abzugsbeträge aus Beteiligungen an Kapitalanlagen gehören dagegen nicht hierher, sondern in die neue Anlage KAP-BET. In **Zeile 49 bis 52** wiederholt sich die Prozedur für die Zuschlagsteuern sowie für anzurechnende ausländische Steuerarten. Die fiktive Quellensteuer (**Zeile 53**) gilt für manche Anleihen ausländischer Staaten. Der deutsche Fiskus rechnet sie dem Anleger trotzdem an, als wäre sie einbehalten worden. Das erhöht die Rendite der Anleihen. **Zeile 54 bis 56** fragt nach den einbehaltenen und anzurechnenden Steuern auf die in der Überschrift erwähnten Erträge. Das betrifft zum einen Kapitalerträge, die

mit dem persönlichen Steuersatz besteuert werden, etwa die in Zeile 23 eingetragenen Erträge aus begünstigten Lebensversicherungen. Zum anderen gehört hierher auch die Abgeltungsteuer aus Erträgen, die bei anderen Einkünften zu besteuern sind. Das können beispielsweise Zinsen aus Bausparverträgen sein, die für die Finanzierung einer vermieteten Immobilie verwendet werden.

Mit **Zeile 57** will die Finanzverwaltung die Erstattung von Kapitalertragsteuer bei bestimmten Wertpapiergeschäften einschränken, etwa bei „cum/cum-Geschäften" zwischen Banken und Großanlegern. Wer hier etwas einzutragen hat, sollte vorher einen Steuerberater konsultieren. Das gilt auch für ausländische Familienstiftungen (**Zeile 58 bis 60**) und für den Umgang mit Steuerstundungsmodellen nach § 15b Einkommensteuergesetz (**Zeile 61**).

 **TIPP:** Steuerbescheinigungen über inländische Kapitalerträge wollte das Finanzamt früher in der Regel im Original sehen. Seit 2017 müssen sie der Steuererklärung grundsätzlich nicht mehr beigefügt werden. Von dieser Regel gibt es aber Ausnahmen. So müssen bei Eintragungen in den Zeilen 10 und/oder 11 (Verluste) sowie in den Zeilen 54 bis 56 Steuerbescheinigungen weiterhin unaufgefordert eingereicht werden.

# Anlage N: Für Arbeitnehmer

**Die Anlage N** steht für „Einkünfte aus nichtselbstständiger Arbeit" und spielt auch für viele Ruheständler eine Rolle. Sie ist immer dann wichtig, wenn sich Rentner selbst als Arbeitnehmer etwas hinzuverdienen oder der Ehe-/Lebenspartner noch berufstätig ist. Auch wer eine vom Arbeitgeber finanzierte Werkspension oder eine Beamtenpension erhält, benötigt für diese Altersbezüge nicht die Anlage R, sondern die Anlage N. Werkspensionen stammen aus Direktzusagen des ehemaligen Arbeitgebers oder aus Unterstützungskassen. Werks- und Beamtenpensionen werden auf dem amtlichen Vordruck als **Versorgungsbezüge** bezeichnet. Sie gelten unter steuerlichen Gesichtspunkten als Arbeitslohn und werden auch so ähnlich behandelt (→ Seite 18, 120, 207 und das ausgefüllte Formular auf Seite 186).

Rentner mit einem Nebenjob als Arbeitnehmer müssen in der Regel bereits deshalb eine Steuererklärung abgeben, weil sie neben ihrem steuerpflichtigen Arbeitslohn mehr als 410 Euro andere Einkünfte im Jahr erhalten, nämlich aus ihrer Rente.

 **NEU:** Rentner, die eine Steuererklärung mit Papierformularen einreichen und deren Bezüge in die Anlage N gehören, prüfen zunächst, ob nur Angaben in den dunkelgrün unterlegten Feldern einzutragen wären. In diesem Fall müssen sie die Anlage N meist nicht mehr ausfüllen und zum Finanzamt mitschicken.

Nachfolgend wird erklärt, in welchen Fällen dies nicht gilt oder weitere Zeilen ausgefüllt werden sollten.

### Zeile 1 bis 26: Lohn und Pension

Nach den persönlichen Angaben in **Zeile 1 bis 2** gehört in **Zeile 3** die Steuernummer. **Zeile 4** („eTIN" heißt „electronic Taxpayer Identification Number") wird nur ausgefüllt, wenn keine Steuer-ID vorhanden ist.

Die weiteren Angaben zu Lohn, Pension und bereits abgezogenen Steuern liegen dem Finanzamt in der Regel bereits als elektronische Meldung vor. Sie haben zur Information über diese Datenmeldung eine Lohnsteuerbescheinigung erhalten. In der Papiersteuererklärung müssen die Pensionäre oder Eheleute der Rentner in der Regel nur etwas eintragen, wenn sie von den gemeldeten Daten abweichen wollen, etwa weil diese fehlerhaft sind, oder falls der Arbeitgeber in seiner Bescheinigung darauf hinweist, dass keine elektronische Meldung erfolgt ist. In der elektronischen Steuererklärung tragen die Ruheständler die Daten ein. Sie können damit auch die Funktion der Steuerberechnung nutzen.

Wenn Sie in diesem Jahr Arbeitslohn, Versorgungsbezüge für mehrere Jahre oder eine Abfindung erhalten haben, kann für diese Einnahmen unter bestimmten Voraussetzungen eine ermäßigte Besteuerung erfolgen. Falls der Arbeitgeber oder Versorgungsträger noch keine Steuerermäßigung berücksichtigt hat, steht der betreffende Betrag in der Regel in Zeile 19 der Lohnsteuerbescheinigung und gehört in die **Zeile 18** der Anlage N. Wenn der Arbeitgeber die Daten korrekt übermittelt, brauchen Sie in die Papiersteuererklärung nichts eintragen. Prüfen Sie im Steuerbescheid, ob das Finanzamt den Lohn ermäßigt besteuert hat.

War der Arbeitgeber nicht zum Lohnsteuerabzug verpflichtet, zum Beispiel weil er sich im Ausland befindet, nutzt der Rentner die **Zeile 21**. Andere Fälle sind steuerpflichtige Verdienstausfallentschädigungen von Versicherungen oder anderen. Die **Zeilen 22 bis 26** über eigene Auslandstätigkeiten betreffen Ruheständler eher selten, und wenn, sollten sie mithilfe eines Steuerprofis ausgefüllt werden. Die hier erfragten Details werden aus der ziemlich unübersichtlichen „Anlage N-AUS" übernommen. Eine Ausfüllhilfe zur „Anlage N-AUS" finden Sie im Internet unter www.test.de/Steuerratgeber-Extra.

### Zeile 27: Steuerfreie Aufwandsentschädigung

Wer nebenbei als Arbeitnehmer in Vereinen oder in anderen Einrichtungen arbeitet, die gemeinnützigen, mildtätigen oder kirchlichen Zwecken dienen, kann eine steuerfreie Aufwandsentschädigung erhalten. Dieser „Übungsleiter-Freibetrag" von 2 400 Euro wird gewährt, wenn es sich um ausbildende, erzieherische, betreuende, künstlerische oder pflegerische Arbeiten handelt (→ Seite 16).

Für andere gemeinnützige Tätigkeiten, etwa für den Kassenwart im Verein, bleiben Zahlungen bis 720 Euro steuerfrei. Sind die steuerfreien Zahlungen höher als die gesetzlichen Freibeträge, wird in **Zeile 27** nur der Freibetrag vermerkt und der übersteigende Betrag in **Zeile 21**. Wenn diese Tätigkeiten nicht als Arbeitnehmer, sondern selbstständig ausgeübt werden, gehören die Einnahmen in die Anlage S ( Seite 109).

### Zeile 28: Lohnersatz

Lohnersatzleistungen, zum Beispiel Kurzarbeitergeld, sind in der Regel beim Finanzamt gemeldet. Die Entgeltersatzleistungen sind steuerfrei, erhöhen jedoch die Steuer auf den Arbeitslohn oder den steuerpflichtigen Anteil der Rente.

### Zeile 31 bis 96: Werbungskosten

Die **Zeilen 31 bis 87** füllen Sie nur aus, wenn Sie noch Werbungskosten für eine aktive Berufstätigkeit haben. Die Kosten für die Arbeit wirken sich steuermindernd aus, wenn sie mehr als 1 000 Euro betragen. Anderenfalls können Sie diese Zeilen leer lassen. Das Finanzamt berücksichtigt dann den **Arbeitnehmerpauschbetrag** automatisch. Den bekommt ein Ruheständler auch dann, wenn er nur noch einen Teil des Jahres beschäftigt war. Dennoch sollten Sie einen Blick auf die folgenden Abzugsposten werfen. Vielleicht ist doch etwas dabei, womit Sie die Pauschale überschreiten und Ihre Steuerlast senken können.

Für Versorgungsbezüge aus Beamten- oder Werkspensionen berücksichtigt das Finanzamt nur eine Pauschale von 102 Euro. Wer höhere Kosten für die Versorgungsbezüge hatte, beispielsweise Steuerberatungskosten oder Gewerkschaftsbeiträge trägt diese in die **Zeilen 91 und 92** ein.

### Zeile 31 bis 40: Fahrten zur Arbeit

Kosten für Fahrten zwischen Wohnung und Betrieb sind unabhängig vom Verkehrsmittel mit der Entfernungspauschale von 30 Cent pro Entfernungskilometer absetzbar. Das gilt auch für Mitfahrer einer Fahrgemeinschaft, die selbst gar keine Ausgaben hatten.

Wer öffentliche Verkehrsmittel nutzt, darf nachgewiesene Kosten voll absetzen, wenn sie für das gesamte Jahr höher ausfallen als 30 Cent pro Entfernungskilometer.

Die Entfernungspauschale gilt für die erste Tätigkeitsstätte (**Zeilen 31 und 32**). Das ist ein fester Arbeitsort, der auf Dauer regelmäßig aufgesucht wird. Bei mehreren Arbeitsorten gilt das, wie der Name sagt, nur für einen Arbeitsort. Wer anstelle des Arbeitsortes regelmäßig eine bestimmte Abholstelle aufsuchen muss, trägt den „Sammelpunkt" in **Zeile 33-34** ein. Gleiches gilt für Arbeitnehmer, die zu einem weiträumigen Tätigkeitsgebiet fahren. Hier zählt die Entfernung zum Beginn des Tätigkeitsfeldes.

Welche Entfernung sie mit welchem Verkehrsmittel zurückgelegt haben, will das Finanzamt in den **Zeilen 35 bis 38** wissen. Behinderte Arbeitnehmer können die tatsächlichen Kosten absetzen, wenn der Behinderungsgrad mindestens 70 beträgt oder 50 plus Merkzeichen „G" im Behindertenausweis steht (**Zeilen 35 bis 38**, rechte Spalte die Ziffer „1" eintragen). Sie erhalten dann für Fahrten mit dem eigenen Pkw 30 Cent für jeden gefahrenen Kilometer oder auf Nachweis auch höhere Kosten. Für Fahrten mit öffentlichen Verkehrsmitteln sind ohnehin die tatsächlichen Kosten absetzbar.

| | Ort lt. Zeile | aufgesucht an Tagen | einfache Entfernung (auf volle Kilometer abgerundet) | davon mit eigenem oder zur Nutzung überlassenem Pkw zurückgelegt | davon mit Sammelbeförderung des Arbeitgebers zurückgelegt | davon mit öffentl. Verkehrsmitteln, Motorrad, Fahrrad o. Ä., als Fußgänger, als Mitfahrer einer Fahrgemeinschaft zurückgelegt | Aufwendungen für Fahrten mit öffentlichen Verkehrsmitteln (ohne Fähr- und Flugkosten) EUR | Behinderungsgrad mind. 70 oder mind. 50 und Merkzeichen „G" |
|---|---|---|---|---|---|---|---|---|
| 35 | *31* 110 *2 2 0* | 111 *7* km | 112 km | 113 km | 114 km | *6 6 0,—* 115 | 1 = Ja |
| 36 | 130 | 131 km | 132 km | 133 km | 134 , — | 135 | 1 = Ja |

Steuerfreie oder pauschal versteuerte Zuschüsse des Arbeitgebers werden in der Regel elektronisch gemeldet. Falls notwendig, sind diese in **Zeile 39** einzutragen. Die von der Agentur für Arbeit oder dem Jobcenter übernommenen Kosten werden nicht automatisch gemeldet. Sie müssen diese deshalb in die **Zeile 40** eintragen.

| | | | EUR | | EUR | |
|---|---|---|---|---|---|---|
| 39 | Arbeitgeberleistungen lt. Nr. 17 und 18 der Lohnsteuerbescheinigung | steuerfrei ersetzt 290 | *1 8 0*, — | pauschal besteuert 295 | , — | e |
| 40 | Von der Agentur für Arbeit oder dem Jobcenter gezahlte Fahrtkostenzuschüsse | | | 291 | *2 7 0*, — | |

### Zeile 41 bis 48: Arbeitsmittel & Co.

Wer einer Gewerkschaft oder einem Berufsverband angehört, trägt Organisation und Beitrag in **Zeile 41** ein. Wenn Rentner ihren Gewerkschaftsbeitrag bereits in die Anlage R geschrieben haben, dürfen sie ihn hier nicht nochmals einsetzen. Als Arbeitsmittel (**Zeile 42 und 43**) gelten Dinge, die für den Job gebraucht werden, zum Beispiel Fachbücher, Büromöbel, Büromaterial, Arbeitskleidung, Werkzeug oder Computer.

Raumkosten für ein häusliches Arbeitszimmer dürfen voll abgesetzt werden, wenn es „Mittelpunkt der gesamten betrieblichen und beruflichen Tätigkeit" ist (**Zeile 44**). Viele Ruheständler, die ihren Nebenjob im Arbeitszimmer ausüben, haben gute Chancen, alle Ausgaben geltend machen. Ihr Heimbüro ist „Mittelpunkt" ihrer Erwerbstätigkeit.

Ist das Heimbüro nicht Mittelpunkt der beruflichen Arbeit, existiert aber für die dort ausgeführten Tätigkeiten kein anderer Arbeitsplatz, können bis zu 1250 Euro im Jahr abgesetzt werden. Das betrifft zum Beispiel Außendienstmitarbeiter, Lehrer und vergleichbare Berufsgruppen, die Teile ihrer Arbeit zu Hause machen müssen, weil sie es an einem anderen Arbeitsplatz nicht können. Wer das Heimbüro beruflich und privat nutzt, kann die Raumkosten nicht aufteilen. Nur eine private Mitnutzung von bis zu 10 Prozent wird akzeptiert. Ist es mehr, fallen sämtliche Raumkosten dem Rotstift zum Opfer. Beim Arbeitszimmer gilt das Prinzip „ganz oder gar nicht".

Kosten von Büromöbeln, Bürotechnik und anderen Dingen für den Job lassen sich auch dann absetzen, wenn diese Arbeitsmittel nicht in einem steuerlich anerkannten Arbeitszimmer stehen, sondern in einer Arbeitsecke im Flur oder im Hobbykeller.

Tragen Rentner Fortbildungskosten (**Zeile 45**) ein, müssen sie dem Finanzamt manchmal darlegen, dass die Fortbildung ihrer Berufstätigkeit dient . Ob es sich um einen Nebenjob handelt, spielt allerdings keine Rolle. Eine Bescheinigung des Arbeitgebers über die Notwendigkeit der Fortbildung kann die Argumentation unterstützen.

### Zeile 49 bis 96: Reisekosten & Co.

Für die meisten Ruheständler sind Reisekosten und doppelte Haushaltsführung ein eher seltenes Thema. Eine Auswärtstätigkeit kann vorliegen, wenn anstelle der ersten Tätigkeitsstätte (vergleiche oben zu Zeile 31) ein anderer Arbeitsort aufgesucht wird. Dann sind in **Zeile 50** Fahrt- und gegebenenfalls Übernachtungskosten in tatsächlicher Höhe absetzbar. Je nach Abwesenheitsdauer kommen Verpflegungsmehraufwendungen hinzu (**Zeilen 52 bis 57**). Eine doppelte Haushaltsführung (**Zeilen 61 bis 87**) bedeutet, dass für einen dauerhaften festen Arbeitsort (erste Tätigkeitsstätte) eine zweite .Wohnung erforderlich ist.

### Zeile 91 bis 96: Sonderfälle

Die **Zeilen 91 bis 94** fragen nach besonderen Werbungskosten, die in den **Zeilen 31 bis 87** nicht enthalten sind. Das kann Pensionäre betreffen (**Zeile 91 bis 92),** oder Arbeitnehmer mit Abfindungen (**Zeile 93**). In **Zeile 94 bis 96** geht es um Auslandsprobleme, die in der Regel Profirat erfordern.

 **TIPP:** Ausführliche Infos zur Anlage N finden Sie im Finanztest-Ratgeber „Steuererklärung 2019/2020 Arbeitnehmer, Beamte" (Bezugsadresse → Seite 224).

# Anlage SO: Für sonstige Einkünfte

**In dieser Anlage** fragt das Finanzamt ein Sammelsurium von Einkünften ab, die anderswo nicht unterzubringen waren. Auch für Ruheständler kann ein Teil davon interessant sein. In **Zeile 4** sind unter „Wiederkehrende Bezüge" etwa Altenteilsleistungen in der Land- und Forstwirtschaft zu verstehen oder Zahlungen im Rahmen eines schuldrechtlichen Versorgungsausgleichs (→ ab Seite 52). In der Höhe, in der der Zahlende die Beträge als Sonderausgaben absetzen kann, sind sie beim Empfänger steuerpflichtig. Auch einige Leistungen, die nach Vermögensübertragungen gezahlt werden, gehören hierher: Wenn etwa Eltern ihrem Kind ein Grundstück oder Betriebsvermögen übertragen haben und das Kind ihnen dafür eine Rente zahlt, die jedoch nicht dem Wert des übertragenen Vermögens entspricht. Anderenfalls gehört die Rente in die Anlage R (→ Seite 79). In vielen dieser Fälle ist die Beratung eines Steuerprofis unverzichtbar, vor allem dann, wenn an dieser Stelle zum ersten Mal etwas einzutragen ist.

## Zeile 5 bis 23: Unterhalt & Co.

In die **Zeile 5** schreibt ein geschiedener Ehegatte oder getrennt lebender Lebenspartner Leistungen, die er zur Vermeidung eines Versorgungsausgleichs von seinem oder seiner Ex erhalten hat. Der Zahler kann seine Zahlungen in der Anlage Sonderausgaben eintragen (→ Seite 52).

Unterhaltszahlungen vom Ex-Ehe- oder eingetragenen Partner sind auch als „Realsplitting" bekannt. Der geschiedene oder getrennt lebende Partner, der den Unterhalt zahlt, kann bis zu 13 805 Euro in seiner Steuererklärung als Sonderausgaben geltend machen (→ Seite 52). Voraussetzung ist, dass der Zahlende die Anlage U abgegeben und der Empfänger die Anlage U unterschrieben hat. Mit seiner Unterschrift akzeptiert der Empfänger, dass die Zahlung bei ihm voll steuerpflichtig ist. Der Zahlende hat den Vorteil, dass die Unterhaltszahlung bei ihm steuerlich gefördert wird. Der Empfänger trägt die erhaltenen Unterhaltsleistungen in **Zeile 6** ein, wenn der andere sie mit seiner Zustimmung als Sonderausgaben abzieht. Der Empfänger kann seine Zustimmung davon abhängig machen, dass ihm der Zahler eventuell anfallende Mehrsteuern erstattet. Wenn Expartner sich auf eine faire Verteilung des Steuervorteils einigen können, bringt das „Realsplitting" beiden Vorteile. Der Zahler darf auch zusätzlich zu den maximal 13 805 Euro Unterhalt von ihm übernommene Beiträge zur Kranken- und Pflegeversicherung des Unterstützten als Sonderausgaben absetzen. Die sind als Einnahmen beim Unterstützten steuerpflichtig und auch in **Zeile 6** einzutragen. Der Unterstützte darf diese Beiträge als Vorsorgeaufwendungen geltend machen (→ Seite 69).

Wenn der Leistungsempfänger im Zusammenhang mit den Leistungen aus **Zeile 4 bis 6** Werbungskosten hatte, beispielsweise Kosten für eine rechtliche Beratung, gehören diese zusammengefasst in **Zeile 7.**

Wer Bezüge aus Stiftungen oder anderen steuerbegünstigten Körperschaften erhält, die nur teilweise steuerpflichtig sind und in die neue **Zeile 8** einzutragen sind, sollte eine steuerliche Beratung nutzen.

Als „Leistungen" (**Zeile 10 bis 15**) sieht das Finanzamt bestimmte Gelegenheitsgeschäfte, zum Beispiel die private Vermietung eines Autos, eines Wohnmobils oder die Provision für gelegentliche Vermittlungtätigkeiten. Hierher gehört auch, wenn ein Nachbar dafür zahlt, dass sein Bauvorhaben von anderen Nachbarn geduldet wird. Auch Wechselprämien, die manche Banken dafür zahlen, dass ihnen ein Wertpapierdepot übertragen wird, gehören hierher.

Für diese sonstigen Einkünfte gibt es eine Freigrenze: Einnahmen sind bis zu 255 Euro im Jahr steuerfrei. Wer nur einen Euro mehr einnimmt, muss aber den gesamten Betrag versteuern. Wer in diesem Zusammenhang Verluste hat (**Zeile 15**), sollte einen Steuerprofi konsultieren. Gleiches gilt für Abgeordnete (**Zeile 16 bis 24**) und für Steuersparmodelle aller Art (**Zeile 25**).

### Zeile 31 bis 51: Private Verkäufe

Unter den Begriff „Private Veräußerungsgeschäfte" kann der Verkauf aller möglicher Dinge fallen, von Grundstücken über Kunstgegenstände, Schmuck, Edelmetalle, Briefmarken oder Bücher. Früher hieß so etwas „Spekulationsgeschäft", und der Gewinn ist steuerpflichtig, wenn Kauf und Verkauf innerhalb einer bestimmten Frist liegen: Bei Immobilien sind es zehn Jahre, bei den meisten anderen Gegenständen ist es ein Jahr. Ein Verlust wird steuerlich ebenfalls wirksam, darf allerdings nur mit Spekulationsgewinnen verrechnet werden. Ob das Finanzamt tatsächlich etwas abbekommt, ist aber eine andere Frage, denn Spekulationsgewinne unter 600 Euro im Jahr bleiben steuerfrei. Aber Vorsicht: Wird diese Grenze erreicht, ist der gesamte Gewinn zu versteuern, auch die 599 Euro darunter. Ehepaare/Lebenspartner können ihre steuerfreien Veräußerungsgewinne verdoppeln, wenn verkaufte Vermögensgegenstände beiden gehört haben.

### Zeile 31 bis 41: Grundstücksverkauf

Wer ein Grundstück verkauft, sollte das immer mit Beratung eines Steuerexperten tun. Das kann auch für den Verkauf eines Eigenheims wichtig sein. Der ist zwar grundsätzlich steuerfrei, wenn eine Wohnung im Jahr des Verkaufs und in den beiden Jahren zuvor selbst bewohnt wurde. Aber auch hier bestätigen Ausnahmen die Regel. Auch der Eigenheimbesitzer, der mit seiner Familie seinen bisherigen Wohnort aufgibt und zu seinem neuen Arbeitsort umsiedelt, erhält Post vom Finanzamt. Nachdem er als Verkäufer beim Notar unterschrieben hat, muss der Notar den Immobilienverkauf beim Finanzamt anzeigen. Das Finanzamt schickt einen umfangreichen Fragebogen an den Eigenheimbesitzer, um zu erfahren, ob der Verkauf steuerpflichtig ist.

Wer zum Beispiel Räume an die Enkelin vermietet hatte oder andere Teile seines Hauses nicht zu „eigenen Wohnzwecken" benutzte, muss einen Verkaufsgewinn, der auf diese Teile entfällt, versteuern, wenn er das Haus nicht mindestens zehn Jahre besaß. Für das häusliche Arbeitszimmer gilt das jedoch nicht (FG Köln, Urteil vom 20.03.2018, 8 K 1160/15).

| Private Veräußerungsgeschäfte | | |
| --- | --- | --- |
| **Grundstücke und grundstücksgleiche Rechte (z. B. Erbbaurecht)** In den Zeilen 35 bis 41 bitte nur den steuerpflichtigen Anteil erklären. | | |
| Bezeichnung des Grundstücks (Lage) / des Rechts | | |
| 31 | MEISENWEG 7, 12435 STEUERHAUSEN, WOHNUNG EG | |
| 32 | Zeitpunkt der Anschaffung (z. B. Datum des Kaufvertrags, Zeitpunkt der Entnahme aus dem Betriebsvermögen) 01072012 | Zeitpunkt der Veräußerung (z. B. Datum des Kaufvertrags, auch nach vorheriger Einlage ins Betriebsvermögen) 31072019 |
| Nutzung des Grundstücks bis zur Veräußerung | vom | bis |

Denken Sie also daran, dass auch beim Verkauf eines Eigenheims innerhalb der Zehnjahresfrist ein steuerpflichtiger Spekulationsgewinn entstehen kann.

### Zeile 42 bis 49: Andere Verkäufe

Neben dem Verkauf von Grundstücken kann auch der Verkauf anderer Gegenstände aus dem Privatvermögen steuerliche Folgen haben. Das betrifft etwa Schmuck, Edelmetalle, Kunstgegenstände oder wertvolle Bücher, wenn sie innerhalb eines Jahres nach ihrem Erwerb wieder verkauft werden. Wer beispielsweise im Sommer für 5 000 Euro Goldmünzen kaufte, die er im Frühjahr des Folgejahres für 6 000 Euro wieder verkauft hat, erzielte einen steuerpflichtigen privaten Veräußerungsgewinn von 1 000 Euro. Der gehört in die **Zeilen 42 bis 47**. Hier lassen sich aber nicht nur steuerpflichtige Gewinne, sondern auch Verluste unterbringen. Der Verkauf alltäglicher Gebrauchsgegenstände, etwa Pkw, ist grundsätzlich nicht steuerpflichtig, Oldtimer gelten allerdings nicht als „Gebrauchsgegenstände".

Gewinne aus Verkäufen bei Ebay-und anderen Portalen sind auch steuerpflichtig und hier anzugeben, wenn der Gegenstand nicht länger als ein Jahr im Besitz war und es sich nicht um einen Gegenstand des täglichen Gebrauchs handeln sollte. Vorsicht ist geboten, wenn regelmäßig solche Verkäufe erfolgen. Die Finanzämter prüfen, ob gewerbliche und umsatzsteuerpflichtige Einnahmen vorliegen.

Wer innerhalb der Jahresfrist privat mit Bitcoins und anderen Kryptowährungen handelt, trägt Gewinne und Verluste ebenfalls hier ein. Verluste können jedoch nicht steuermindernd mit anderen Einkünften verrechnet werden, sondern nur mit Gewinnen aus privaten Veräußerungsgeschäften. Sind im Jahr 2019 in der Anlage SO keine Gewinne zum Verrechnen vorhanden, wird der Verlust vom Finanzamt festgestellt. Er kann dann in den Folgejahren verrechnet werden, wenn Veräußerungsgewinne anfallen sollten.

Das Ergebnis von **Zeile 47** wird in **Zeile 48** gegebenenfalls auf beide Ehepartner/eingetragenen Partner aufgeteilt.

In den **Zeilen 41 bis 47** geht es nur um ein einziges privates Veräußerungsgeschäft. Wenn mehrere vorliegen, kommt das Ergebnis zusammengefasst in **Zeile 49**. Die Einzelheiten aller dieser Geschäfte will das Finanzamt möglichst nach dem Muster der **Zeilen 42 bis 47** auf einem Extrablatt sehen.

Die **Zeilen 50 bis 51** drehen sich zum Beispiel um Veräußerungsgeschäfte von Grundstücksgemeinschaften und anderen Beteiligungen, die professionelle Steuerberatung erforderlich machen. Das gilt auch für die Begrenzung der Verlustverrechnung in **Zeile 52**.

# Weitere Anlagen: Von Miete bis Unterhalt

**Die meisten Ruheständler** kommen schon mit den bisher dargestellten Anlagen aus. Doch es gibt Anlagen, die für einige darüber hinaus interessant sein können. Hier geht es um ausgewählte Schwerpunktprobleme dieser Anlagen und um Hinweise zu aktuellen Entwicklungen.

## Anlage V: Für Vermieter

Rentner und Pensionäre mit Vermietungseinkünften sollten professionelle steuerliche Hilfe nutzen. Wer die Anlage V allein schaffen will, muss sich richtig gut auskennen und immer am Ball bleiben, denn auf diesem Gebiet sind Gesetzgebung, Verwaltung und Rechtsprechung besonders aktiv, Änderungen an der Tagesordnung. So trat 2019 für neue Wohnungen eine Sonderabschreibung bis zu 5 Prozent, zusätzlich zur linearen Abschreibung von 2 Prozent, in Kraft.

Auf längerfristige Vermietungsverluste reagiert das Finanzamt zunehmend kritischer. Wenn eine Vorausschau ergibt, dass über die gesamte Dauer der Vermietung keine Überschüsse erreicht werden können, vermuten die Beamten steuerlich unbeachtliche „Liebhaberei" und streichen die Verluste. Vermieter sollten möglichst alles vermeiden, was den Fiskus misstrauisch machen könnte: zum Beispiel befristete Mietverträge, stark verbilligte Mieten oder vertraglich vereinbarte kurzfristige Selbstnutzungs- oder Verkaufsabsichten. Bei einer langfristigen Vermietungsabsicht muss das Finanzamt aber grundsätzlich Verluste anerkennen.

| Einkünfte aus dem bebauten Grundstück | | 25 |
|---|---|---|
| Lage des Grundstücks / der Eigentumswohnung | | |
| Straße, Hausnummer | | Angeschafft am |
| 4 S I L B E R W E G  9 9 | | 0 1 0 4 2 0 1 5 |
| Postleitzahl   Ort | | Fertig gestellt am |
| 5 0 4 7 4 9   G O L D H A U S E N | | T T M M J J J J |

**TIPP:** Wer nur gelegentlich vermietet oder untervermietet, kann mit Zustimmung des Finanzamts bis zu 520 Euro Miete im Jahr steuerfrei kassieren.

Für die verbilligte Vermietung von Wohnraum, beispielsweise an nahe Angehörige, gelten klare Regeln. Verlangt ein Vermieter von seinem Mieter mindestens zwei Drittel der ortsüblichen Marktmiete (66 Prozent), darf der Vermieter alle Werbungskosten geltend machen. Marktmiete heißt Kaltmiete plus Nebenkosten. Fordert der Vermieter weniger, akzeptiert das Finanzamt die Werbungskosten nicht komplett, sondern nur im Verhältnis zur Höhe der verlangten Miete. Wer zum Beispiel nur die Hälfte der ortsüblichen Marktmiete verlangt, darf entsprechend nur die Hälfte seiner Werbungskosten absetzen.

 **TIPP:** Behalten Sie die Entwicklung der ortsüblichen Marktmiete im Auge und passen Sie bei verbilligter Vermietung die Miete rechtzeitig an.

Bei Vermietung an Angehörige prüft das Finanzamt außerdem, ob die Mietbedingungen ebenso sind, wie dies mit fremden Personen erfolgen würde.

Auch Vermieter von Ferienwohnungen müssen stärker auf der Hut sein. Bei hohem Leerstand darf das Finanzamt Vermietungsverluste streichen. Liegt die Vermietungszeit 25 Prozent oder mehr unterhalb der „ortsüblichen Vermietungszeit", wird eine Prognose fällig, und wenn diese langfristig keinen Überschuss der Mieteinnahmen bringt, fallen die Verluste dem Rotstift zum Opfer. Das Finanzamt setzt einen Prognosezeitraum von 30 Jahren an, in denen ein Überschuss der Mieteinnahmen über die Werbungskosten erreicht werden muss.

 **NEU:** Der Bundesrat hat im Juli 2019 ein Gesetz zur Sonderabschreibung für Mietwohnungsneubau bestätigt. Es gilt für Wohnungen, deren Bauantrag nach dem 31. August 2018 gestellt wurde und für die weitere Voraussetzungen erfüllt sein müssen. Bauherren und Käufer solcher Wohngen sollten frühzeitig steuerlichen Rat einholen.

Leerstand ist fast immer schlecht für Vermieter. Er kann aber zu weniger Grundsteuer führen. Tritt eine wesentliche Ertragsminderung einer vermieteten Immobilie ein, weil zum Beispiel hohe Arbeitslosigkeit in der Region zu einem Überangebot an Wohnungen führte, kann der Vermieter Grundsteuererlass beantragen. Es gibt 25 Prozent Erlass bei einer Ertragsminderung von mehr als 50 Prozent und 50 Prozent Erlass bei einer Ertragsminderung von 100 Prozent. Die Ertragsminderung darf aber nicht vom Vermieter verschuldet sein und der Antrag für 2019 muss spätestens am 31. März 2020 beim Finanzamt eingehen.

### Anlagen G und S: Für Unternehmer
Wenn sich Ruheständler als Gewerbetreibende oder Freiberufler etwas hinzuverdienen, dann tun sie das in der Regel als Kleinunternehmer. Als solche gelten sie, solange ihr Umsatz im vergangenen Kalenderjahr nicht über 17 500 Euro lag und im laufenden Jahr voraussichtlich 50 000 Euro nicht übersteigt. Kleinunternehmer bleiben von Gewerbesteuer und Bilanzierungspflicht verschont.

Bei der Umsatzsteuer haben Kleinunternehmer ein Wahlrecht. Wenn sie sich gegen die Umsatzsteuer entscheiden, müssen sie keine einnehmen, keine abführen und auch keine Umsatzsteuer-Voranmeldung abgeben. Allerdings bekommen sie die von ihnen selbst gezahlte Umsatzsteuer auch nicht vom Finanzamt zurück. Das ist nicht immer günstig, denn wer etwa gerade sein Unternehmen startet, hat in der Regel hohe Ausgaben (Investitionen) und bescheidene Einnahmen. Fällt in dieser Phase die Entscheidung pro Umsatzsteuer, bleibt in der Regel unter dem Strich mehr in der Firmenkasse.

**TIPP:** Seit 2017 müssen auch Kleinunternehmer die amtliche „Anlage EÜR" (Einnahmenüberschussrechnung) elektronisch ausfüllen und übermitteln. Ausnahmen davon gibt es nur noch in wenigen „Härtefällen", beispielsweise wenn Computer oder Internetzugang fehlen oder wenn ausschließlich steuerfreie Einnahmen vorliegen, zum Beispiel als Übungsleiter oder Betreuer(→ Seite 109).

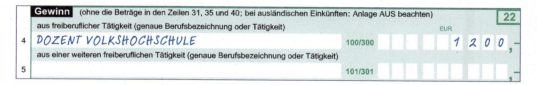

Überschreitet der Umsatz den Kleinunternehmerbereich, dann sollten auch „Nebenberufsunternehmer" regelmäßig einen Steuerberater konsultieren.

Gewerbetreibende füllen die Anlage G aus, Freiberufler die Anlage S. Im Einkommensteuergesetz (Paragraf 18) steht, wen das Finanzamt als Freiberufler akzeptiert. Bei Ärzten, Anwälten oder Journalisten ist das klar, bei anderen Berufsgruppen, etwa Ingenieuren oder Software-Entwicklern, ist es manchmal umstritten. Die steuerlich wichtigste Folge: Freiberufler müssen keine Gewerbesteuer zahlen. Für Ruheständler, die sich als Nebenberufsunternehmer etwas hinzuverdienen, dürfte das aber eher ein Randthema sein, denn Gewerbesteuer wird ohnehin erst oberhalb eines Freibetrags von 24 500 Euro Jahresgewinn fällig.

Auch für Ruheständler mit einem Nebenjob als Kleinunternehmer kann die Hilfe eines Steuerprofis manchmal wichtig sein, zum Beispiel zu Beginn ihrer unternehmerischen Tätigkeit, um die wichtigsten Steuerprobleme zu erkennen und um künftig eine professionelle Steuererklärung fortschreiben zu können. Auch bei Verkauf oder Aufgabe des Unternehmens sollte Profirat genutzt werden.

Ruheständler, die sich in kleinerem Rahmen freiberuflich betätigen, können ihre Betriebskosten manchmal pauschal abrechnen. Das ist nicht nur einfacher als die Aufstellung der einzelnen Ausgaben, sondern kann auch vorteilhaft sein, wenn die tatsächlichen Kosten unterhalb der Pauschale bleiben. Wer sich noch hauptberuflich als Schriftsteller oder Journalist betätigt, kann 30 Prozent vom Umsatz, maximal 2 455 Euro im Jahr, ohne Einzelnachweis geltend machen. Bei wissenschaftlicher, künstlerischer, schriftstellerischer oder lehrender Nebentätigkeit sind es 25 Prozent der Einnahmen, maximal 614 Euro.

Für Tagesmütter gibt es je nach Betreuungszeit eine monatliche Betriebsausgabenpauschale von bis zu 300 Euro pro Kind.

| Einnahmen aus der nebenberuflichen Tätigkeit als | | Gesamtbetrag | | davon als steuerfrei behandelt | | Rest enthalten in Zeile(n) |
|---|---|---|---|---|---|---|
| 44 | DOZENT VOLKSHOCHSCHULE | 191/391 | 3 6 0 0 € | 192/392 | 2 4 0 0 € | 4 |
| 45 | | 193/393 | € | 194/394 | € | |

Wer selbstständig in Vereinen oder in anderen Einrichtungen arbeitet, die gemeinnützigen, mildtätigen oder kirchlichen Zwecken dienen, kann eine steuerfreie Aufwandsentschädigung bis zu 2 400 Euro erhalten. Diesen sogenannten Übungsleiterfreibetrag bis 2 400 Euro gibt es für ausbildende, erzieherische, betreuende, künstlerische und pflegerische Tätigkeiten. Für andere gemeinnützige Arbeiten bleiben bis 720 Euro steuerfrei

(→ auch ab Seite 96). Die Einnahmen aus solchen Tätigkeiten werden in **Zeile 44 und 45** der Anlage S eingetragen. Dort ist die Bezeichnung der Tätigkeit aufzuführen, dann vermerken Sie die Gesamteinnahmen daraus und in die nächste Spalte gehört die steuerfreie Aufwandsentschädigung – mehr als 2400 Euro im Jahr werden dort nicht berücksichtigt (→ Seite 96 und das ausgefüllte Formular ab Seite 192). Auch Vormünder und rechtliche Betreuer gehören zu den Begünstigten, wenn sie nebenberuflich arbeiten.

**TIPP:** Neben dem Freibetrag dürfen weitere Leistungen steuerfrei kassiert werden, beispielsweise vom Auftraggeber spendierte Reisekosten (→ ab Seite 99).

### Anlage Kind: Für Eltern und Großeltern

Wenn Ruheständler an ihre Steuererklärung denken, kommt den wenigsten die Anlage Kind in den Sinn. Dennoch kann sie interessant sein. Hat zum Beispiel ein Vater im Rentenalter eine 24-jährige studierende Tochter, stehen ihm Kindergeld, Kinderfreibetrag und alle anderen kindbedingten Steuererleichterungen zu. Gleiches gilt für Großeltern, wenn etwa die Enkeltochter nicht bei ihren Eltern, sondern im Haushalt der Großeltern lebt. Das kann auch gelten, wenn alle Generationen unter einem Dach leben. Voraussetzung ist aber, dass das Enkelkind mit im Haushalt der Großeltern wohnt. Besuchsweise Aufenthalte reichen nicht, es sei denn, Großeltern müssen für den Enkelunterhalt aufkommen. Das kann der Fall sein, wenn die Eltern selbst noch in der Ausbildung sind und deshalb kein ausreichendes Einkommen haben, sodass die Großeltern einspringen. Den Antrag auf Übertragung des Kinderfreibetrags stellen Großeltern in **Zeile 46 oder 47** der Anlage Kind. Das Finanzamt berücksichtigt ihn, wenn der abgebende Elternteil zustimmt (**Zeile 47**). Der gibt seine Zustimmung in einer gesonderten Anlage K. **Zeile 46** nutzen Großeltern, wenn eine Anlage K nicht vorliegt und sie ihr Enkelkind in ihren Haushalt aufgenommen haben oder für das Enkelkind unterhaltspflichtig sind,(➜ auch Formuläränderungen ab Seite 181).

Für erwachsene Kinder bis 25 kann es weiter Kindergeld und andere Kinderförderungen geben, wenn bestimmte Voraussetzungen erfüllt sind. Hat das Kind den früheren Pflicht-Wehr- oder -Zivildienst geleistet, verlängert sich die Altersgrenze um die Dauer der Dienstzeit. Für behinderte Kinder gibt es keine Altersgrenze.

Arbeitslose Kinder bis 21 werden weiter gefördert, wenn sie bei der Agentur für Arbeit als Arbeitsuchende gemeldet sind. Auch wenn ein Kind seinen Arbeitsplatz verloren und unmittelbar danach eine Ausbildung begonnen hat oder als „ausbildungswillig" gilt, kann es bis zum 25. Geburtstag weiter Kinderförderung geben.

Für Kinder in Ausbildung gibt es die Förderung in der Regel bis zum 25. Geburtstag. Das Einkommen des Kindes spielt keine Rolle. Allerdings gilt eine Einschränkung: Wenn das Kind eine Erstausbildung oder ein Erststudium beendet hat und einer weiteren Ausbildung nachgeht, gibt es die Kinderförderung nur, wenn es nicht erwerbstätig ist. Erwerbstätigkeit ist für das Amt eine regelmäßige wöchentliche Arbeitszeit von mehr als 20 Stunden. Alles, was zeitlich darunter liegt, gefährdet das Kindergeld nicht. Unschädlich sind auch eine reguläre Lehrstelle, ein Minijob oder Einnahmen, die nicht aus einer Erwerbstätigkeit kommen, zum Beispiel Zinsen oder Mieten, und zwar in unbegrenzter Höhe. Hat beispielsweise ein 22-Jähriger sein Erststudium der Religionswissenschaften geschmissen und studiert nun BWL und Jura, gibt es bis 25 weiter Kindergeld, weil er noch keinen ersten Abschluss hat. Auch ein Nebenjob mit über 20 Wochenstunden würde die Kinderförderung nicht gefährden.

 **TIPP:** Eine Erstausbildung kann weiterhin vorliegen, wenn ein erster Berufsabschluss bereits erfolgt ist, die Ausbildung aber mit Ausbildungsschritten fortgesetzt wird, die sich zeitlich und inhaltlich eng anschließen, zum Beispiel ein Masterstudium an einen Bachelorabschluss.

Auch in Übergangszeiten zwischen zwei Ausbildungsabschnitten kann es weiter Kindergeld geben. Als Übergangszeit gelten maximal vier Monate. Hat zum Beispiel ein 19-Jähriger im Mai das Abitur gemacht und beginnt im Oktober sein Studium, steht den Eltern zwischen Mai und Oktober weiter Kindergeld zu. In diesem Fall sind es mit Juni, Juli, August, September genau vier Monate Übergangszeit. Dabei ist unerheblich, an welchem Tag im Mai die Schule zu Ende ging und an welchem Tag im Oktober das Studium begann. Zeiten vor und nach dem Wehrdienst können ebenfalls geförderte Übergangszeiten sein.

Leisten Kinder bestimmte freiwillige Dienste, gibt es während der Dienstzeit weiter Kindergeld. Das betrifft beispielsweise ein freiwilliges soziales oder ein freiwilliges ökologisches Jahr, den Freiwilligendienst aller Generationen oder den Bundesfreiwilligendienst.

Wenn sich Kinder zwischen 18 und 25 in Ausbildung befinden und auswärts wohnen, steht den Eltern oder Großeltern der sogenannte Bedarfsfreibetrag von 924 Euro zu („Freibetrag zur Abgeltung des Sonderbedarfs").

Auch in Ausbildungsphasen während des Wehrdienstes kann es Kinderförderung geben. Das gilt zum Beispiel für die dreimonatige Grundausbildung, für Dienstpostenausbildungen oder für den Besuch von Bildungseinrichtungen (Bundeszentralamt für Steuern, Dienstanweisungen zum Kindergeld - DA-KG Abschnitt 15.2).

Den „Entlastungsbetrag für Alleinerziehende" (**Zeile 49 bis 54**) können alleinstehende Eltern und Großeltern nutzen, wenn zu ihrem Haushalt mindestens ein Kind gehört, für das ihnen Kindergeld oder ein Kinderfreibetrag zusteht. Er beläuft sich auf 1908 Euro für das erste Kind. Für jedes weitere Kind gibt es 240 Euro mehr. Anspruch hat grundsätzlich derjenige Eltern- oder Großelternteil, bei dem das Kind gemeldet ist und der das Kindergeld erhält.

Wer sein Kind auf eine Privatschule schickt, die zu staatlich anerkannten Abschlüssen führt, kann 30 Prozent des Schulgelds, maximal 5 000 Euro, als Sonderausgaben absetzen. Dieser Betrag gehört aber nicht in die Anlage Sonderausgaben, sondern muss hier in **Zeile 65** vermerkt sein. Beherbergungs-, Betreuungs- und Verpflegungskosten sind nicht begünstigt.

| **Schulgeld** | | | Gesamtaufwendungen der Eltern EUR |
|---|---|---|---|
| für den Besuch einer Privatschule (Bezeichnung der Schule oder deren Träger) | | | |
| 65 | *WALDORFSCHULE* | 24 | *4 5 6 0*,— |
| **Nur bei nicht zusammen veranlagten Eltern:** | | | |
| 66 | Das von mir übernommene Schulgeld beträgt | 56 | ,— |

Kinderbetreuungskosten (**Zeilen 73 bis 79**) können in der Regel nur Eltern geltend machen. Für Großeltern kommen Betreuungskosten nur zum Abzug, wenn das Enkelkind den Status als Pflegekind hat. Das setzt voraus, dass das Pflegeverhältnis zu den Eltern nicht mehr besteht.

## Anlage Unterhalt: Für Helfer

Wer unterhaltsberechtigten Verwandten (Kindern, Enkeln, Eltern) oder dem nichtehelichen Lebenspartner Geld zum Lebensunterhalt zahlt, etwa für Nahrung, Kleidung, Unterkunft oder Ausbildung, kann 2019 bis zu

9 168 Euro als außergewöhnliche Belastung geltend machen. Der Abzugsbetrag ist neben der Unterhaltsverpflichtung an bestimmte Voraussetzungen gebunden. Vor allem muss der Empfänger „bedürftig" sein. Er darf
zum Beispiel kein eigenes Vermögen über 15 500 Euro haben. Selbstge-
nutztes Wohneigentum geht aber nicht in die Rechnung ein, wenn es der
Situation angemessen ist. Eigenes Einkommen des Unterstützten mindert
den Abzugsbetrag, wenn es 624 Euro übersteigt. Ferner darf niemandem
Kindergeld oder ein Kinderfreibetrag für den Unterstützten zustehen.

**TIPP:** Der Höchstbetrag von 9 168 Euro erhöht sich um die
Beiträge zur Basiskrankenversicherung und zur Pflegeversicherung, die für die bedürftige Person gezahlt werden.

### → Zum Beispiel Anna A.

Die 70-jährige ledige Rentnerin müsste nach Berücksichtigung aller
Abzüge zunächst 14 000 Euro versteuern. Ihre Enkelin Pia ist gerade
30 Jahre alt geworden. Sie schreibt an ihrer Dissertation und jobbt
als Kellnerin (Jahresbruttoverdienst 4 500 Euro). Anna überweist Pia
jeden Monat 500 Euro Unterhalt. Damit muntert sie Pia richtig auf
und Anna geht es auch besser, weil sie dadurch keine Einkommensteuer zahlt. In Annas Abrechnung mit dem Finanzamt gehen von Pias Verdienst nur 2 876 Euro ein, weil Pia der Arbeitnehmerpauschbetrag (1 000 Euro) und der nicht anrechenbare Betrag von 624 Euro zustehen. Das Finanzamt rechnet von den Einkünften des Bedürftigen
624 Euro generell nicht an. Erst ab dem 625sten Euro verringern die
eigenen Einkünfte Pias Annas Abzugsvolumen.

| steuerpflichtiges Einkommen Anna | 14 000 |
|---|---|
| darauf müsste Anna Einkommensteuer zahlen | 905 |
| abzugsfähiger Höchstbetrag für Anna | 9 168 |
| minus Einkünfte Pia (4 500 minus 1 000 minus 624) | −2 876 |

| | |
|---|---:|
| bleibt abzugsfähiger Unterhalt (9 000 minus 2 876) | 6 292 |
| tatsächlicher Unterhaltsbetrag | 6 000 |
| bleibt steuerpflichtiges Einkommen Anna (14 000 minus 6 000) | 8 000 |
| **Steuer Anna** (alle Angaben in Euro) | **0** |

Als Unterhalt gelten auch Sachleistungen. Würde Großmutter Anna ihrer Enkelin kostenlos ein Zimmer in ihrer Wohnung überlassen, könnte – wenn alle Voraussetzungen stimmen – die darauf entfallende Miete als Unterhaltszahlung an das Finanzamt weitergegeben werden. Gehört die Enkelin zum Haushalt, gilt ohne Nachweis der Höchstbetrag von 9 168 Euro. Auch Menschen, die nicht unterhaltsberechtigt sind, können steuersparend unterstützt werden, etwa Lebenspartner, denen wegen der Partnerschaft Zuwendungen wie Sozialhilfe gekürzt oder gestrichen wurden.

### Zeile 7 bis 16: Unterhaltsleistungen

In **Zeile 7** schreiben Sie, von wann bis wann Sie 2019 Unterhalt gezahlt haben. Wie viel das insgesamt war, kommt in das rechte Feld. **Zeile 8** will den genauen Zeitpunkt der ersten Zahlung wissen. Lag der beispielsweise zu Weihnachten 2018, wird die Zahlung für 2019 nicht anerkannt. Floss die erste Zahlung im März 2019, verringert sich der Höchstbetrag auf maximal zehn Zwölftel von 9 168 Euro. Je früher im Jahr die Zahlung begonnen hat, umso mehr Unterhalt ist absetzbar. Eine Kürzung unterbleibt nur, wenn der im Ausland lebende Ehegatte/Lebenspartner unterstützt wird.

**Zeile 9 bis 10** ist nur auszufüllen, wenn die Unterhaltszahlung einmal im Jahr unterbrochen und dann wieder aufgenommen wurde. Häufigere Unterbrechungen müssen auf einem separaten Blatt aufgelistet werden. Für die Zahlungen will das Amt in der Regel Nachweise sehen.

| | Aufwendungen für den Unterhalt | vom | bis | Gesamtaufwendungen EUR |
|---|---|---|---|---|
| 7 | Erster Unterstützungszeitraum, für den Unterhalt geleistet wurde, und Höhe der Aufwendungen (einschließlich von mir getragener Beträge lt. den Zeilen 11 bis 25) | 0 1 0 1 | 3 1 1 2 | 7 2 0 0 ,— |
| 8 | Zeitpunkt der ersten Unterhaltsleistung für den ersten Unterstützungszeitraum im Kalenderjahr | 0 1 0 1 2 0 1 9 | | |

Zusätzlich zum Höchstbetrag von in diesem Jahr 9 168 Euro dürfen für den Unterstützten gezahlte Beiträge zur Kranken- und Pflegeversicherung als Unterhalt geltend gemacht werden. Das erfolgt in **Zeile 11 bis 16**, und zwar in der Weise und mit den Beschränkungen, die generell gelten und in den Erläuterungen zur Anlage Vorsorgeaufwand ab Seite 71 beschrieben sind.

## Zeile 17 bis 26: Zahlungen ins Ausland

In diesen Zeilen geht es ausschließlich um Unterhaltszahlungen an Personen im Ausland. Es wird etwas komplizierter, denn es gelten teilweise andere Bestimmungen und Nachweispflichten. Belege müssen der Steuererklärung nicht beigelegt, aber für Nachfragen vorgehalten werden (➔ zum Beispiel die **Zeilen 17, 18, 21**). Wie viel Unterhalt abzugsfähig ist, hängt davon ab, in welchem Land die Unterstützten wohnen. Danach kann der volle Höchstbetrag in Ländern wie Frankreich oder Italien gewährt werden. Wohnt die unterstützte Person in Portugal oder Slowenien, gibt es drei Viertel, in Bulgarien oder Polen die Hälfte. Ein Wohnsitz in den meisten Entwicklungsländern bedeutet ein Viertel des Höchstbetrags.

 **TIPP:** Wie viel Unterhalt für Personen, die im Ausland leben, als außergewöhnliche Belastung abzugsfähig ist, lässt sich der sogenannten Ländergruppeneinteilung entnehmen. Sie finden die Angaben in der Anleitung zum Hauptvordruck.

In **Zeile 17 bis 20** müssen Unterstützer angeben, wie die Zahlung erfolgt ist. Nachweise müssen nicht mehr beigelegt, sondern lediglich vorgehalten werden. In **Zeile 21 bis 25** geht es ausschließlich um Zahlungen an den Ehe-/Lebenspartner, die im Rahmen von Besuchsreisen erfolgt sind. In **Zeile 26** schreibt der Unterstützer seinen Nettolohn. Damit soll überprüft werden, ob die Unterhaltszahlung den eigenen Lebensunterhalt des Unterstützers gefährdet.

### Zeile 31 bis 44: Angaben zum Unterstützten

Die Fragen in **Zeile 31 bis 35** beziehen sich auf die unterstützte Person. Wer Menschen im Ausland unterstützt, muss eine „Bedürftigkeitserklärung" der dortigen Behörden nicht mehr beifügen, aber die entsprechende Ziffer in **Zeile 34** eintragen. Vordrucke gibt es unter www.formulare-bfinv.de. Betroffene sollten sich beim Finanzamt oder einem Steuerprofi erkundigen, welche Unterlagen erforderlich sind.

### Zeile 45 bis 54: Einkünfte des Unterstützten

Hierher gehört ziemlich alles, was dem Unterstützten an Einkünften und Bezügen zufließt. Jeder Euro oberhalb von 624 Euro verringert das Abzugsvolumen von Unterhaltsaufwendungen. Wenn Unterstützte im Ausland leben, kann sich auch der Betrag von 624 Euro entsprechend der Ländergruppeneinteilung verringern. Für die meisten westeuropäischen Staaten und für andere Länder mit vergleichbarem Lebensstandard, etwa die USA oder Japan, liegt die Grenze ebenfalls bei 624 Euro. Für andere Länder liegt sie bei Werten zwischen drei Vierteln, der Hälfte und einem Viertel von 624 Euro. In China, Rumänien und Russland oder Ungarn sind das 50 Prozent oder 312 Euro. In Ägypten und anderen Entwicklungsländern verringern bereits Einkünfte oberhalb von 156 Euro den abzugsfähigen Unterhalt. Auf den Seiten 3 und 4 der Anlage Unterhalt wiederholen sich die Angaben von Seite 2. Sie werden für die Unterstützung von zwei oder drei Unterhaltsempfängern desselben Haushalts gebraucht (→ ausgefülltes Formular Seite 201).

### Anlage WA-ESt: Auslandsprobleme

Die 2017 geschaffene Anlage heißt so, weil sie „Weitere Angaben und Anträge" im Rahmen der Einkommensteuer abfragt. Die meisten der abgehandelten Fragen haben Auslandsbezug. Sie betreffen beispielsweise Menschen, die 2019 ganz oder teilweise im Ausland gewohnt haben. Es geht um die Besteuerung in- und ausländischer Einkünfte und um weitere Spezialprobleme mit Auslandsbezug. Wer hier etwas auszufüllen hat, braucht meist professionelle steuerliche Hilfe.

# Zusatztipps

Über das Ausfüllen der Formulare hinaus können weitere Tipps und Informationen wichtig sein: etwa zur Besteuerung der betrieblichen Altersvorsorge, zu Kontrollmöglichkeiten der Finanzverwaltung, zum Umgang mit Steuerprofis, zum Steuerbescheid. Mehr zur Elektronischen Steuererklärung gibt es in einem Extrakapitel ab Seite 141.

**Ende gut, alles gut?** Haben sich Rentner und Pensionäre Schritt für Schritt durch ihre Steuererklärung gearbeitet, möchten sie in der Regel erst mal nichts mehr von den Themen Steuern, Steuererklärung und Finanzamt hören. Das ist ein sehr verständlicher Wunsch.

Aber es gilt auch: „Nach der Steuererklärung ist vor der Steuererklärung", und viele Ruheständler wissen jetzt schon, dass ihnen die nächste Erklärung garantiert ins Haus stehen wird. Dann schadet es jedenfalls nicht, sich mit ein paar der folgenden Themen nach und nach vertraut zu machen. So kann es helfen, wenn man über das Vorgehen des Finanzamts im Zusammenhang mit der Rentenbesteuerung besser Bescheid weiß, Einzelheiten der Pensionsbesteuerung kennt oder weiß, wo und wie man Hilfe in Steuersachen erhalten kann. Es ist auch einfacher, die Weichen für die nächste Steuererklärung richtig zu stellen, wenn man bereits im Jahresverlauf steuerlich wichtige Sachverhalte im Blick behält und rechtzeitig handelt, um die künftige Steuerlast zu senken.

# Pensionen und betriebliche Altersversorgung

**Beamtenpensionen** und vom Arbeitgeber finanzierte Werkspensionen werden steuerlich wie Arbeitslohn behandelt. Der ehemalige Arbeitgeber führt die Lohnsteuer ab, der Pensionär bekommt weiterhin eine Lohnsteuerbescheinigung.

Im Unterschied zu aktiven Arbeitnehmern erhalten Pensionäre aber den Versorgungsfreibetrag. Voraussetzung für Werkspensionäre ist, dass sie mindestens 63 Jahre alt sind Das Mindestalter gilt nicht für Hinterbliebenenbezüge und Versorgungsbezüge auf Grund einer Erwerbsminderung. Der Versorgungsfreibetrag beläuft sich auf maximal 40 Prozent der Jahrespension, höchstens 3 000 Euro. Auch Sonderzahlungen wie Weihnachtsgeld fließen in seine Berechnung ein. In dieser Höhe gibt es den Freibetrag aber nur für Menschen, die bereits 2005 oder früher erstmals eine Pension erhielten. Sie behalten diesen Freibetrag, solange sie die Pension beziehen, im Normalfall also lebenslang. Eine Veränderung erfolgt nur, wenn die Pension völlig neu berechnet werden muss. Regelmäßige Anpassungen der Pension führen nicht zu einer Neuberechnung des Versorgungsfreibetrags.

## Abschmelzender Freibetrag

Für jeden neuen Pensionärsjahrgang sinkt der Freibetrag ein Stück weiter. Wer 2019 erstmals eine Pension bezogen hat, bekommt statt der 40 Prozent nur noch 17,6 Prozent, maximal 1 320 Euro steuerfrei, der Pensionärsjahrgang 2040 geht dann ganz leer aus (→ ab Seite 166).

Zusätzlich zum Versorgungsfreibetrag erhalten Staats- und Betriebspensionäre noch einen Zuschlag zum Versorgungsfreibetrag von maximal 900 Euro. Den gibt es als Ausgleich dafür, dass Pensionären im Jahr 2005 der Arbeitnehmerpauschbetrag von damals 920 Euro gestrichen wurde. Seitdem dürfen sie nur noch dieselbe Werbungskostenpauschale wie Rentner – also 102 Euro – geltend machen, wenn sie keine höheren Werbungskosten nachweisen können.

Anders als der Versorgungsfreibetrag ist der Zuschlag kein Prozentsatz, sondern ein fester Betrag, der sich nach dem Jahr des Pensionsbeginns richtet. Aber auch der Zuschlag zum Freibetrag ist ein vergänglicher Vorteil. Er ist genauso „schwindsüchtig" wie der Freibetrag selbst. Für alle, die 2005 oder früher Pensionär wurden, beträgt er 900 Euro. Wer 2019 erstmals eine Pension bezog, erhält 396 Euro, und wer 2040 Pensionär werden wird, bekommt gar nichts mehr (→ ab Seite 166). Der Versorgungsfreibetrag und sein Zuschlag sind keine unveränderlichen Jahresbeträge. Das Finanzamt kürzt sie, wenn nicht im gesamten Jahr Pension gezahlt wurde.

### → Zum Beispiel Gerlinde G.

Die ledige Exbeamtin erhält seit September 2019 monatlich 2 000 Euro Pension. Ihr steht der Versorgungsfreibetrag für das Jahr 2019 nur für vier Monate zu. Das sind höchstens vier Zwölftel des Jahresbetrags (→ Seite 166). Gleiches gilt für den Zuschlag zum Versorgungsfreibetrag. Unter dem Strich zählen von der 8 000-Euro-Pension 7 326 Euro als steuerpflichtige Einkünfte.

| | |
|---|---:|
| **Pension (4 × 2 000)** | **8 000** |
| minus Werbungskostenpauschale | − 102 |
| minus Versorgungsfreibetrag<br>(12 × 2 000 × 17,6 % = 4 224, davon 4/12, aber maximal 4/12 von 1 320) | − 440 |
| minus Zuschlag zum Versorgungsfreibetrag (396, davon 4/12) | − 132 |
| **Einkünfte (alle Angaben in Euro)** | **7 326** |

Die Werbungskostenpauschale von 102 Euro wird nicht zeitanteilig gekürzt. Das gilt auch für den Arbeitnehmerpauschbetrag. Der steht Gerlinde G. zwar nicht als Pensionärin zu, wohl aber als Arbeitnehmerin – und zwar in voller Höhe, weil sie bis zum Pensionsbeginn noch angestellt war.

Pensionären, die zudem noch als Arbeitnehmer angestellt sind, stehen sowohl der Arbeitnehmerpauschbetrag von 1 000 Euro (für den Lohn) als auch die Werbungskostenpauschale von 102 Euro (für die Versorgungsbe-züge) ungekürzt zu.

## Versorgung über den Betrieb

Hat eine Rente etwas mit früherer Erwerbstätigkeit zu tun, wird sie oft als Betriebsrente bezeichnet. Wir verwenden diesen Begriff eher zurückhal-tend, weil es in diesem Ratgeber vor allem um die Besteuerung geht, und die fällt bei all den Arten und Formen von Betriebsrente so unterschied-lich aus, dass diese Bezeichnung wenig weiterhilft. Deshalb halten wir uns hier an den Begriff der betrieblichen Altersversorgung und ihre Formen, oder wie es offiziell heißt, ihre insgesamt fünf „Durchführungswege" (→ Begriffsübersicht ab Seite 207).

▶ Die **Direktzusage** des Arbeitgebers ist die wohl häufigste Form der betrieblichen Altersversorgung. Im klassischen Fall werden die Ver-sorgungsleistungen des Arbeitgebers an den Exarbeitnehmer wie Ar-beitslohn besteuert und sie gehören in der Steuererklärung auf die Anlage N und nicht auf die Anlage R (→ Seite 207).

▶ Gleiches gilt für Versorgungsleistungen aus **Unterstützungskassen**, einer weiteren Form betrieblicher Altersvorsorge. Grundlage für die Eintragung in die Steuererklärung ist in beiden Fällen die Lohnsteuer-bescheinigung des Arbeitgebers. Bei Leistungen aus einer Direktzusa-ge und einer Unterstützungskasse berücksichtigt das Finanzamt den Versorgungsfreibetrag und den Zuschlag zum Versorgungsfreibetrag (→ Seite 166).

▶ Die **Direktversicherung** (nicht zu verwechseln mit der Direktzusage) lässt sich als dritter Durchführungsweg steuerlich nicht eindeutig zu-ordnen. Je nach neuem oder altem Recht und in Abhängigkeit davon, wie ein- und ausgezahlt und wie gefördert wurde, können Auszahlun-gen aus einer Direktversicherung voll oder teilweise steuerpflichtig oder sogar ganz steuerfrei sein (→ Seite 207).

▶ Versorgungsleistungen aus den noch verbleibenden Formen der be-trieblichen Altersversorgung (**Pensionskassen, Pensionsfonds**) wer-den entweder voll oder teilweise besteuert (→ ab Seite 211).

Ruheständler haben in dieser Besteuerungsvielfalt wenigstens eine gute Orientierungshilfe, die „Leistungsmitteilung", offiziell läuft sie unter dem gewöhnungsbedürftigen Titel „Mitteilung über steuerpflichtige Leistungen aus einem Altersvorsorgevertrag oder aus einer betrieblichen Altersversorgung (§ 22 Nr. 5 Satz 7 EStG)". Der Anbieter schickt sie im ersten Jahr der Auszahlung an den Ruheständler und danach häufig nur bei Änderungen der Leistungen. In dem Formular sind insgesamt bis zu 14 Zeilen. Dort hat der Leistungserbringer seine Leistungen eingetragen, beispielsweise aus Direktversicherungen, Unterstützungskassen, Pensionskassen oder Pensionsfonds. Die auszahlende Stelle ist zu dieser Mitteilung verpflichtet. Die Zeilennummern der Leistungsmitteilung bieten die entscheidende Orientierung, denn auf den entsprechenden Zeilen der Anlage R steht, aus welcher Zeile der Leistungsmitteilung eine Eintragung zu übernehmen ist.

**TIPP:** Wenn aus der Leistungsmitteilung nicht klar wird, wo die dort aufgeführten Beträge in die Steuererklärung einzutragen sind, kann eine Nachfrage bei der auszahlenden Stelle weiterhelfen.

### → Zum Beispiel Bernhard B.

Der 69-Jährige hat ein paar Jahre in einer Landesbehörde gearbeitet. Die Versorgungsanstalt des Bundes und der Länder (VBL → Seite 215) überweist ihm 200 Euro im Monat. 80 Prozent davon stammen aus Einzahlungen, die versteuert waren, 20 Prozent basieren auf steuerfreien, geförderten Einzahlungen seines früheren Arbeitgebers. Was der Arbeitgeber und was er selbst eingezahlt hat, was versteuert und was steuerfrei eingezahlt wurde, weiß Bernhard B. nicht so genau. Deshalb benötigt er die Leistungsmitteilung der VBL. In dieser steht, dass er 1 920 Euro in Anlage R, Zeile 42, eintragen muss (80 Prozent von 200 Euro mal 12). Der Rest (480 Euro) steht in Zeile 1 der Leistungsmitteilung und gehört in Zeile 31.

# Was das Finanzamt weiß

**Parallel zur steigenden Steuer** auf Altersbezüge baut die Finanzverwaltung ihr Kontrollsystem aus. Inzwischen kennen die Finanzämter in den meisten Fällen sämtliche alljährlich ausgezahlte Renten. Meldepflichtig sind alle Versicherer, also die gesetzliche Rentenversicherung, berufsständische Versorgungswerke und private Versicherungsunternehmen.

## Rentenkontrolle

Seit die Finanzämter die volle Übersicht über die Alterseinkünfte aus gesetzlichen und privaten Versicherungen haben, werden die Daten regelmäßig geprüft. Die Auswertung der Daten beim Finanzamt gelingt noch nicht reibungslos. Deshalb werden immer wieder Ruheständler mit der ersten Post vom Finanzamt aufgefordert, für mehrere zurückliegende Jahre eine Steuererklärung abzugeben. Ob am Ende tatsächlich Steuern fällig werden, steht damit aber noch nicht fest (→ Seite 25).

 **TIPP:** Bewahren Sie Ruhe, lassen Sie sich nicht vom Medienrummel um hohe Steuernachzahlungen oder angebliche Steuerhinterziehungen durch Ruheständler anstecken!

Verschaffen Sie sich mithilfe des ersten Teils dieses Ratgebers (→ Seite 9 bis 37) zunächst einen Überblick über die eigene steuerliche Situation. Wer danach unsicher bleibt, ob eine Steuererklärung fällig wird oder nicht, sollte professionelle Hilfe von Lohnsteuerhilfevereinen oder Steuerberatern nutzen (→ ab Seite 130).

Wer möglichst schnell Klarheit möchte, weil die Ungewissheit nervt, gibt einfach „auf Verdacht" eine Steuererklärung ab und weiß anschließend Bescheid. Wenn klar ist, dass auf jeden Fall Steuern fällig gewesen wären, sollten Sie zügig handeln und möglichst vor Eingang der amtli-

chen Aufforderung Steuererklärungen für die betreffenden Jahre abgeben. Im Jahr 2019 kann das Finanzamt zur Abgabe der Steuererklärung ab dem Jahr 2012, in begründeten Fällen sogar ab dem Kalenderjahr 2006, auffordern. (→ ab Seite 128).

 **TIPP:** Die einzelnen Ratgeber „Steuererklärung Rentner, Pensionäre" für die Jahre bis 2019 sind teilweise noch im Buchhandel oder bei der Stiftung Warentest erhältlich (Bezugsadresse → Seite 224).

### Kontenkontrolle

Auch die Bankkunden können vor dem Finanzamt kaum noch etwas verbergen. Die Finanzverwaltung kann sich in begründeten Fällen von den Banken die Kontostammdaten von Kontoinhabern besorgen. In der Regel muss das Amt die betroffenen Kontoinhaber vorher ansprechen und Auskünfte verlangen. Damit kennt das Amt zwar noch nicht den Kontostand oder einzelne Kontobewegungen, aber es kann mit diesem Kenntnisstand gezielt danach fragen. Bei Verdacht auf eine Steuerstraftat kann das Finanzamt vom Kontoinhaber verlangen, alle Konten inklusive sämtlicher Kontenbewegungen offenzulegen. Solch einen Verdacht kann der Steuerbeamte äußern, wenn die freigestellten Zinsen höher sind als der Sparerpauschbetrag von 801 Euro für Alleinstehende oder 1 602 Euro für Ehe-/Lebenspartner. Schweigt der Betroffene, verweigert er Auskünfte oder ant-

wortet nicht ausreichend, kann sich das Finanzamt die Auskünfte bei der Bank selbst holen. Die Bank ist in solchen Fällen verpflichtet, dem Finanzamt die gewünschten Auskünfte zu erteilen. Das funktioniert für bestehende Konten sogar bis zu zehn Jahre rückwirkend: So lange müssen die Banken die Kontodaten nämlich aufheben.

## Zinskontrolle

Die Finanzverwaltung kann auch die Kapitalerträge kontrollieren, die Sparer und Anleger bei ihren Banken per Freistellungsauftrag steuerfrei kassiert haben. Sind die freigestellten Zinsen höher als der Sparerpauschbetrag von 801 Euro für Alleinstehende oder 1 602 Euro für Ehe-/Lebenspartner, fragen die Beamten nach.

Zinsen, die Deutsche in anderen EU-Staaten erzielen, werden bereits seit 2005 schriftlich an die deutschen Finanzbehörden gemeldet. Die erfuhren so Namen, Anschrift und Kontonummern des Zahlungsempfängers sowie den Gesamtbetrag der kassierten Zinsen.

Diese Regelung ist 2016 von einer deutlich umfassenderen ersetzt worden. Nach der „Vereinbarung über den automatischen Informationsaustausch über Finanzkonten" werden Deutschland und rund 100 andere Staaten ab 2017/2018 Konten von Ausländern an die Steuerbehörden der jeweiligen Heimatländer melden. Das betrifft Kapitaleinkünfte ab 2016.

Die Meldedaten werden umfangreicher. Es geht nicht mehr nur um Zinsen, sondern auch um andere Kapitalerträge, etwa Veräußerungsgewinne aus Wertpapiergeschäften. Neben persönlichen Daten werden zum Beispiel auch Kontonummern, Kontojahressalden und Veräußerungspreise einzelner Geschäfte übermittelt.

## Noch ein wirksamer Kontrollmechanismus

Neben dem Kontrollnetz der Finanzverwaltung gibt es hochwirksame private Überwachungsmechanismen. Nach einer Scheidung oder Trennung vom Ehe-/Lebenspartner erhält das Finanzamt oft Tipps vom Expartner. Das passiert manchmal auch bei Unstimmigkeiten zwischen jetzigem Partner und Kindern aus früheren Partnerschaften. Manchmal helfen auch Nachbarn, Exmitarbeiter oder Exkollegen dem Finanzamt auf die Sprünge. Auch das ist zu bedenken, wenn man es mit der Steuerpflicht bisher nicht so genau genommen hat. Fest steht: Das Kontrollnetz wird engmaschiger, das Entdeckungsrisiko größer, und ehrlich währt am längsten.

## Wichtige Fristen: Verspätungszuschlag vermeiden

Ab dem Steuerjahr 2018 hat der Gesetzgeber geänderte Fristen zur Abgabe der Steuererklärung festgelegt. Was müssen Ruheständler beachten? Möglicherweise hat der Sachbearbeiter vom Finanzamt in den vergangenen Jahren schon einmal an die Steuererklärung erinnert. Dann sollten sie die Neuregelungen kennen. Die Steuererklärung 2018 musste bis zum 31. Juli des folgenden Kalenderjahres beim Finanzamt vorliegen. Wer von einem Steuerberater oder Lohnsteuerhilfeverein betreut wird, hat Zeit bis zum 29. Februar 2020. Seit die Vorschriften des Gesetzes zur „Modernisierung des Besteuerungsverfahrens" greifen, sollten auch Rentner die Fristen genau im Auge behalten. Reichen sie nach der Frist die Steuererklärung ein, kann das Finanzamt Verspätungszuschläge festsetzen. Gehen die Unterlagen binnen 14 Monaten nach Ende des Steuerjahres beim Finanzamt ein, entscheidet der Sachbearbeiter, ob überhaupt und in welcher Höhe die Verspätung mit Gebühren „bestraft" wird. Nach Ablauf der 14 Monate muss der Bearbeiter einen Verspätungszuschlag von monatlich mindestens 25 Euro festsetzen. Das neue Gesetz sieht nur wenige Ausnahmen vor, um den Verspätungszuschlag zu erlassen. Erhalten Rentner erstmalig eine Aufforderung vom Finanzamt, sollten sie bei einem Verspätungszuschlag argumentieren, dass sie bisher davon ausgingen, keine Steuererklärung einreichen zu müssen. In diesen Fällen können Rentner und Pensionäre vom Verspätungszuschlag befreit werden.

# Steuern nicht bezahlt, was nun?

**Ganz wichtig ist jetzt:** Bloß nicht in Panik geraten! Und dafür gibt es gleich mehrere gute Gründe:

Der erste Teil dieses Ratgebers hat gezeigt, dass es für Ruheständler selten offensichtlich ist, ob sie Steuern zahlen müssen oder verschont bleiben. Dafür sind aber nicht sie selbst verantwortlich, sondern das unübersichtliche Steuerrecht für Altersbezüge.

Außerdem ist es für Steuerlaien schwierig, die Auswirkungen der seit 2005 geltenden Rentenbesteuerung auf ihre eigene steuerliche Lage zutreffend einschätzen zu können.

Nach Angaben des Statistischen Bundesamts ist zwischen den Jahren 2005 und 2014 die Zahl der Steuerpflichtigen mit überwiegend Renteneinkünften um rund 170 Prozent angewachsen ist. Und dieser Trend hält an.

### → Zum Beispiel das Ehepaar K.

Karin und Konrad K. sind bereits 2004 in Rente gegangen und haben zusammen 24 000 Euro Renteneinkünfte im Jahr. Außerdem hat jeder von ihnen nach Abzug aller Kosten 7 000 Euro steuerpflichtige Mieteinkünfte. Karin und Konrad K. blieben 2004 von der Steuer verschont. Für die Jahre danach kann das Finanzamt auch bei ihnen zugreifen und sich mehrere Hundert Euro holen. Das zeigt der folgende Vergleich. Der Einfachheit halber haben wir jedoch in unserem Rechenbeispiel die sogenannten Rentenanpassungen nicht berücksichtigt. Diese würden die aktuelle Steuerbelastung noch etwas erhöhen.

| | 2004 | 2019 |
|---|---|---|
| steuerpflichtiger Rentenanteil (27 % bzw. 50 % von 24 000) | 6 480 | 12 000 |
| minus Werbungskostenpauschalen | −204 | −204 |

| | | |
|---|---|---|
| plus Mieteinkünfte | + 14 000 | + 14 000 |
| minus Altersentlastungsbetrag (2 × 1 908 Euro bzw. 2 × 1 900 Euro) | − 3 816 | − 3 800 |
| minus Sonderausgaben-Pauschbetrag | − 72 | − 72 |
| minus Kranken- und Pflegeversicherung (10 % von 24 000) | − 2 400 | − 2 400 |
| zu versteuern | 13 988 | 19 524 |
| **Steuer** (alle Angaben in Euro) | **0** | **172** |

Wer Steuern nicht bezahlt, kann Schwierigkeiten bekommen. Dabei kommt es zunächst nicht darauf an, ob es aus Unkenntnis oder mit Vorsatz passiert ist. Was heißt das aber für Ruheständler? Der Finanzverwaltung ist klar: Die allermeisten Rentner, die jetzt als steuerpflichtig entdeckt werden, haben aus Unkenntnis keine Steuern bezahlt. Das Finanzamt macht sie auf ihr Versäumnis aufmerksam, sie geben die Steuererklärungen ab, bezahlen ihre Steuerschuld und die Sache ist erledigt.

Hat der Rentner sein Versäumnis nachgeholt, darf er den Termin für die nächste Steuererklärung nicht aus dem Blick verlieren. Mit dem Gesetz zur Modernisierung des Besteuerungsverfahrens wird der 31. Juli des Folgejahres für ihn zum Tag, an dem seine Steuererklärung eingegangen sein muss. Das Modernisierungsgesetz hebelt auch das bisher geltende „doppelte Ermessen", ob überhaupt und in welcher Höhe ein Verspätungszuschlag festzusetzen wäre, weitgehend aus. Die verspätete Abgabe kann richtig teuer werden. Jeder Verspätungsmonat kostet 25 Euro.

Fordert der Sachbearbeiter mehr als die Steuererklärungen der vergangenen sieben Jahre, nimmt er eine leichtfertige Steuerverkürzung oder sogar Steuerhinterziehung an. Spätestens dann sollten Ruheständler sich an einen Steuerberater oder Fachanwalt wenden.

**TIPP:** Die meisten Rentner haben in gutem Glauben keine Steuern bezahlt. Werden mehr als sieben Steuererklärungen eingefordert, sollten Sie sich Hilfe von Profis leisten.

# Hilfe von Steuerprofis

**Die Mehrheit der Ruheständler** kommt ohne Steuerberatung aus. Wer außer seiner Rente oder Pension keine oder nur geringe andere Einkünfte hat, kann seine Probleme mit dem Finanzamt häufig eigenständig regeln. Das spricht natürlich nicht dagegen, vor allem die erste Steuererklärung vom Profi machen zu lassen. Dann weiß man noch besser, wie es geht, und kann auf dieser Grundlage den Dialog mit dem Finanzamt später allein weiterführen.

Es gibt aber Fälle, bei denen geht ohne den Fachmann nichts oder alles schief. Dann kann aus der Einsparung des Beraterhonorars ein Verlustgeschäft werden: zum Beispiel bei Selbstanzeigen, Vermögensübertragungen innerhalb der Familie, bei Grundstücksverkäufen oder einer Übersiedlung in den sonnigen Süden. Expertenrat geben Steuerberater und Lohnsteuerhilfevereine.

 **TIPP:** Senioren, die als Freiberufler, Gewerbetreibende, Landwirte oder Vermieter weitere Einkünfte beziehen, sollten sich regelmäßige Steuerberatung leisten.

## Rundum-Service

Die mehr als 98 000 Steuerberater in Deutschland dürfen in allen Steuerangelegenheiten helfen. Welcher Berater zum Ratsuchenden und zu dessen Problem passt, ist nur individuell zu klären, ein paar Tipps und Überlegungen können aber weiterhelfen. Die Mehrheit der Suchenden vertraut den Empfehlungen von Verwandten, Bekannten und Kollegen. Dieser Weg führt zum Ziel, wenn sich der Berater mit den anstehenden Problemen auskennt und „die Chemie" zwischen ihm und dem Ratsuchenden stimmt. Auch mithilfe des Telefonbuchs lassen sich erste Kontakte mit einem Berater in der näheren Umgebung herstellen. Die meisten Steuer-

berater sind mit ihrem Profil im Internet vertreten, zum Beispiel im Such-dienst der Bundessteuerberaterkammer unter www.bstbk.de und über den Deutschen Steuerberaterverband unter www.dstv.de. Dort gibt es auch Hinweise auf Fachgebiete und Spezialkenntnisse der Berater. Die von Beraterorganisationen aufgeführten Qualifikationen beruhen allerdings ausschließlich auf der Selbsteinschätzung der Berater.

Telefon-Hotlines zur Steuerberatung sind zwar bequem und billig, un-abhängige Überprüfungen, auch von Finanztest, haben aber gezeigt, dass Anrufer oft nicht optimal beraten wurden, und dann war es am Ende doch kein Schnäppchen. Eine Beratung per Telefon ist auch deshalb nicht zu empfehlen, weil schon akustisch einiges verloren geht, wenn man nicht mehr hören kann wie ein Luchs. Zudem ermöglicht nur ein persönlicher Kontakt eine umfassende Kommunikation, und die ist unverzichtbar, um wichtige Fragen zu beantworten.

Ob Sie eine passende Beratung gefunden haben, wissen Sie, wenn Sie die folgenden Fragen ganz klar mit einem Ja beantworten können:

▶ Können Sie zum Berater ein uneingeschränktes Vertrauensverhältnis aufbauen?

▶ Versetzt sich der Berater in Ihre steuerliche Situation und sind seine Vorschläge für Sie akzeptabel?

▶ Kann er Steuerprobleme verständlich erklären und will er das auch, wenn Sie nachfragen?

▶ Ist der Berater für Sie leicht erreichbar und nimmt er sich genügend Zeit für das Gespräch?

▶ Sind die Kosten angemessen und nachvollziehbar?

Apropos Kosten: Einige Berater nehmen für den Erstkontakt gar kein Honorar. Das sollte aber vorab telefonisch geklärt werden. Ansonsten richten sich die Kosten nach der Höhe der Einkünfte und nach dem Aufwand des Beraters. Der hat im Rahmen seiner Gebührenordnung aber einen erheblichen Entscheidungsspielraum. Wer seine Unterlagen und Belege nicht im Schuhkarton, sondern gut geordnet übergibt, spart dem Steuerberater Aufwand und zahlt weniger Honorar. Übrigens müssen seit 2016 Steuerberater ihre Mandanten schriftlich darauf hinweisen, dass eine Vergütung vereinbart werden kann, die höher oder niedriger als die gesetzliche ist.

 **TIPP:** Bereiten Sie sich auf das erste Gespräch mit dem Steuerberater gut vor. Notieren Sie vorher Fragen und Probleme in Stichpunkten.

## Beratung im Verein

Rentner und Pensionäre können sich auch von einem Lohnsteuerhilfeverein beraten lassen. Die Vereine dürfen nur für Mitglieder die Steuererklärung beim Finanzamt einreichen. Der jährliche Mitgliedsbeitrag ist in der Regel nach der Einkommenshöhe gestaffelt. Im Schnitt sind das zwischen 50 und 300 Euro im Jahr. Das ist dann gewissermaßen der jährliche Gesamtpreis der Beratung. Die Vereine sind auf die Beratung von Arbeitnehmern (also auch von Pensionären) und Rentnern spezialisiert und erledigen bei der Einkommensteuer für ihre Mitglieder alles, was auch ein Steuerberater macht.

Allerdings haben Lohnsteuerhilfevereine nur eine begrenzte Beratungsbefugnis. Freiberufler, Gewerbetreibende und Landwirte dürfen sie nicht beraten. Wenn Rentner und Pensionäre zusätzlich solche Einkünfte beziehen, müssen sie bei Beratungsbedarf immer zu einem Steuerberater gehen. Es gibt Ausnahmen. Wer freiberuflich in einem Ehrenamt nur steuerfreie Einnahmen erhält, kann trotzdem vom Verein beraten werden. (Seite 109) Auch wenn ein Ruheständler eine Haushaltshilfe beschäftigt

(Seite 62), darf er sich trotz seiner Funktion als „Arbeitgeber" vom Lohn-steuerhilfeverein beraten lassen. Auf einigen Gebieten funktioniert die Begrenzung der Beratungsbefugnis der Vereine über die Höhe der Einnah-men. Wer Mieteinnahmen und private Veräußerungsgewinne bis insge-samt 13 000/26 000 Euro (Alleinstehende/Ehepaare und Lebenspartner) hatte, darf vom Lohnsteuerhilfeverein beraten werden.

Während des ersten Gesprächs müssen die Berater mit den Ratsuchen-den auch klären, ob die steuerliche Betreuung möglich ist.

Bei der Recherche nach einer Beratungsstelle in der Nähe des Wohnorts sollten Ratsuchende auch auf die ausgewiesene Qualifikation achten. Die einzelnen Beratungsstellen können an dem Prüfverfahren des ZVL– Zerti-fizierungsverband der Lohnsteuerhilfevereine e.V. Berlin – teilnehmen. Das auf der Grundlage einer DIN-Norm entwickelte Prüfverfahren erfasst das fachliche sowie das organisatorische Qualitätsprofil. Nach erfolgreich bestandenem Prüfverfahren erhält die Beratungsstelle das Gütesiegel des ZVL. Die Zertifizierungsurkunde hängt vor Ort aus oder ist auf der Home-page als Gütesiegel des ZVL ausgewiesen.

 **TIPP:** Beratungsstellen in der Nähe finden Sie im Telefonbuch unter dem Stichwort „Lohnsteuerhilfe" und im Internet zum Beispiel unter www.beratungsstellensuche.de.

# Tod des Partners

**Ist ein Ehepartner** oder eingetragener Lebenspartner 2019 verstorben, sind die steuerlichen Folgen wahrscheinlich der geringste Kummer. Der überlebende Partner sollte dennoch auf ein paar Dinge achten. Im Jahr 2019 und im Jahr 2020 steht ihm weiterhin der für Ehepaare geltende Steuertarif zur Verfügung (→ ab Seite 177). Voraussetzung ist, dass beide Partner zum Zeitpunkt des Todes zusammengelebt haben. Ob sie im Vorjahr eine gemeinsame oder zwei getrennte Steuererklärungen abgegeben hatten, spielt keine Rolle.

Die Steuererklärung für das Sterbejahr wird vom überlebenden Partner genau so ausgefüllt, als würde der verstorbene Partner noch leben. Da zum Jahresbeginn 2019 noch beide Partner lebten, kreuzt der verwitwete Partner das Kästchen für „Zusammenveranlagung" an. Auf Seite 2 des Hauptvordrucks unterschreibt der Betroffene wie gewohnt. Da die fehlende Unterschrift des Partners zu Nachfragen vom Finanzamt führen kann, reicht der Verwitwete zusätzlich die Sterbeurkunde ein.

Bestimmte Freibeträge und andere Steuervergünstigungen, die als S Jahresbeträge gewährt werden, können im Todesjahr vom überlebenden Partner noch in voller Höhe genutzt werden. Das betrifft etwa den Sparerpauschbetrag von 1 602 Euro (für Ehepaare beziehungsweise eingetragene Lebenspartner) oder den Altersentlastungsbetrag, wenn die entsprechenden Einkünfte und das Alter vorliegen (→ Seite 13). Für das Folgejahr stehen solche Vergünstigungen in der Regel nicht mehr zur Verfügung.

 **TIPP:** Reichen Sie auch alle steuerlich erforderlichen Unterlagen für den verstorbenen Ehe- oder eingetragenen Lebenspartner ein.

Im Folgejahr 2020 trägt der verwitwete Partner nur seine persönlichen Daten auf der ersten Seite des Hauptvordrucks ein. Das Hochzeitsdatum ersetzt er mit dem Tag, an dem er verwitwet ist. Die Daten des verstorbenen Partners sind nicht mehr erforderlich.

Für die Besteuerung von Hinterbliebenenbezügen, beispielsweise Witwenrenten oder Werkspensionen, gelten die steuerlichen Bedingungen, die für den verstorbenen Partner galten. Der oder die Hinterbliebene „erbt" auch den Steuersatz des verstorbenen Partners. Wurde etwa der verstorbene Ehemann vor 2006 Rentner, ist eine erstmals 2018 gezahlte Witwenrente zu 50 Prozent steuerpflichtig, nicht zu 76 Prozent, wie das ein Rentenbeginn 2018 eigentlich vorschreiben würde (→ Seite 159). Gleiches gilt für den Versorgungsfreibetrag und den Zuschlag zum Versorgungsfreibetrag für Pensionäre, die sich jeweils nach dem Jahr des Pensionsbeginns des verstorbenen Partners richten.

**TIPP:** Mit dem Tod des Ehe- beziehungsweise eingetragenen Lebenspartners können größere Steuerprobleme auftauchen, die die Einkommensteuer und darüber hinaus die Erbschaftsteuer betreffen. Wer damit nicht klarkommt, sollte sich (eventuell nur einmalige) Hilfe bei einem Steuerprofi holen (→ ab Seite 130).

# Der Steuerbescheid

**Ruheständler haben einen Monat Zeit,** um sich gegen falsche oder ungerechte Steuerbescheide zu wehren. Die Chancen dafür stehen nicht schlecht: In rund zwei Dritteln der Fälle entscheiden die Ämter pro Steuerzahler. Entspricht der Bescheid nicht den eigenen Vorausberechnungen, ist das Amt in der Regel von den Angaben in der Steuererklärung abgewichen. Den Kontrollblick sollten Sie dann zunächst auf den Abschnitt „Erläuterungen" im Steuerbescheid richten. Hier muss das Finanzamt Abweichungen von der Steuererklärung darlegen. Findet sich dort nichts Nachvollziehbares, ist das allein schon ein Grund, gegen den Steuerbescheid vorzugehen. Häufig empfiehlt es sich, zunächst beim Finanzbeamten telefonisch den Grund zu erfragen. Sie sollten dabei jedoch die Einspruchsfrist im Auge behalten.

## Einspruch einlegen

Mit einem Einspruch kann sich jeder gegen den Steuerbescheid wehren. Er kostet nichts und muss schriftlich beim Finanzamt eingereicht werden, auch Fax und E-Mail sind erlaubt. Sie dürfen ihn auch mündlich im Finanzamt vortragen und zu Protokoll nehmen lassen. Wenn die Zeit fehlt, den Einspruch zu begründen, kann zunächst auf eine Begründung verzichtet werden. Sie sollte aber zügig folgen.

Im Einspruchsverfahren rollt das Finanzamt den gesamten Fall neu auf. Jetzt können Sie selbst noch neue Einwände vorbringen. Das Finanzamt kann aber auch Änderungen zu Ihrem Nachteil vornehmen. Eine solche „Verböserung" ist nur zulässig, wenn Ihnen das Finanzamt vorher diese Absicht mitgeteilt hat. Nehmen Sie dann den Einspruch zurück, bleibt es beim Erstbescheid.

Ein Einspruch ändert nichts an einer Zahlungsverpflichtung. Deshalb kann es sich empfehlen, mit dem Einspruch auch einen „Antrag auf Aussetzung der Vollziehung" zu stellen. Er kann aber auch formlos nachgereicht werden.

### Einspruch einfach durch Mitfahrgelegenheit

Viele Einsprüche funktionieren mit besonders geringem Aufwand. Läuft ein vergleichbares Verfahren beim Europäischen Gerichtshof (EuGH), beim Bundesverfassungsgericht (BVerfG), beim Bundesfinanzhof (BFH) oder bei einem anderen Bundesgericht, muss das Finanzamt den Einspruch bis zu einer Gerichtsentscheidung akzeptieren und das Verfahren ruhen lassen. Geht es dagegen nur um Verfahren bei Landesfinanzgerichten (FG), ist die Verwaltung nicht verpflichtet, den Steuerbescheid nach einem Einspruch offenzuhalten. Die Finanzämter reagieren aber unterschiedlich, manchmal reicht ein Hinweis auf ein bekanntes FG-Verfahren und der Einspruch ruht bis zu einer Gerichtsentscheidung.

Verfahren beim Bundesfinanzhof, die Ruheständler betreffen können:

▶ **Rentenanpassungen.** Sind die höheren Anpassungsbeträge für Rentner im Rentengebiet Ost in voller Höhe steuerpflichtig oder muss der Rentenfreibetrag anteilig erhöht werden? (X R 12/18)

▶ **Sterbegeld.** Ist das an Hinterbliebene gezahlte Sterbegeld steuerfrei?
Sterbegeld aus der Beamtenversorgung (VI R 8/19)
Sterbegeld aus betrieblicher Altersversorgung (X R 38/18)

▶ **Diätverpflegung.** Sind Kosten für glutenfreie Verpflegung aufgrund einer Zöliakie als außergewöhnliche Belastung absetzbar? (VI R 48/18)

▶ **Altersentlastungsbetrag.** Ist ein Altersentlastungsbetrag auch dann zu berücksichtigen, wenn sich dadurch ein steuerlicher Verlust erhöht? (IX R 3/19)

▶ **Krankenkassen-Bonuszahlung.** Verringern pauschale Geldprämien der Krankenkasse für gesundheitsbewusstes Verhalten die als Sonderausgaben abziehbaren Versicherungsbeiträge? (X R 16/18, X R 30/18)

▶ **Handwerkerleistungen.** Gilt die Steuerermäßigung für Handwerkerlohn auch für Leistungen, die in der Werkstatt erbracht wurden? (Az. VI R 7/18)

▶ **Außergewöhnliche Belastungen.** Sind die Aufwendungen für eine von der Gemeinde angeordnete Sanierung einer alten Familiengrabstätte als außergewöhnliche Belastung abzugsfähig? (VI R 48/17)

Weitere Verfahren beim Bundesfinanzhof, beim Europäischen Gerichtshof und beim Bundesverfassungsgericht, auf die Sie sich berufen können, finden Sie unter www.bundesfinanzhof.de. Dazu klicken Sie in der linken Spalte „Anhängige Verfahren" an, danach „Anhängige Revisionsverfahren online". Hier können sie unter „Text" ein passendes Stichwort, zum Beispiel „Rente", eingeben. Ein Klick auf „Suchen" öffnet die gewünschte Liste.

## Was vorläufig offen ist – auch ohne Einspruch

In einigen Punkten bleiben Steuerbescheide ohne Einspruch vorläufig offen. Die aktuelle Liste finden Sie unter www.bundesfinanzministerium.de. Auf der Startseite in das Suchfeld rechts oben „Vorläufige Steuerfestsetzung" eingeben. Die Vorläufigkeitsliste umfasste zu Redaktionsschluss laut BMF-Schreiben vom 10. Januar 2019 (GZ IV A 3 – S 0338/17/10007) und vom 2. Mai 2019 (GZ IV A 3 – S 0338/18/10002) folgende Streitpunkte:

▶ die Abziehbarkeit von Erstausbildungskosten als Werbungskosten oder Betriebsausgaben ab 2004
▶ die Höhe des Kinder- und Betreuungsfreibetrags
▶ die Verfassungsmäßigkeit des Solidaritätszuschlags seit 2005
▶ die Berücksichtigung der „zumutbaren Belastung" bei den Ausgaben für Krankheit oder Pflege (→ Seite 58)
▶ die Verfassungsmäßigkeit der Höhe des Zinssatzes von 0,5 Prozent pro Monat für Nachzahlungs- und Erstattungszinsen.

## Vorbehalt beachten

Im Gegensatz zur Vorläufigkeit bleibt ein Steuerbescheid, der unter dem „Vorbehalt der Nachprüfung" nach Paragraf 164 Abgabenordnung (AO) steht, im vollen Umfang offen. Sie können, solange der Bescheid unter Vorbehalt steht, vergessene Ausgaben ohne Begründung nachträglich geltend machen. Das ändert sich erst, wenn der Vorbehalt aufgehoben wird oder die Festsetzungsfrist abgelaufen ist. Bis dahin kann aber auch das Finanzamt einen Bescheid jederzeit ändern.

### Änderungsanträge

Neben dem Einspruch gibt es weitere Instrumente, um sich gegen einen Steuerbescheid zu wehren. Ein „Antrag auf schlichte Änderung" richtet sich ausschließlich gegen einen oder gegen mehrere Punkte des Steuerbescheids. Er muss auch innerhalb der Frist von einem Monat gestellt werden. Das Finanzamt darf nur in den genannten Punkten Änderungen vornehmen. Eine „Verböserung" ist weitgehend ausgeschlossen.

### Fehlerkorrektur

Ein „Änderungsantrag wegen offenbarer Unrichtigkeiten" dient dazu, Schreib-, Rechen- und Übertragungsfehler, Zahlendreher und ähnliche Fehler zu tilgen, die dem Amt unterlaufen sind. Ebenso können Schreib- und Rechenfehler des Bürgers korrigiert werden. Ein Antrag auf Änderung ermöglicht auch bei einer falschen Auswertung der Daten Dritter (etwa der Rentenversicherung oder der Krankenkasse), den Steuerbescheid zu berichtige, und zwar so lange, bis die vierjährige Verjährungsfrist endet. Die Frist beträgt mindestens vier Jahre und beginnt in der Regel zum Ende des Jahres, in dem die Steuererklärung abgegeben wurde. War zum Beispiel die Steuererklärung für das Jahr 2018 im Mai 2019 beim Finanzamt, endet die Verjährungsfrist am 31. Dezember 2023 um Mitternacht.

### Finanzgericht

Hat das Finanzamt Einsprüche und Änderungsanträge schriftlich abgelehnt, bleibt nur noch der Gang zum Finanzgericht. Die Klage muss innerhalb eines Monats nach Zugang der Einspruchsentscheidung schriftlich beim zuständigen Gericht eingehen. Eine Klage löst zunächst eine Vorauszahlung von 284 Euro auf die Gerichtskosten aus. Ebenfalls sollten Sie die Kosten für einen professionellen Rechtsbeistand einplanen. Zwar kann jeder auch ohne Anwalt oder Steuerberater beim Finanzgericht klagen. Wer sich aber mit den Feinheiten des Steuerrechts nicht selbst auseinandersetzen will und kann, sollte sich vorher von einem Steuerberater oder einem Fachanwalt für Steuerrecht über die Erfolgsaussichten beraten lassen und gleichzeitig die Kostenfrage für die Vertretung vor Gericht klären.

# Leitfaden für ELSTER

Rentner und Pensionäre nutzen die Vorteile der „Elektronischen Steuererklärung" (ELSTER) immer öfter. Wer Computer-Kenntnisse hat, kriegt die Erklärung ganz gut hin. Hilfe von Kindern, Enkeln und anderen „Eingeweihten" erleichtert oftmals den Einstieg. Dabei unterstützen Sie auch die folgenden Seiten.

**Rund zwei Drittel aller Einkommensteuererklärungen** gehen mittlerweile in elektronischer Form an die Finanzämter. Tendenz: weiter steigend. Der „ELSTER-Höhenflug" hat mehrere Ursachen. Zum einen sind immer mehr Bürger zum elektronischen Datenverkehr mit der Finanzverwaltung verpflichtet. Zum anderen ist die elektronische Erklärung komfortabler als die Papiererklärung.

Viele Daten können aus dem Elster-Portal „per Knopfdruck" direkt übernommen und müssen nicht mühsam per Hand eingetippt werden. Zwar können Sie diese Angaben in der Papier-Steuererklärung ab 2019 in der Regel leer lassen. Mit der automatischen Eintragung in Elster ist jedoch eine Vorabberechnung möglich. Damit wissen Rentner und Pensionäre, mit welcher Nachzahlung an das Finanzamt zu rechnen ist oder auf welche Steuererstattung sie sich freuen können Außerdem weisen Programmhilfen und Plausibilitätskontrollen darauf hin, wenn wichtige Angaben fehlen oder falsch sein könnten. Und zu guter Letzt können Sie mit

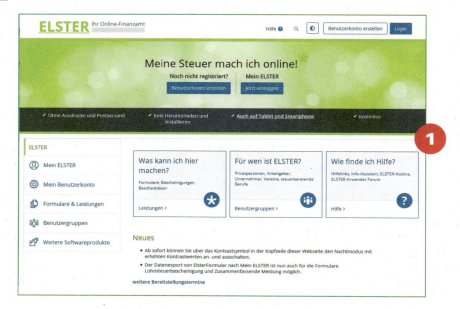

der Berechnung aus dem Programm den Steuerbescheid leichter überprüfen, weil beide ähnlich aussehen.

Wer sich für die elektronische Steuererklärung interessiert, sollte sich zunächst auf der ELSTER-Startseite www.elster.de informieren, die im Screenshot (Bildschirmausdruck) ❶ abgedruckt ist. Vor allem die Schaltfläche „Wie finde ich Hilfe" bietet Ausführliches zum Registrierungsprozess, zur Nutzung von „Mein ELSTER" und zu Ansprechpartnern. Die Schaltfläche „Für wen ist ELSTER" informiert Rentner und Pensionäre über ihre Benutzergruppe („Privatpersonen"). Im linken unteren Teil der ELSTER-Startseite (hier nicht abgebildet) finden Sie unter „Presse und Medien" den Bereich „Flyer und Merkblätter". Dort können Sie sich Informationen ansehen und herunterladen, zum Beispiel zum Registrierungsprozess oder dazu, wer verpflichtet ist, eine Steuererklärung mit elektronischer Unterschrift abzugeben. Ruheständler, die ausschließlich Renten und Pensionen beziehen, sind nicht zur Abgabe einer elektronischen Steuererklärung verpflichtet. Das ändert sich aber, wenn sie außerdem bestimmte andere Einkünfte haben (→ Seite 155). Unter dem ebenfalls dort aufgeführten Begriff „Systemanforderungen" können Sie prüfen, ob Ihr Computer und sein Betriebssystem „ELSTER-geeignet" sind. All diese Informationen können Sie nutzen, ohne bei ELSTER registriert zu sein.

# Richtig registrieren

Wer seine Steuererklärung papierlos und mit elektronischer Unterschrift abgeben will, muss sich vorher bei ELSTER registrieren. Die Finanzverwaltung bietet dafür mehrere Varianten an. Die erste Variante „Zertifikatsdatei" wird am häufigsten eingesetzt, ist kostenlos, am einfachsten zu nutzen und reicht für Rentner und Pensionäre völlig aus. Die Varianten „Sicherheitsstick" und „Signaturkarte" werden vorrangig von Unternehmen und steuerberatenden Berufen verwendet. Sie kosten zwischen 50 und 150 Euro (weitere Möglichkeiten → Kasten auf Seite 145). Am schnellsten geht die Registrierung mit dem Personalausweis. Allerdings muss die Online-Funktion im Ausweis aktiviert sein und Sie benötigen bisher noch ein Kartenlesegerät.

Die folgende Schritt-für Schritt-Anleitung gilt für alle, die sich als Privatperson mit ihrer elfstelligen persönlichen Identifikationsnummer für die Zertifikatsdatei bei ELSTER registrieren wollen.

## 1. Schritt: Registrierung beginnen

Sie gehen auf die ELSTER-Startseite www.elster.de (→ auf der linken Buchseite Screenshot ❶) und klicken oben an: „Benutzerkonto erstellen", danach zweimal auf „weiter" und wählen dann die Variante „Zertifikatsdatei" aus. Auf der nächsten Seite markieren Sie „Für mich (und gemeinsam veranlagten Partner)". Der Klick auf „weiter" bringt Sie zu der auf Seite 144 abgebildeten Eingabemaske (Screenshot ❷), wo Sie Ihre persönlichen Daten eintragen. Die elfstellige „Identifikationsnummer" (→ Seite 44; das ist nicht die Steuernummer!) finden Sie in der Regel auf Anschreiben des Finanzamtes oder auf Steuerbescheiden. Den „Benutzernamen" können Sie sich frei aussuchen. Bei der „Sicherheitsabfrage" haben Sie die Wahl unter mehreren Vorschlägen.

Mit einem Klick auf die blau unterlegten Fragezeichen erhalten Sie weitere Informationen zu den jeweiligen Zeilen. Das Kästchen links („Ich bestätige, dass ich den Hinweis zur Kenntnis genommen habe") klicken Sie

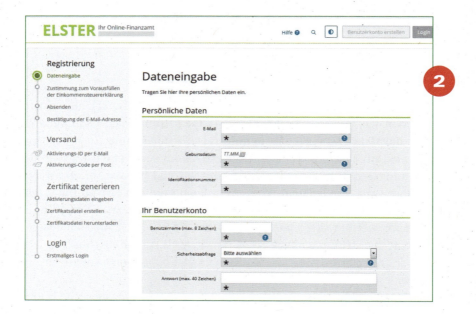

an, gehen anschließend unten rechts auf „Prüfen" und nach erfolgreicher Prüfung auf „Absenden".

## 2. Schritt: Antworten der Finanzverwaltung

Danach schickt Ihnen ELSTER eine erste E-Mail. Das kann ein paar Stunden dauern, aber auch sofort passieren. In der E-Mail werden Sie aufgefordert, den Erhalt der empfangenen E-Mail zu bestätigen. Das erreichen Sie durch einen Klick auf den in der E-Mail unterstrichen Link. Danach erhalten Sie eine zweite E-Mail, die unter anderem eine „Aktivierungs-ID" enthält. Diese zweite E-Mail sollten Sie gut aufbewahren, denn Sie brauchen sie später noch. Jetzt beginnt eine Wartezeit von etwa 7 bis 14 Tagen, danach erhalten Sie einen Brief per Post mit einem „Aktivierungs-Code".

## 3. Schritt: Registrierung abschließen

Nachdem Sie den Aktivierungs-Code per Post erhalten haben, gehen Sie in die zweite erhaltene (und hoffentlich noch auffindbare) E-Mail und klicken auf den blaufarbigen Link. Es öffnet sich eine Internetseite, auf der

Sie die Aktivierungs-ID aus der zweiten E-Mail und den Aktivierungs-Code aus dem Brief eingeben. Sie gehen auf „Absenden", danach öffnet sich eine Eingabemaske, wo Sie ein selbst gewähltes persönliches Passwort eingeben und wiederholen. Sie klicken auf „Erstellen" und anschließend auf „Zertifikatsdatei herunterladen". Der Vorgang kann etwas länger dauern, brechen Sie ihn also nicht ab, wenn sich erst einmal nichts tut. Speichern Sie die Datei (mit der Endung „.pfx") auf Ihrem Rechner dort, wo Sie sie wiederfinden. Tragen Sie die Zertifikatsdatei und Ihr persönliches Passwort ein. Mit einem Klick auf „Login" haben Sie die Registrierung abgeschlossen. Prüfen Sie anschließend Ihr gespeichertes Profil und ergänzen Sie erforderlichenfalls die Daten.

## Weitere Registriermöglichkeiten

Wer sich bei ELSTER mit seinem Personalausweis registriert, spart Zeit. Weil weder die Aktivierungs-ID per E-Mail noch der Aktivierungs-Code auf dem Postweg gebraucht werden, dauert die Einrichtung eines Benutzerkontos nur wenige Minuten. Voraussetzung ist allerdings, dass die Online-Ausweisfunktion aktiviert und freigeschaltet ist. Außerdem brauchen Ausweisnutzer ein geeignetes Ausweislesegerät und müssen sich eine „AusweisApp" herunterladen. Letzteres funktioniert über die ELSTER-Homepage oder im App-Store auf Ihrem Smartphone (siehe auch Seite 146, Screenshot Nr. 3, dort in der mittleren Auswahlspalte auf „Personalausweis" klicken).

Wenn Sie mit dem Smartphone oder einem anderen mobilen Gerät mit der Finanzverwaltung kommunizieren wollen, können Sie sich (auch über die etwas abweichenden Registrierungsmodalitäten) unter dem Begriff „ElsterSmart" informieren. Zu finden ist er über die ELSTER-Startseite (siehe Seite 142, Screenshot 1), dort die Schaltfläche „Wo finde ich Hilfe" anklicken. Unter „Häufige Fragen zu Mein ELSTER" finden Sie den dort ausführlich erläuterten Begriff „ElsterSmart" (einschließlich „Kurzanleitung" zum download).

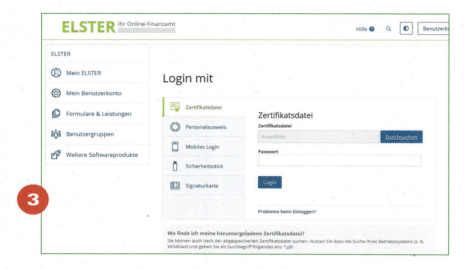

→ **TIPP:** Machen Sie mindestens eine Sicherheitskopie der Zertifikatsdatei, die Sie extern (etwa auf einem USB-Stick) ablegen. Die Registrierung ist in der Regel die größte technische Hürde auf dem Weg zur ELSTER. Mithilfe von Kindern und Enkeln nehmen Sie sie leichter.

Beim nächsten Login über die ELSTER-Startseite (→ Seite 142, Screenshot ❶, Schaltfläche „Jetzt einloggen") öffnet sich die hier abgebildete Eingabemaske (Screenshot ❸). Wenn Sie das Wort „Durchsuchen" anklicken, öffnet sich ein Zugang zu den Verzeichnissen auf Ihrem Computer und Sie können die Zertifikatsdatei auswählen. Danach geben Sie noch das Passwort ein und gehen Sie auf die Schaltfläche „Login". Anschließend öffnet sich Ihre persönliche Seite „Mein ELSTER" (Screenshot ❹ auf Seite 147). Von hier aus können Sie die gesamte Kommunikation mit ELSTER abwickeln, Profile, das Benutzerkonto und Formulare bearbeiten. Das läuft vor allem über die linke Taskleiste unter dem Oberbegriff „Mein ELSTER".

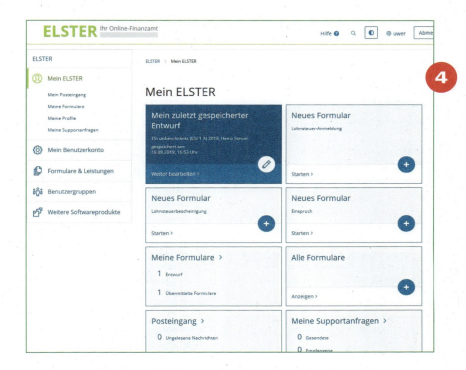

## Registrierung für andere Personen

Für Ehe- und Lebenspartner genügt es, wenn sich einer der beiden Partner registriert. Solange dem Finanzamt nichts anderes vorliegt, geht es davon aus, dass der Inhalt der Steuererklärung beiden Partnern bekannt ist und von beiden gebilligt wird. Sie können auch für Verwandte die Steuererklärung über Ihr Elster-Konto einreichen. Hier ist jedoch Vorsicht geboten, da Sie hierbei die Steuererklärung elektronisch unterschreiben. Deshalb ist es besser, wenn Sie ihnen helfen, sich ein eigenes Elster-Konto einzurichten. Zur Registrierung können Sie dabei auch Ihre E-Mailadresse nutzen, wenn Sie wie oben beschrieben die Bestätigung vornehmen.

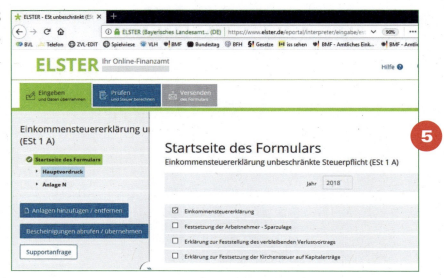

# Die Steuererklärung mit MeinELSTER

Wenn Sie gleich mit der Steuererklärung loslegen wollen, starten Sie das Benutzerfeld „Neues Formular, Einkommensteuererklärung unbeschränkte Steuerpflicht" (→ Screenshot ❹ auf Seite 147), wählen das gewünschte Jahr aus und gehen auf „Ohne Datenübernahme fortfahren", wenn Sie das erste Mal hier sind. Auf der folgenden Liste können Sie die erforderlichen Anlagen für Ihre Steuererklärung auswählen. Der Hauptvordruck ist in der Regel bereits mit einem Häkchen versehen, da Sie diesen immer benötigen.

Als nächstes erhalten Sie die Frage, ob Sie Bescheinigungen einfügen möchten. Das sind die Angaben, die das Finanzamt von Ihnen bereits gespeichert oder von anderen Stellen, beispielsweise der Deutschen Rentenversicherung, übermittelt bekommen hat. Diese können Sie direkt in die entsprechenden Anlagen einlesen lassen. Ebenso können Sie Ihre persönlichen Daten wie Name und Identifikationsnummer aus Ihrem Elster-Profil in die Vordrucke einlesen lassen.

Mit einem Klick auf „Weiter" befinden Sie sich auf der „Startseite des Formulars". Hier klicken Sie „Einkommensteuererklärung" an, wählen Ihr

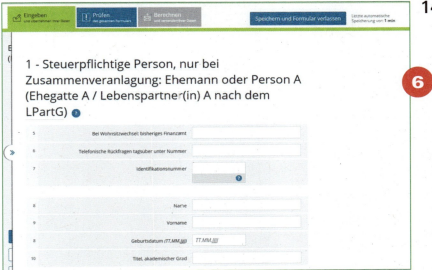

Bundesland aus und geben Ihre Steuernummer ein (nicht die oben erwähnte Identifikationsnummer!). Sie gehen auf „Nächste Seite" und es öffnet sich die auf Seite 148 abgebildete Übersicht (Screenshot ❺).

Hier sind die Angaben in Komplexen zusammengefasst. Ein Anklicken auf das Dreieck in der linken Bildschirmspalte öffnet oder schließt zugehörige Kategorien, die Sie durch Anklicken nacheinander oder in beliebiger Reihenfolge bearbeiten können. Wenn Sie zum Beispiel ganz oben „Hauptvordruck" und dann „1 – Steuerpflichtige Person ..." anklicken, öffnet sich die auf Seite 149 abgebildete Eingabemaske (Screenshot ❻).

Die Formulare und die einzelnen Zeilen sind die Angaben, die auch das Papierformular enthält. Anders als im Papierformular müssen Sie aber beispielsweise Ihre Rente und die abgezogenen Versicherungsbeiträge ausfüllen. Wenn Sie nicht bereits zuvor die Abfrage zum Einlesen der bereits vorhandenen Daten bestätigt hatten, können Sie das jetzt über das Auswahlfeld „Bescheinigungen abrufen" auf der linken Bildschirmhälfte nachholen. Die Beträge werden aus den Angaben übernommen, die beispielsweise die Deutsche Rentenversicherung oder die Versicherungsgesellschaft, die Ihre Privatrente auszahlt, bereits an die Finanzverwaltung übermittelt haben (näheres → Seite 153).

Die automatisch eingelesenen Angaben überprüfen Sie. Sie können diese, wenn notwendig, auch ändern oder ganz löschen. Die übrigen Felder füllen Sie genauso aus wie in der Papiererklärung. Orientieren Sie sich

hierbei an der Bezeichnung des Formulars und den Zeilennummern. Sie entsprechen genau den Zeilenzahlen des Papierformulars. Das ist eine sehr gute Orientierungshilfe für alle, die zusätzlich zum Computerprogramm dieses gedruckte Ratgeberbuch verwenden.

Ein Klick auf die Fragezeichen bei den Eingabefeldern öffnet Zusatzinformationen zur jeweiligen Formularzeile, wie sie auch in den amtlichen Hinweisen und Erläuterungen zu finden sind.

Die geänderten Formulare für das Steuerjahr 2019 standen zum Zeitpunkt der Fertigstellung dieses Buches noch nicht im Elster-Programm zur Verfügung. Die Abbildungen zum Programm wurden deshalb aus der Steuererklärung für das Vorjahr übernommen. Sie können beim Steuerjahr 2019 vereinzelt abweichen.

**BEACHTE:** Dieser gedruckte Ratgeber orientiert sich strikt an den Formularzeilen, arbeitet sie Zeile für Zeile ab und hilft Ihnen, sich in den elektronischen ELSTER-Formularen besser zurechtzufinden.

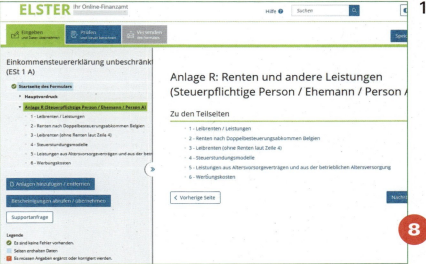

Die grün unterlegte Zeile im Fenster auf der linken Bildschirmseite zeigt an, bei welcher Eingabe Sie sich gerade befinden (Screenshot ❽, hier im Beispiel beim Eintrag zur Rente). Mit der blau unterlegten Schaltfläche „Anlagen hinzufügen/entfernen" kommen Sie zur „Anlagenauswahl". Dort können Sie alle benötigten Formulare markieren. Für Ruheständler sind das Anlage R (Rentner) und/oder Anlage N (Pensionäre) und die Anlage Vorsorgeaufwand sowie Anlagen für weitere Ausgaben.

Durch einen Klick auf eine andere Zeile auf der linken Bildschirmseite wechseln Sie zu anderen Bereichen in der Steuererklärung. Ebenso können Sie bei der Eingabe im Formular am Ende der Seite mit einem Klick auf „Nächste Seite" oder auf die Zeilen in der Anlagenübersicht weiter durch die Steuererklärung gehen.

Auf bestimmte Fehler weist Sie das Programm gleich beim Eingeben oder beim Wechsel auf die nächste Seite hin. Mit einem Klick auf „Prüfen und Steuer berechnen" oberhalb des Eingabefensters erhalten Sie weitere Hinweise, wo das Programm Eingabefehler festgestellt hat und wo Sie gegebenenfalls Korrekturen vornehmen müssen. Unter „Steuerberechnung" können Sie feststellen, welche Steuererstattung/Nachzahlung zu erwarten ist. Die Berechnung öffnet sich je nach den Einstellungen auf Ihrem Computer entweder in einem neuen Fenster oder wird als pdf-Datei heruntergeladen. Die Berechnung ähnelt stark der Darstellung im Steuerbescheid.

> **→ TIPP:** Drucken Sie sich am Ende die Steuerberechnung aus oder speichern Sie die Datei ab. Sie können damit den Steuerbescheid später besser überprüfen.

Wenn Sie alle Eingaben vollständig erfasst haben, können Sie nach der Berechnung die Steuererklärung elektronisch abschicken. Dazu klicken Sie, wieder am oberen Bildschirmfenster, den Kasten „Versenden des Formulars" an. Weil Sie sich bei Elster registriert haben, wird die Steuererklärung mit elektronsicher Unterschrift verschickt. Sie brauchen deshalb kein Formular mehr zum Unterschreiben ausdrucken und per Post zum Finanzamt schicken.

Wenn Sie „Speichern und Formular verlassen" anklicken, werden Sie nochmals gefragt, ob Sie die Angaben speichern wollen. Sie können auch ohne Speichern die Steuererklärung verlassen oder zur Eingabe zurückkehren. Sie können mit dem Speichern auch Ihre Steuererklärung unterbrechen und zu einem späteren Zeitpunkt weiter bearbeiten.

# Datenabruf nutzen

Auf Screenshot **8** finden Sie links unten abgebildet auch die Schaltfläche „Bescheinigungen abrufen / übernehmen". Die Finanzverwaltung stellt eine Reihe von Daten bereit, die über ELSTER abrufbar sind. Sie können in die Einkommensteuererklärung übernommen werden. Der Abruf ist freiwillig. Es handelt sich hierbei um die Angaben, die in den Papiervordrucken dunkelgrün und mit einem **e** als eDaten gekennzeichnet sind (→ Seite 40). Das sind beispielsweise folgende Daten:

▶ Name, Adresse, Religionszugehörigkeit,
▶ Lohnsteuerbescheinigungen,
▶ Rentenbezugsmitteilungen,
▶ Beiträge zu Kranken- und Pflegeversicherungen,
▶ Vorsorgeaufwendungen (etwa Riester- oder Rürup-Verträge),
▶ Lohn- und Einkommensersatzleistungen.

Voraussetzung für den Datenabruf ist eine bereits abgeschlossene Registrierung in „Mein ELSTER" mit der Identifikationsnummer. Das allein reicht aber nicht, der Datenabruf erfordert einen gesonderten Antrag. Den Antrag stellen Sie nach dem Einloggen bei „Mein ELSTER" in der linken Taskleiste unter „Formulare & Leistungen" (→ Screenshot **4** auf Seite 147) im Menü „Bescheinigungen verwalten".

Der Antrag wird in der Regel automatisch genehmigt. Wer eine Zertifikatsdatei verwendet, muss warten, bis er per Post einen Abrufcode erhalten hat, und kann danach erst loslegen. Der Belegabruf ist auch für Daten von anderen Personen möglich, etwa für den Ehepartner oder ein anderes Familienmitglied. Das funktioniert ebenfalls im Menü „Bescheinigungen verwalten". Wählen Sie dort „ Bescheinigungen anderer Personen" und „Abrufberechtigung beantragen" (→ Screenshot **9** auf Seite 152).

# ELSTER-Erklärung ohne Registrierung

Auch wenn Sie sich nicht bei „Mein ELSTER" registrieren lassen wollen, können Sie Ihre Steuererklärung per Computer erstellen und an das Finanzamt schicken. Anschließend drucken Sie eine Kurzversion der Steuererklärung aus, die sogenannte komprimierte Steuererklärung. Die unterschreiben Sie eigenhändig und geben sie in die Post oder persönlich beim Finanzamt ab.

Wollen Sie dafür das kostenlose Programm ElsterFormular der Finanzverwaltung nutzen, gehen Sie auf die ELSTER-Startseite (siehe Seite 142, Screenshot ❶). In der linken Bildschirmleiste klicken Sie auf die Schaltfläche „Weitere Softwareprodukte", darunter erscheint der Begriff „ElsterFormular". Den klicken Sie an, danach „zum Download" (siehe Screenshot ❿).

Ganz unten rechts auf der nächsten Seite gehen Sie auf „Lizenzvertrag akzeptieren". Es öffnet sich die Seite mit der Überschrift „Download von ElsterFormular". Dort gehen Sie unter der Spalte „Privatanwender" auf „Download". Sie legen fest, wo das Programm auf Ihrem Rechner abgelegt werden soll. Dort erscheint es mit der Bezeichnung „ElsterFormularPrivat". Nach einem Doppelklick darauf beginnt der Installationsvorgang. Wenn Sie den dort gegebenen Anweisungen folgen, installieren Sie ElsterFormular in der Regel problemlos und zügig auf Ihrem Rechner. Danach sehen

Sie eine Schaltfläche mit dem stilisierten Bild einer Elster auf Ihrem Desktop oder dort, wo Sie es abgelegt haben. Nach einem Doppelklick auf dieses „Elster-Icon" öffnet sich die Eingabemaske von ElsterFormular. Gehen Sie oben links auf „Datei" und „Neu", erscheint die Seite eins des Hauptvordrucks der Einkommensteuererklärung.

Die Abbildung entspricht dem Papierformular und kann anhand der Formularzeilennummern auch mithilfe dieses Ratgebers relativ einfach ausgefüllt werden. Dieser „analoge" Papierratgeber sollte ohnehin als Zusatzhilfe neben der Tastatur liegen, denn er konzentriert sich auf die zentralen Probleme der großen Mehrheit der Ruheständler, weist auf Stolpersteine hin und gibt viele Tipps und Gestaltungshinweise.

### ELSTER-Pflicht

Immer mehr Bürger müssen eine Steuererklärung mit elektronischer Unterschrift abgeben. Pflicht ist sie für Freiberufler, Gewerbetreibende sowie Land- und Forstwirte, also für alle, die unternehmerisch tätig sind und sogenannte Gewinneinkünfte haben. Auch wer als Rentner, Pensionär oder Hausfrau nebenbei unternehmerisch tätig ist, fällt jetzt in der Regel unter die „Elster-Pflicht, auch wenn es nur um geringe Einkünfte geht.

Das betrifft auch diejenigen, die Einkünfte aus einer Photovoltaikanlage auf dem eigenen Heim erzielen. Sie müssen neben der elektronischen Steuererklärung auch das amtliche Formular EÜR (Einnahmenüberschussrechnung) ausfüllen. Ausnahmen akzeptiert das Amt nur noch in wenigen Fällen, etwa wenn Computer und Internetzugang fehlen und ihre Anschaffung eine „unzumutbare Härte" bedeuten würde. Übungsleiter und andere Ehrenamtler bleiben verschont, wenn ihre Einnahmen die Steuerfreibeträge nicht übersteigen.

Auch Steuerberater und Lohnsteuerhilfevereine können die Steuererklärungen ihrer Mandanten nur noch elektronisch an das Finanzamt übermitteln.

# Kommerzielle Programme

Wenn Sie weder mit „Mein ELSTER" noch mit ElsterFormular arbeiten möchten, finden Sie eine Übersicht anderer Steuerprogramme ausgehend von der ELSTER-Startseite (→ Seite 142, Screenshot ❶). Durch einen Klick auf „Weitere Softwareprogramme" in der linken Taskleiste öffnet sich eine Seite mit der Überschrift „Software-Produkte, die ELSTER unterstützen". Neben den wenigen kostenfreien Programmen ist dort eine Vielzahl kostenpflichtiger Produkte aufgeführt. Zu jedem Programm finden Sie in der rechten Spalte einen Link, der Sie zum jeweiligen Anbieter führt.

Auch wer mit kommerziellen Programmen arbeitet und die Einkommensteuererklärung mit elektronischer Unterschrift papierlos abgeben möchte, muss sich vorher bei ELSTER registriert haben. Das funktioniert so, wie ab Seite 143 in den drei Schritten dargestellt. Nach der Registrierung lassen sich alle wesentlichen Funktionen, die „Mein ELSTER" bietet, auch mit kommerziellen Programmen nutzen.

Die komprimierte und von Hand unterschriebene Steuererklärung können Sie mit kommerziellen Programmen in der Regel ebenfalls nutzen. Dafür ist keine Anmeldung bei ELSTER erforderlich, Sie müssen lediglich der Führung Ihres Programms folgen.

Im Unterschied zu den Programmen der Finanzverwaltung geben kommerzielle Programme Steuertipps und Gestaltungshinweise. Oftmals sind es sogar so viele, dass es unübersichtlich werden kann. Zumal auch die Sprache manchmal überfordert, sei es durch Steuerchinesisch oder einen Computerjargon, den eher Eingeweihte verstehen. Die Stiftung Warentest hat 14 gängige Steuerprogramme getestet. Sie kosten zwischen 15 und 35 Euro, eins ist kostenfrei. Dabei ergaben sich erhebliche Qualitätsunterschiede bei Handhabung und Berechnung (siehe Finanztest 5/2019).

**Auf Stolpersteine achten!**

▸ Planen Sie genug Zeit für die Registrierung ein, denn die dauert in der Regel 7 bis 14 Tage. Werden Sie nicht ungeduldig, wenn der Brief mit dem Aktivierungs-Code auf sich warten lässt. Sie sollten nicht gleich eine neue Registrierung beginnen. Das kann zu Verwirrung und im Ergebnis zu noch längeren Wartezeiten führen.

▸ Sorgen Sie für eine sichere (und wieder auffindbare) Aufbewahrung von Zertifikatsdatei und persönlichem Passwort. Ein Verlust erfordert eine Neuregistrierung. Gleiches kann passieren, wenn Sie die Registrierungsdaten dreimal falsch eingegeben haben.

▸ Der Registrierungsvorgang muss nach spätestens 100 Tagen abgeschlossen sein, sonst wird eine neue Registrierung erforderlich.

▸ Die Registrierung ist drei Jahre gültig, kann aber rechtzeitig (und einfach) verlängert werden.

▸ Prüfen Sie alle Daten, die Sie im Rahmen des Belegabrufs erhalten. Sie bestätigen mit Ihrer Steuererklärung deren Richtigkeit und Vollständigkeit.

▸ Tragen Sie weiterhin alle Sonderausgaben, außergewöhnlichen Belastungen, Handwerkerleistungen und sonstige abzugsfähige Aufwendungen in die Formulare ein und prüfen Sie alle aus Vorjahren übernommenen Daten genau. Das nimmt Ihnen kein Belegabruf ab und kein „elektronischer Automatismus" erledigt das für Sie.

▸ ElsterFormular läuft allein unter Windows. Apple- und Linux-User können das Programm nicht nutzen: Sie können über „Mein Elster" eine Steuererklärung mit elektronischer Unterschrift erstellen, wenn sie sich vorher registrieren (→ ab Seite 143).

# Hilfe

## Übersicht

## Steuerpflichtiger Anteil gesetzlicher Renten

Der steuerpflichtige Rentenanteil von gesetzlichen Altersrenten und gleichgestellten Renten erhöht sich schrittweise. Für Rentner, die 2005 oder vorher in Rente gingen, ist die Hälfte der Rente von 2005 steuerpflichtig. Wer 2019 Rentner wurde, muss 78 Prozent seiner Rente mit dem Fiskus teilen, bei Neurentnern im Jahr 2040 trifft es die gesamte Rente. Der einmal ermittelte steuerfreie Eurobetrag bleibt als Freibetrag lebenslang erhalten (→ Seite 9, 30 und 76).

| Jahr des Rentenbeginns | steuerpflichtiger Anteil in Prozent | Jahr des Rentenbeginns | steuerpflichtiger Anteil in Prozent |
| --- | --- | --- | --- |
| vor 2006 | 50 | 2023 | 83 |
| 2006 | 52 | 2024 | 84 |
| 2007 | 54 | 2025 | 85 |
| 2008 | 56 | 2026 | 86 |
| 2009 | 58 | 2027 | 87 |
| 2010 | 60 | 2028 | 88 |
| 2011 | 62 | 2029 | 89 |
| 2012 | 64 | 2030 | 90 |
| 2013 | 66 | 2031 | 91 |
| 2014 | 68 | 2032 | 92 |
| 2015 | 70 | 2033 | 93 |
| 2016 | 72 | 2034 | 94 |
| 2017 | 74 | 2035 | 95 |
| 2018 | 76 | 2036 | 96 |
| 2019 | 78 | 2037 | 97 |
| 2020 | 80 | 2038 | 98 |
| 2021 | 81 | 2039 | 99 |
| 2022 | 82 | 2040 | 100 |

## Steuerpflichtiger Anteil privat finanzierter Renten (Tabellenauszug)

Privatrenten sind teilweise steuerpflichtig. Dieser Teil, Ertragsanteil genannt, richtet sich nach dem Lebensjahr bei Rentenbeginn. Wer mit 60 Jahren erstmals Leistungen aus einer privaten Rentenversicherung erhielt, muss 22 Prozent versteuern, bei Rentenbeginn mit 65 sind es 18 Prozent. Die folgende Übersicht ist ein Tabellenauszug und er betrifft weder die voll steuerpflichtigen Riester-Renten noch die Rürup-Renten, die wie gesetzliche Renten besteuert werden (→ Seite 21 und 79).

| Lebensalter bei Rentenbeginn | steuerpflichtiger Anteil in Prozent | Lebensalter bei Rentenbeginn | steuerpflichtiger Anteil in Prozent |
|---|---|---|---|
| 51 | 29 | 66 | 18 |
| 52 | 29 | 67 | 17 |
| 53 | 28 | 68 | 16 |
| 54 | 27 | 69 | 15 |
| 55 | 26 | 70 | 15 |
| 56 | 26 | 71 | 14 |
| 57 | 25 | 72 | 13 |
| 58 | 24 | 73 | 13 |
| 59 | 23 | 74 | 12 |
| 60 | 22 | 75 | 11 |
| 61 | 22 | 76 | 10 |
| 62 | 21 | 77 | 10 |
| 63 | 20 | 78 | 9 |
| 64 | 19 | 79 | 9 |
| 65 | 18 | 80 | 8 |

## Steuerpflichtiger Anteil privater, zeitlich begrenzter Renten (Tabellenauszug)

Werden private Renten nur für eine bestimmte Zeit gezahlt, handelt es sich um „abgekürzte Leibrenten". Der steuerpflichtige Anteil wird dann abhängig von Laufzeit und allgemeiner Lebenserwartung festgelegt. So sind zum Beispiel von einer privaten Berufsunfähigkeitsrente, die für 10 Jahre gewährt wird (linke Spalte), 12 Prozent steuerpflichtig (mittlere Spalte). Für den seltenen Fall, dass ein Rentner bei Antritt dieser Rente bereits 75 Jahre alt ist (rechte Spalte), beträgt der steuerpflichtige Teil nicht 12 Prozent, sondern – nach der Tabelle auf Seite 160 – 11 Prozent.

| Laufzeit der Rente in Jahren | steuerpflichtiger Anteil in Prozent | War bei Rentenbeginn folgendes Lebensjahr vollendet, gilt der steuerpflichtige Teil aus Tabelle Seite 160. |
|:---:|:---:|:---:|
| 1 | 0 | entfällt |
| 2 | 1 | entfällt |
| 3 | 2 | 97 |
| 4 | 4 | 92 |
| 5 | 5 | 88 |
| 6 | 7 | 83 |
| 7 | 8 | 81 |
| 8 | 9 | 80 |
| 9 | 10 | 78 |
| 10 | 12 | 75 |
| 11 | 13 | 74 |
| 12 | 14 | 72 |
| 13 | 15 | 71 |
| 14 – 15 | 16 | 69 |
| 16 – 17 | 18 | 67 |
| 18 | 19 | 65 |

## Günstigerprüfung bei Versicherungsbeiträgen

Nach der bis 2005 geltenden Altregelung sind Versicherungsbeiträge maximal wie hier dargestellt absetzbar. Jahr für Jahr werden es rund 300 Euro weniger. Ab 2020 entfällt die Günstigerprüfung zwischen Alt- und Neuregelung, 2019 kommt sie letztmalig zum Tragen.
Bei den Tabellenwerten handelt es sich um die erreichbaren Höchstbeträge. Um sie voll auszuschöpfen, sind jeweils 667 Euro weitere Beiträge erforderlich. Für Paare mit gemeinsamer Steuererklärung verdoppeln sich die Beträge (→ Seite 70).

| Jahr | 2010 | 2011 | 2012 | 2013 | 2014 | 2015 | 2016 | 2017 | 2018 | 2019 |
|---|---|---|---|---|---|---|---|---|---|---|
| bis Euro | 5 069 | 4 701 | 4 401 | 4 101 | 3 801 | 3 501 | 3 201 | 2 901 | 2 601 | **2 301** |

**Zum Beispiel Ulrike U.** Die alleinstehende Rentnerin bezieht aus ihrer eigenen Rente und aus einer Witwenrente monatlich 1500 Euro. Darauf werden im Jahr 1944 Euro Kranken- und Pflegeversicherungsbeiträge fällig (1500 mal 12 mal 10,8 Prozent). Nach der Neuregelung kann sie nur ihre Beiträge von 1944 Euro für Kranken- und Pflegeversicherung geltend machen. Danach bliebe aber nichts mehr für andere Versicherungsbeiträge übrig, weil der Höchstbetrag der Neuregelung (1900 Euro) überschritten ist. Nach der Altregelung steht ihr durch die (automatische) Günstigerprüfung ein Abzugsvolumen von insgesamt 2301 Euro zur Verfügung, 357 Euro mehr als bei der Neuregelung (2301 minus 1944). Damit könnte sie ihre Kfz- und Hundehaftpflichtversicherungen absetzen oder ihrem ewig „klammen" Sohn eine (bei ihr absetzbare) Unfallversicherung spendieren.

## Altersentlastungsbetrag

Der Altersentlastungsbetrag steht allen zu, die im betreffenden Steuerjahr mindestens 65 Jahre alt sind. Für die 65-Jährigen, die jedes Jahr neu hinzukommen, wird er geringer. Wer vor dem 2. Januar 2006 seinen 65. Geburtstag feierte, erhält und behält lebenslang 40 Prozent, maximal 1 900 Euro. Wer im Jahr 2019 (linke Spalte) nach dem 1. Januar 65 Jahre alt wurde, bekommt 17,6 Prozent (mittlere Spalte), maximal 836 Euro (rechte Spalte). Wer 2040 das Alter von 65 erreicht, bekommt keinen Altersentlastungsbetrag mehr.

| Jahr | Prozent | bis Euro | Jahr | Prozent | bis Euro |
|------|---------|----------|------|---------|----------|
| 2005 | 40,0 | 1 900 | 2023 | 13,6 | 646 |
| 2006 | 38,4 | 1 824 | 2024 | 12,8 | 608 |
| 2007 | 36,8 | 1 748 | 2025 | 12,0 | 570 |
| 2008 | 35,2 | 1 672 | 2026 | 11,2 | 532 |
| 2009 | 33,6 | 1 596 | 2027 | 10,4 | 494 |
| 2010 | 32,0 | 1 520 | 2028 | 9,6 | 456 |
| 2011 | 30,4 | 1 444 | 2029 | 8,8 | 418 |
| 2012 | 28,8 | 1 368 | 2030 | 8,0 | 380 |
| 2013 | 27,2 | 1 292 | 2031 | 7,2 | 342 |
| 2014 | 25,6 | 1 216 | 2032 | 6,4 | 304 |
| 2015 | 24,0 | 1 140 | 2033 | 5,6 | 266 |
| 2016 | 22,4 | 1 064 | 2034 | 4,8 | 228 |
| 2017 | 20,8 | 988 | 2035 | 4,0 | 190 |
| 2018 | 19,2 | 912 | 2036 | 3,2 | 152 |
| 2019 | **17,6** | **836** | 2037 | 2,4 | 114 |
| 2020 | 16,0 | 760 | 2038 | 1,6 | 76 |
| 2021 | 15,2 | 722 | 2039 | 0,8 | 38 |
| 2022 | 14,4 | 684 | 2040 | 0 | 0 |

## Zumutbare Belastung

Die zumutbare Belastung (→ ab Seite 58) richtet sich nach Einkünften, Familienstand und Familiengröße, wie sie in der Tabelle unten stehen. Sie wird seit 2017 (auch rückwirkend) anders berechnet. Berechnungsgrundlage bleibt der „Gesamtbetrag der Einkünfte" (→ Seite 11).

**Beispiel:** Das kinderlose Ehepaar B. von Seite 59 hat 24 000 Euro Einkünfte. Die Berechnung der zumutbaren Belastung erfolgt in zwei Schritten.

**1. Schritt**: 4 Prozent (1. Zeile, 3. Spalte von links) von 15 340 Euro (1. Zeile, 1. Spalte von links) ergibt rund 613 Euro.

**2. Schritt:** 5 Prozent (2. Zeile, 3. Spalte von links) von 8 660 Euro (24 000 Euro Einkünfte minus 15 340 Euro aus der 1. Spalte, 1. Zeile von links) ergibt 433 Euro.

Aus den zwei Schritten folgt eine zumutbare Belastung von 1 046 Euro (613 plus 433). Die muss die Familie selbst tragen. Das Finanzamt beteiligt sich erst ab 1 046 Euro an den Kosten.

Hätte Ehepaar B. Einkünfte von mehr als 51 130 Euro, wäre noch ein dritter Rechenschritt erforderlich gewesen (6 Prozent von dem Betrag, der 51 130 Euro übersteigt, 3. Zeile, 1. Spalte von links).

Die alte Berechnungsmethode war zwar sehr viel übersichtlicher, aber ungünstiger für die Bürger. Sie hätte die zumutbare Belastung um 154 Euro auf 1 200 Euro erhöht (5 Prozent von 24 000).

| Einkünfte in Euro | ohne Kinder | | mit Kindern* | |
|---|---|---|---|---|
| | ledig | verheiratet/ verpartnert | 1 bis 2 Kinder | 3 und mehr |
| bis 15 340 | 5 % | 4 % | 2 % | 1 % |
| 15 341 bis 51 130 | 6 % | 5 % | 3 % | 1 % |
| mehr als 51 130 | 7 % | 6 % | 4 % | 2 % |

\* Gilt für Ledige und Ehepaare sowie eingetragene Lebenspartnerschaften. Es zählen Kinder mit, für die es mindestens einen Monat Kindergeld im Jahr gab oder Kinderfreibeträge (ganz oder zur Hälfte).

## Behindertenpauschbetrag

Mit einem Behinderungsgrad von mindestens 50 haben Sie Anspruch auf den Pauschbetrag. Es gibt ihn aber auch für einen geringeren Grad:
▶ wenn die Behinderung Folge einer Berufskrankheit ist,
▶ bei dauernder Einbuße der körperlichen Beweglichkeit oder
▶ wenn wegen der Behinderung ein gesetzlicher Anspruch auf Rente oder andere Bezüge besteht.

Blinde und hilflose Menschen, die ständig fremde Hilfe brauchen, erhalten unabhängig vom Grad der Behinderung einen Pauschbetrag von 3 700 Euro jährlich.

Als Nachweis gilt der Ausweis des Versorgungsamtes (Behindertenausweis) mit dem Kennzeichen **H** oder **Bl** oder eine Bescheinigung zum Pflegegrad 4 oder 5.

| Grad der Behinderung | Pauschbetrag jährlich in Euro |
|---|---|
| von 25 und 30 | 310 |
| von 35 und 40 | 430 |
| von 45 und 50 | 570 |
| von 55 und 60 | 720 |
| von 65 und 70 | 890 |
| von 75 und 80 | 1 060 |
| von 85 und 90 | 1 230 |
| von 95 und 100 | 1 420 |

## Versorgungsfreibetrag mit Zuschlag

Beamten- und Werkspensionen werden neben der Werbungskostenpauschale von 102 Euro mit dem Versorgungsfreibetrag und einem Zuschlag zum Versorgungsfreibetrag begünstigt. Beide Steuervorteile sinken schrittweise. Wer solche Versorgungsbezüge erstmals 2005 oder vorher bekam, erhält einen Versorgungsfreibetrag von 40 Prozent, maximal 3 000 Euro, und einen Zuschlag von 900 Euro. Beide Abzugsbeträge bleiben unverändert, solange der Pensionär seine Pension erhält. Wer 2019 (linke Spalte) erstmals Pension bezogen hat, erhält 17,6 Prozent, jedoch maximal 1 320 Euro Versorgungsfreibetrag. Hinzu kommen 396 Euro Zuschlag (rechte Spalte). Jeder spätere Jahrgang muss höhere Abschläge hinnehmen.

| Jahr | Versorgungsfreibetrag | | Zuschlag |
|------|------------|----------|----------|
| | in Prozent | bis Euro | in Euro |
| 2005 | 40,0 | 3 000 | 900 |
| 2006 | 38,4 | 2 880 | 864 |
| 2007 | 36,8 | 2 760 | 828 |
| 2008 | 35,2 | 2 640 | 792 |
| 2009 | 33,6 | 2 520 | 756 |
| 2010 | 32,0 | 2 400 | 720 |
| 2011 | 30,4 | 2 280 | 684 |
| 2012 | 28,8 | 2 160 | 648 |
| 2013 | 27,2 | 2 040 | 612 |
| 2014 | 25,6 | 1 920 | 576 |
| 2015 | 24,0 | 1 800 | 540 |
| 2016 | 22,4 | 1 680 | 504 |
| 2017 | 20,8 | 1 560 | 468 |
| 2018 | 19,2 | 1 440 | 432 |

| Jahr | Versorgungsfreibetrag | | Zuschlag |
| | in Prozent | bis Euro | in Euro |
|---|---|---|---|
| 2019 | 17,6 | 1 320 | 396 |
| 2020 | 16,0 | 1 200 | 360 |
| 2021 | 15,2 | 1 140 | 342 |
| 2022 | 14,4 | 1 080 | 324 |
| 2023 | 13,6 | 1 020 | 306 |
| 2024 | 12,8 | 960 | 288 |
| 2025 | 12,0 | 900 | 270 |
| 2026 | 11,2 | 840 | 252 |
| 2027 | 10,4 | 780 | 234 |
| 2028 | 9,6 | 720 | 216 |
| 2029 | 8,8 | 660 | 198 |
| 2030 | 8,0 | 600 | 180 |
| 2031 | 7,2 | 540 | 162 |
| 2032 | 6,4 | 480 | 144 |
| 2033 | 5,6 | 420 | 126 |
| 2034 | 4,8 | 360 | 108 |
| 2035 | 4,0 | 300 | 90 |
| 2036 | 3,2 | 240 | 72 |
| 2037 | 2,4 | 180 | 54 |
| 2038 | 1,6 | 120 | 36 |
| 2039 | 0,8 | 60 | 18 |
| 2040 | 0,0 | 0 | 0 |

## Steuerfreie Nebeneinkünfte für Rentner

Viele Ruheständler fragen sich, wie viel Zinsen, Miete, Lohn oder anderes sie neben der Rente steuerfrei kassieren können. Die Antwort hängt von mehreren Faktoren ab, zum Beispiel davon, ob und welche Freibeträge zur Verfügung stehen oder wie viel Prozent der Rente steuerpflichtig sind. Folgendes Beispiel zeigt, wie man es herausbekommen kann.

**Beispiel:** Der ledige Rentner Andreas A. aus Wuppertal ging 2005 mit 65 in Rente, 2019 erhält er 12 000 Euro gesetzliche Bruttorente (Spalte 1, ganz links). Er kann 5 320 Euro Nebeneinkünfte, für die ihm der Altersentlastungsbetrag zusteht, steuerfrei kassieren (Spalte 3). Ohne Altersentlastungsbetrag wären es 3 420 Euro (Spalte 2). Wäre Andreas 2019 in Rente gegangen, dürfte er mit Altersentlastungsbetrag 1 507 Euro steuerfrei verdienen (Spalte 5), also 3 813 Euro weniger als bei einem Rentenbeginn 2005 (5 320 minus 1 507). Ohne Altersentlastungsbetrag blieben bei Rentenbeginn im Jahr 2019 nur 1 242 Euro steuerfrei (Spalte 4). Für alle, die zwischen 2005 und 2018 in Rente gingen, bewegen sich die steuerfreien Nebeneinkünfte zwischen den jeweiligen Tabellenwerten. Je später dabei der Rentenbeginn, umso geringer die steuerfreien Nebeneinkünfte.

In der folgenden Tabelle handelt es sich um Näherungswerte, die individuell abweichen können. Bei der Berechnung wurden Beiträge zur Kranken- und Pflegeversicherung mit 10,8 Prozent der Bruttorente berücksichtigt, dazu die Werbungskostenpauschale (102 Euro) und die Sonderausgabenpauschale (36 Euro). Höhere Abzugsbeträge führen zu höheren steuerfreien Nebeneinkünften. Die gingen immer nach Abzug von Werbungskosten, Betriebsausgaben und Freibeträgen in die Berechnung ein (zum Begriff Einkünfte → Seite 10). Annahme bei Ehepaaren/eingetragenen Partnerschaften: Beide Partner sind Rentner aus den alten Bundesländern, nur einem steht ein Altersentlastungsbetrag zu.

## Maximale steuerfreie Nebeneinkünfte für Rentner

| Bruttorente im Jahr 2018 | steuerfreie Nebeneinkünfte ohne Altersentlastungsbetrag | steuerfreie Nebeneinkünfte mit Altersentlastungsbetrag | steuerfreie Nebeneinkünfte ohne Altersentlastungsbetrag | steuerfreie Nebeneinkünfte mit Altersentlastungsbetrag |
|---|---|---|---|---|
| | Rentenbeginn 2005 oder früher | | Rentenbeginn 2019 | |
| alleinstehend | | | | |
| 5 000 | 6 854 | 8 754 | 5 946 | 6 782 |
| 5 500 | 6 608 | 8 508 | 5 610 | 6 446 |
| 6 000 | 6 363 | 8 263 | 5 274 | 6 110 |
| 6 500 | 6 118 | 8 018 | 4 938 | 5 774 |
| 7 000 | 5 873 | 7 773 | 4 602 | 5 438 |
| 7 500 | 5 627 | 7 527 | 4 266 | 5 102 |
| 8 000 | 5 382 | 7 282 | 3 930 | 4 766 |
| 8 500 | 5 137 | 7 037 | 3 594 | 4 362 |
| 9 000 | 4 892 | 6 792 | 3 258 | 3 954 |
| 9 500 | 4 646 | 6 546 | 2 922 | 3 546 |
| 10 000 | 4 401 | 6 301 | 2 586 | 3 138 |
| 11 000 | 3 911 | 5 811 | 1 914 | 2 323 |
| 12 000 | 3 420 | 5 320 | 1 242 | 1 507 |
| 13 000 | 2 930 | 4 830 | 570 | 692 |
| 14 000 | 2 439 | 4 065 | 0 | 0 |
| 15 000 | 1 949 | 3 248 | 0 | 0 |
| 16 000 | 1 458 | 2 430 | 0 | 0 |
| 17 000 | 968 | 1 613 | 0 | 0 |
| 18 000 | 477 | 795 | 0 | 0 |
| 19 000 | 0 | 0 | 0 | 0 |
| 20 000 | 0 | 0 | 0 | 0 |

| Bruttorente im Jahr 2018 | steuerfreie Nebeneinkünfte ohne Altersentlastungsbetrag | steuerfreie Nebeneinkünfte mit Altersentlastungsbetrag | steuerfreie Nebeneinkünfte ohne Altersentlastungsbetrag | steuerfreie Nebeneinkünfte mit Altersentlastungsbetrag |
|---|---|---|---|---|
| | Rentenbeginn 2005 oder früher | | Rentenbeginn 2019 | |
| verheiratet/verpartnert | | | | |
| 8 000 | 14 688 | 16 588 | 13 236 | 14 072 |
| 8 500 | 14 443 | 16 343 | 12 900 | 13 736 |
| 9 000 | 14 198 | 16 098 | 12 564 | 13 400 |
| 9 500 | 13 952 | 15 852 | 12 228 | 13 064 |
| 10 000 | 13 707 | 15 607 | 11 892 | 12 728 |
| 11 000 | 13 217 | 15 117 | 11 220 | 12 056 |
| 12 000 | 12 726 | 14 626 | 10 548 | 11 384 |
| 13 000 | 12 236 | 14 136 | 9 876 | 10 712 |
| 14 000 | 11 745 | 13 645 | 9 204 | 10 040 |
| 15 000 | 11 255 | 13 155 | 8 532 | 9 368 |
| 16 000 | 10 764 | 12 664 | 7 860 | 8 696 |
| 17 000 | 10 274 | 12 174 | 7 188 | 8 024 |
| 18 000 | 9 783 | 11 683 | 6 516 | 7 352 |
| 19 000 | 9 293 | 11 193 | 5 844 | 6 680 |
| 20 000 | 8 802 | 10 702 | 5 172 | 6 008 |
| 21 000 | 8 312 | 10 212 | 4 500 | 5 336 |
| 22 000 | 7 821 | 9 721 | 3 828 | 4 646 |
| 23 000 | 7 331 | 9 231 | 3 156 | 3 830 |
| 24 000 | 6 840 | 8 740 | 2 484 | 3 015 |
| 25 000 | 6 350 | 8 250 | 1 812 | 2 199 |
| 26 000 | 5 859 | 7 759 | 1 140 | 1 383 |

| Bruttorente im Jahr 2018 | steuerfreie Nebeneinkünfte ohne Altersent- lastungsbetrag | steuerfreie Nebeneinkünfte mit Altersentlas- tungsbetrag | steuerfreie Nebeneinkünfte ohne Altersent- lastungsbetrag | steuerfreie Nebeneinkünfte mit Altersentlas- tungsbetrag |
|---|---|---|---|---|
| | Rentenbeginn 2005 oder früher | | Rentenbeginn 2019 | |
| 27 000 | 5 369 | 7 269 | 468 | 568 |
| 28 000 | 4 878 | 6 778 | 0 | 0 |
| 29 000 | 4 388 | 6 288 | 0 | 0 |
| 30 000 | 3 897 | 5 797 | 0 | 0 |
| 31 000 | 3 407 | 5 307 | 0 | 0 |
| 32 000 | 2 916 | 4 816 | 0 | 0 |
| 33 000 | 2 426 | 4 043 | 0 | 0 |
| 34 000 | 1 935 | 3 226 | 0 | 0 |
| 35 000 | 1 445 | 2 408 | 0 | 0 |
| 36 000 | 954 | 1 591 | 0 | 0 |
| 37 000 | 464 | 773 | 0 | 0 |
| 38 000 | 0 | 0 | 0 | 0 |
| 39 000 | 0 | 0 | 0 | 0 |
| 40 000 | 0 | 0 | 0 | 0 |

## Steuersätze

Der Durchschnittssteuersatz gibt an, wie viel Prozent der Fiskus im Durchschnitt vom ersten bis zum letzten Euro des zu versteuernden Einkommens nimmt. Er ist deutlich niedriger als der sogenannte Grenzsteuersatz, denn der beziffert die Steuerbelastung des letzten zu versteuernden Euros (→ auch www.test.de/Steuersparrechner und www.bmf-steuerrechner.de).

**Beispiel:** Ein Alleinstehender, zu versteuerndes Einkommen 18 000 Euro (1. Spalte), hat 25,6 Prozent Grenzsteuersatz (2. Spalte) und 10,5 Prozent Durchschnittssteuersatz (3. Spalte, alle Werte ohne Solizuschlag).

| zu versteuerndes Einkommen | Grenz-steuersatz | Durchschnitts-steuersatz | Grenz-steuersatz | Durchschnitts-steuersatz |
|---|---|---|---|---|
| | alleinstehend | | verheiratet/verpartnert | |
| 9 168 | 0,0 % | 0,0 % | 0,0 % | 0,0 % |
| 10 000 | 15,6 % | 1,2 % | 0,0 % | 0,0 % |
| 12 000 | 19,6 % | 4,0 % | 0,0 % | 0,0 % |
| 14 000 | 23,5 % | 6,5 % | 0,0 % | 0,0 % |
| 16 000 | 24,7 % | 8,7 % | 0,0 % | 0,0 % |
| 18 000 | 25,6 % | 10,5 % | 0,0 % | 0,0 % |
| 20 000 | 26,5 % | 12,1 % | 15,6 % | 1,2 % |
| 30 000 | 30,8 % | 17,6 % | 24,3 % | 7,6 % |
| 40 000 | 35,1 % | 21,4 % | 26,5 % | 12,1 % |
| 50 000 | 39,4 % | 24,6 % | 28,6 % | 15,2 % |
| 60 000 | 42,0 % | 27,4 % | 30,8 % | 17,6 % |
| 70 000 | 42,0 % | 29,5 % | 32,9 % | 19,6 % |
| 80 000 | 42,0 % | 31,0 % | 35,1 % | 21,4 % |
| 90 000 | 42,0 % | 32,2 % | 37,3 % | 23,1 % |
| 100 000 | 42,0 % | 33,2 % | 39,4 % | 24,6 % |

## Sozialversicherungsbeiträge pflichtversicherter Rentner

Hat ein alleinstehender, kinderloser und pflichtversicherter Rentner in diesem Jahr zum Beispiel 15 000 Euro Bruttorente, 1 000 Euro betriebliche Altersversorgung aus einem Pensionsfonds und 2 000 Euro Zinseinkünfte oberhalb des Sparerpauschbetrags, zahlt er auf seine Bruttorente 1 162,50 Euro Krankenversicherung (KV 7,3 Prozent allgemeiner Beitrag plus 0,45 Prozent durchschnittlicher Zusatzbeitrag) und 495,00 Euro Pflegeversicherung (PV 3,3 Prozent).

Zusätzlich zahlt die Rentenversicherung für ihn ebenfalls 1 095 Euro KV-Beitrag (7,3 Prozent plus 0,45 Prozent, zusammen 7,75 Prozent). Bis 2018 mussten Rentner den Zusatzbeitrag komplett aus eigener Tasche berappen. Weiterhin allein zahlen Rentner den Beitrag zur Pflegeversicherung von 3,05 Prozent sowie gegebenenfalls den Aufschlag von 0,25 Prozent bei Kinderlosigkeit. Im Beispiel sind das 495 Euro.

Auf seine Firmenrente von 1 000 Euro zahlt der Rentner ebenfalls den vollen KV- und PV-Beitrag von zusammen 18,8 Prozent aus eigener Tasche (15,5 Prozent KV plus 3,3 Prozent PV ergeben 188 Euro).

Auf seine Zinseinkünfte muss ein Rentner als Pflichtversicherter keine Beiträge zahlen. Wäre er freiwillig sozialversichert, wären auch darauf 18,8 Prozent fällig.

| | Beitragsanteil pflichtversicherter Rentner | Zuschuss der Rentenversicherung (RV) | Gesamter Beitrag |
|---|---|---|---|
| Krankenversicherung (KV) auf die gesetzliche Rente | 7,75 %* | 7,75 %* | 15,5 % |
| Krankenversicherung (KV) auf die betriebliche Altersversorgung | 15,5 %* | 0 % | 15,5 % |
| Pflegeversicherung** (PV) | 3,05 % | 0 % | 3,05 % |

\* einschließlich eines durchschnittlichen Zusatzbeitrags von 0,9 Prozent. Dieser kann im Einzelfall abweichen.

\** Erhöhung des PV-Beitrags für Kinderlose um 0,25 Prozent auf 3,3 Prozent. Von Beiträgen zur Rentenversicherung (insgesamt 18,6 Prozent) und zur Arbeitslosenversicherung (insgesamt 2,5 Prozent) bleiben Ruheständler in der Regel verschont.

## Steuererklärung: Pflicht oder nicht?

Mithilfe des Berechnungsschemas können Sie überschlagen, ob Sie eine Steuererklärung abgeben müssen oder nicht. Nutzen Sie dazu auch die Beispiele ab Seite 10 und die Ausführungen zu den einzelnen Einkünften, insbesondere zu Beamten- und Werkspensionen, Kapitalerträgen, Arbeitslohn und Vermietung. Der Zeitraum, um den es hier geht, ist immer das Kalenderjahr. Alleinstehende müssen keine Steuererklärung abgeben, wenn das Ergebnis in Zeile 15 nicht über 9 168 Euro liegt, bei Ehepaaren und Lebenspartnerschaften darf es 18 336 Euro nicht überschreiten. Ausnahmen: Wer neben der Rente Arbeitslohn oder eine Pension bezogen hat, muss grundsätzlich eine Steuererklärung abgeben, gleichfalls, wenn die Lohnsteuerklasse V oder VI genutzt wurde oder wenn das Finanzamt zur Abgabe auffordert.

Bitte tragen Sie in die Zeilen 7 bis 12 nur die Werte ein, die schon um Werbungskosten, Betriebsausgaben beziehungsweise andere Abzugsbeträge verringert sind: zum Beispiel Lohn minus Arbeitnehmerpauschbetrag (1 000 Euro) beziehungsweise minus höherer tatsächlicher Werbungskosten. Land- und Forstwirte können gegebenenfalls einen Freibetrag von 900/1 800 Euro geltend machen. Sehen Sie sich vor dem Ausfüllen bitte die Abschnitte an, in denen die in dieser Tabelle genannten Einkünfte und Abzugsbeträge erläutert werden. Mithilfe des Berechnungsschemas auf Seite 175 können Sie das zu versteuernde Einkommen ermitteln.

Unter www.test.de (Suche: Steuerberechnung für Rentner) sowie unter www.bmf-steuerrechner.de (Suche: Berechnung der Einkommensteuer) können Sie Ihre individuelle Steuerbelastung ebenfalls berechnen lassen. In der Tabelle ab Seite 177 können Sie die Höhe der Einkommensteuer überschlägig feststellen.

| Zeile | Renten und Pensionen | Betrag in Euro |
|---|---|---|
| 1 | Steuerpflichtiger Teil gesetzlicher Renten (einschließlich Rentenerhöhungen seit 2005, → Seite 159) | |
| 2 | plus steuerpflichtiger Teil privater Renten (→ Seite 160 bzw. 161) | + |
| 3 | minus Werbungskosten (tatsächliche oder pauschal 102/204 Euro) | − |
| 4 | **Renteneinkünfte** (Ergebnis aus Zeilen 1 bis 3) | = |
| 5 | Beamten- und Werkspensionen (Bruttobeträge) minus Versorgungsfreibetrag (→ Seite 166) minus Zuschlag zum Versorgungsfreibetrag (→ Seite 166) minus Werbungskosten (tatsächliche oder pauschal 102/204 Euro) | − − − |
| 6 | **Pensionseinkünfte** | = |
| | **Weitere Einkünfte** | |
| 7 | aus Kapitalvermögen* | |
| 8 | plus aus sonstigen Einkünften (→ Seite 100)** | + |
| 9 | plus aus Arbeitslohn | + |
| 10 | plus aus gewerblicher und freiberuflicher Tätigkeit | + |
| 11 | plus aus Vermietung und Verpachtung | + |
| 12 | plus aus Land- und Forstwirtschaft | + |
| 13 | minus Altersentlastungsbetrag (→ Seite 163) | − |
| 14 | **Weitere Einkünfte insgesamt** (Ergebnis aus Zeilen 7 bis 13) | = |
| 15 | **Steuerpflichtig insgesamt** (Ergebnisse der Zeilen 4 + 6 + 14) | = |

* Einkünfte aus Kapitalvermögen, für die Abgeltungsteuer einbehalten wurde, gehören in der Regel nicht hierher. Es gibt aber Ausnahmen, die hier aufgeführt werden müssen, so unterliegen etwa Zinsen aus bestimmten Privatdarlehen nicht der Abgeltungsteuer (→ ab Seite 90). Außerdem: Wenn der persönliche Steuersatz günstiger ist als die Abgeltungsteuer (→ ab Seite 88), sollten sämtliche Kapitaleinkünfte hierher, egal ob und wie viel Abgeltungsteuer bereits abgezogen wurde.
** Dazu gehören zum Beispiel Riester-Renten und Zahlungen von Pensionskassen.

## Zu versteuerndes Einkommen

Bevor Sie ablesen können, wie viel Steuern Sie zu zahlen haben, müssen Sie Ihr zu versteuerndes Einkommen ermitteln. Dabei geben Ihnen das Berechnungsschema auf Seite 175, die Beispiele im ersten Teil und die folgende vereinfachte Übersicht eine Orientierung.

Bitte beachten Sie: Ihre steuerliche Gesamtbelastung ist mit der Einkommensteuer noch nicht ermittelt. Sie müssen den Solidaritätszuschlag (5,5 Prozent der Einkommensteuer) und eventuell Kirchensteuer (8 oder 9 Prozent der Einkommensteuer) hinzurechnen. Bis zu 972 Euro Einkommensteuer bei Ledigen und 1 944 Euro bei Ehepaaren fällt kein Solizuschlag an, danach steigt er stufenweise bis auf 5,5 Prozent. Außerdem: Wer haushaltsnahe Dienstleistungen, Handwerkerleistungen (Anlage Haushaltsnahe Aufwendungen) oder Parteispenden (Anlage Sonderausgaben, Zeilen 7 und 8) geltend macht, kann die zu zahlende Einkommensteuer durch Steuererstattungen weiter verringern.

| | Betrag in Euro |
|---|---|
| Einkünfte aus der Tabelle auf Seite 175, Zeile 15 | |
| minus Versicherungsbeiträge (siehe Anlage Vorsorgeaufwand Zeile 4 bis 50)* | – |
| minus weitere Sonderausgaben (siehe Anlage Sonderausgaben), mindestens 36 Euro pro Person | – |
| minus außergewöhnliche Belastungen (siehe Anlage Außergewöhnliche Belastungen)** | – |
| **Zu versteuerndes Einkommen*** | |

* Ruheständler erhalten 2019 in der Regel einen Abzugsbetrag bis 2 301 Euro, siehe Seite 74 und 162.
** unter Berücksichtigung der zumutbaren Belastung (siehe Seite 164)
*** Abzugsbeträge wie der Kinderfreibetrag, der Freibetrag für Alleinerziehende, Schulgeld und ein eventueller Verlustabzug sind hier nicht berücksichtigt. Sie würden das zu versteuernde Einkommen weiter drücken.

## Einkommensteuertabelle

Wie viel Einkommensteuer Sie zahlen müssen, hängt vom zu versteuernden Einkommen ab, das Sie auf der Seite 175 ermittelt haben. Außerdem wird Ihre Steuerlast davon bestimmt, ob Sie als Alleinstehender besteuert werden oder als Ehepaar/Lebenspartner.

| zu versteuerndes Einkommen in Euro | Einkommensteuer* in Euro | | zu versteuerndes Einkommen in Euro | Einkommensteuer* in Euro | |
|---|---|---|---|---|---|
| | alleinstehend | verheiratet/verpartnert | | alleinstehend | verheiratet/verpartnert |
| 9.168 | 0 | 0 | 12.600 | 595 | 0 |
| 9.200 | 4 | 0 | 12.800 | 637 | 0 |
| 9.300 | 18 | 0 | 13.000 | 680 | 0 |
| 9.400 | 33 | 0 | 13.200 | 723 | 0 |
| 9.500 | 47 | 0 | 13.400 | 768 | 0 |
| 9.600 | 62 | 0 | 13.600 | 813 | 0 |
| 9.800 | 92 | 0 | 13.800 | 858 | 0 |
| 10.000 | 123 | 0 | 14.000 | 905 | 0 |
| 10.200 | 154 | 0 | 14.200 | 952 | 0 |
| 10.400 | 187 | 0 | 14.400 | 1.000 | 0 |
| 10.600 | 220 | 0 | 14.600 | 1.048 | 0 |
| 10.800 | 254 | 0 | 14.800 | 1.097 | 0 |
| 11.000 | 289 | 0 | 15.000 | 1.145 | 0 |
| 11.200 | 324 | 0 | 15.200 | 1.194 | 0 |
| 11.400 | 361 | 0 | 15.400 | 1.243 | 0 |
| 11.600 | 398 | 0 | 15.600 | 1.292 | 0 |
| 11.800 | 436 | 0 | 15.800 | 1.341 | 0 |
| 12.000 | 475 | 0 | 16.000 | 1.390 | 0 |
| 12.200 | 514 | 0 | 16.200 | 1.440 | 0 |
| 12.400 | 554 | 0 | 16.400 | 1.489 | 0 |

| zu ver-steuerndes Einkommen in Euro | Einkommensteuer* in Euro | | zu ver-steuerndes Einkommen in Euro | Einkommensteuer* in Euro | |
|---|---|---|---|---|---|
| | allein-stehend | verheiratet/ verpartnert | | allein-stehend | verheiratet/ verpartnert |
| 16.600 | 1.539 | 0 | 24.000 | 3.507 | 950 |
| 16.800 | 1.589 | 0 | 24.500 | 3.648 | 1.048 |
| 17.000 | 1.640 | 0 | 25.000 | 3.791 | 1.150 |
| 17.200 | 1.690 | 0 | 25.500 | 3.934 | 1.254 |
| 17.400 | 1.741 | 0 | 26.000 | 4.079 | 1.360 |
| 17.600 | 1.791 | 0 | 26.500 | 4.225 | 1.468 |
| 17.800 | 1.842 | 0 | 27.000 | 4.371 | 1.580 |
| 18.000 | 1.893 | 0 | 27.500 | 4.519 | 1.694 |
| 18.200 | 1.945 | 0 | 28.000 | 4.668 | 1.810 |
| 18.400 | 1.996 | 8 | 28.500 | 4.819 | 1.928 |
| 18.600 | 2.048 | 36 | 29.000 | 4.970 | 2.048 |
| 18.800 | 2.099 | 66 | 29.500 | 5.122 | 2.170 |
| 19.000 | 2.151 | 94 | 30.000 | 5.275 | 2.290 |
| 19.200 | 2.204 | 124 | 31.000 | 5.585 | 2.534 |
| 19.400 | 2.256 | 154 | 32.000 | 5.900 | 2.780 |
| 19.600 | 2.308 | 184 | 33.000 | 6.218 | 3.028 |
| 19.800 | 2.361 | 214 | 34.000 | 6.541 | 3.280 |
| 20.000 | 2.414 | 246 | 35.000 | 6.868 | 3.532 |
| 20.500 | 2.547 | 324 | 36.000 | 7.200 | 3.786 |
| 21.000 | 2.680 | 406 | 37.000 | 7.536 | 4.044 |
| 21.500 | 2.815 | 492 | 38.000 | 7.876 | 4.302 |
| 22.000 | 2.951 | 578 | 39.000 | 8.220 | 4.564 |
| 22.500 | 3.089 | 666 | 40.000 | 8.569 | 4.828 |
| 23.000 | 3.227 | 758 | 41.000 | 8.922 | 5.094 |
| 23.500 | 3.366 | 852 | 42.000 | 9.280 | 5.360 |

| zu versteuerndes Einkommen in Euro | Einkommensteuer* in Euro | | zu versteuerndes Einkommen in Euro | Einkommensteuer* in Euro | |
|---|---|---|---|---|---|
| | alleinstehend | verheiratet/ verpartnert | | alleinstehend | verheiratet/ verpartnert |
| 43.000 | 9.642 | 5.630 | 68.000 | 19.779 | 13.082 |
| 44.000 | 10.008 | 5.902 | 69.000 | 20.199 | 13.408 |
| 45.000 | 10.378 | 6.178 | 70.000 | 20.619 | 13.736 |
| 46.000 | 10.753 | 6.454 | 71.000 | 21.039 | 14.066 |
| 47.000 | 11.132 | 6.732 | 72.000 | 21.459 | 14.400 |
| 48.000 | 11.516 | 7.014 | 73.000 | 21.879 | 14.734 |
| 49.000 | 11.903 | 7.296 | 74.000 | 22.299 | 15.072 |
| 50.000 | 12.295 | 7.582 | 75.000 | 22.719 | 15.410 |
| 51.000 | 12.692 | 7.868 | 76.000 | 23.139 | 15.752 |
| 52.000 | 13.093 | 8.158 | 77.000 | 23.559 | 16.096 |
| 53.000 | 13.498 | 8.450 | 78.000 | 23.979 | 16.440 |
| 54.000 | 13.907 | 8.742 | 79.000 | 24.399 | 16.788 |
| 55.000 | 14.321 | 9.038 | 80.000 | 24.819 | 17.138 |
| 56.000 | 14.739 | 9.336 | 81.000 | 25.239 | 17.490 |
| 57.000 | 15.159 | 9.638 | 82.000 | 25.659 | 17.844 |
| 58.000 | 15.579 | 9.940 | 83.000 | 26.079 | 18.202 |
| 59.000 | 15.999 | 10.244 | 84.000 | 26.499 | 18.560 |
| 60.000 | 16.419 | 10.550 | 85.000 | 26.919 | 18.920 |
| 61.000 | 16.839 | 10.860 | 86.000 | 27.339 | 19.284 |
| 62.000 | 17.259 | 11.170 | 87.000 | 27.759 | 19.648 |
| 63.000 | 17.679 | 11.484 | 88.000 | 28.179 | 20.016 |
| 64.000 | 18.099 | 11.800 | 89.000 | 28.599 | 20.386 |
| 65.000 | 18.519 | 12.116 | 90.000 | 29.019 | 20.756 |
| 66.000 | 18.939 | 12.436 | 95.000 | 31.119 | 22.646 |
| 67.000 | 19.359 | 12.758 | 100.000 | 33.219 | 24.590 |

* Tabellenauszug, ohne Solidaritätszuschlag, ohne Kirchensteuer

# Musterformulare

Die folgenden Originalformulare 2019 helfen beim Ausfüllen der Steuererklärung, egal ob das auf Papier oder elektronisch geschieht. Den unter-
schriebenen Hauptvordruck verlangt das Finanzamt von allen Rentnern,
die eine Steuererklärung abgeben müssen. Viele Ruheständler benötigen
weitere Anlagen, etwa die Anlage KAP für Kapitalerträge, die Anlage V
für Miet- oder Pachteinnahmen oder S für einen selbstständigen Neben-
job. Für die Steuererklärung auf Papier kann der Rentner häufig auf die
Angaben in den dunkelgrün hinterlegten Feldern verzichten. In diesem
Buch sind die Formulare vollständig ausgefüllt, auch für die eDaten.
Bei unserem Musterehepaar Steuer sind beide zum Jahresende 2019 im
Ruhestand. Ihr erwachsener Sohn ist 25 Jahre alt und studiert noch. Die
Ehefrau Sieglinde beendet im März 2019 das Berufsleben und ist vor
Rentenbeginn arbeitslos gemeldet. Der Ehemann Heinz hat zu seiner
Pension zusätzlich Einkünfte aus einer Privatrente, aus Kapitalerträgen
und einer selbstständigen Tätigkeit, für die er den Übungsleiter-Freibe-
trag erhält. Diese Konstellation trifft nur auf wenige Ehepaare zu, soll
hier aber für mehr Anschaulichkeit sorgen. Die Eheleute Steuer brauchen neben dem **Hauptvordruck** folgende weitere Anlagen:

- **Anlage N** zweimal für den Arbeitslohn und die Werbungskosten,
- **Anlage R** für die Rente, zweimal für jeden Ehegatten,
- **Anlage S** für Heinz Honorar von der Volkshochschule,
- **Anlage KAP** zweimal für jeden Ehegatten für die Kapitalerträge,
- **Anlage Kind** für den Sohn Alexander bis zum 25. Geburtstag,
- **Anlage Vorsorgeaufwand** für die Versicherungen
- **Anlage Unterhalt** für die Unterstützung von Sohn Alexander ,
- **Anlage Außergewöhnliche Belastungen** für Zahnarztrechnung u.w.
- **Anlage Haushaltsnahe Aufwendungen** für die Handwerker

Die Anlagen sind ab Seite 184 abgebildet (außer leere Seiten der Anlagen
R, N, Kap für Sieglinde, Kind und Unterhalt).

## Wichtige Formularänderungen 2019 im Überblick

| Seite | | Zeile |
|---|---|---|
| | **Hauptbogen** | |
| 43 | Der bisher vierseitige Hauptvordruck ist auf zwei Seiten reduziert. Sonderausgaben, außergewöhnliche Belastungen, haushaltsnahe Dienstleistungen, Beschäftigungsverhältnisse und Handwerkerleistungen sowie sonstige Angaben und Anträgen sind ab 2019 in eigene Anlagen einzutragen. | |
| 46 | Soll der Steuerbescheid an einen Bevollmächtigten im Ausland zugestellt werden, kommt das Land in die neue Zeile 36 | 36 |
| 46 | Angaben aus der bisher vierten Seite sind jetzt auf Seite zwei einzutragen: Arbeitnehmersparzulage | 37 |
| 46 | Einkommensersatzleistungen | 38/39 |
| 47 | Auswahl der personellen Bearbeitung mit ergänzenden Angaben | 40 |
| 48 | Unterschrift | 42 |
| | **Anlage Sonderausgaben** | |
| | Die bisher auf Seite zwei des Mantelbogens abgefragten **Sonderausgaben** kommen in diese neue Anlage: | |
| 49 | Kirchensteuer, | 4 |
| 50 | Spenden und Parteibeiträge, | 5 - 12 |
| 52 | Berufsausbildungskosten, | 13/14 |
| 52 | Versorgungs- und Unterhaltsleistungen sowie Ausgleichszahlungen an den früheren Partner. | 15 - 21 |
| | **Anlage Außergewöhnliche Belastungen** | |
| | Die bisher auf Seite drei des Mantelbogens abgefragten **außergewöhnlichen Belastungen** kommen in diese neue Anlage: | |
| 54 | Behindertenpauschbetrag, | 4 - 9 |
| 56 | Hinterbliebenenpauschbetrag, | 10 |
| 56 | Pflegepauschbetrag, | 11/12 |
| 58 | Krankheitskosten und weitere außergewöhnliche Belastungen, | 13 - 19 |
| 60 | Angaben für eine Steuerermäßigung auf Pflege- und andere Kosten, die in den außergewöhnlichen Belastungen enthalten sind. | 20 - 22 |

| Seite | | Zeile |
|---|---|---|
| | **Anlage Haushaltsnahe Aufwendungen** | |
| | Die bisher auf Seite drei des Mantelbogens abgefragten **haushaltsnahen Beschäfti-gungsverhältnisse, Dienstleistungen und Handwerkerleistungen** kommen in die-se neue Anlage: | |
| 62 | Haushaltshilfe im Minijob, | 4 |
| 63 | sozialversicherungspflichtige Haushaltshilfe, haushaltsnahe Dienst- und Pflegeleis-tungen, | 5 |
| 63 | Handwerkerleistungen, | 6 |
| 64 | Aufteilung des Höchstbetrages auf verschiedene Personen. | 7 - 11 |
| | **Anlage Sonstiges** | |
| | Weitere Angaben aus der bisherigen Seite vier des Mantelbogens kommen in diese neue Anlage. Für Rentner und Pensionäre sind vor allem wichtig: | |
| 67 | Spendenvortrag, | 6 |
| 68 | Verlustabzug, | 7/8 |
| 68 | Freibetrag beim Verkauf von Investmentfonds für steuerbefreite Altanteile Kostenaufteilung bei Einzelveranlagung von Ehe- und eingetragenen Lebenspartnern. | 9 10 |
| | **Anlage Kind** | |
| | Da Angaben zu Versicherungsbeiträgen für Kinder elektronisch übertragen werden können, erfolgt eine veränderte Abfrage. | |
| 110 | Die Zeilen zur Übertragung von Freibeträgen, zum Alleinerziehenden-Entlastungsbe-trag, zum Sonderbedarf bei Ausbildung, Schulgeld und Kinderbetreuungskosten wur-den in den Zeilennummern nach hinten verschoben. Inhaltlich sind sie unverändert. | 43 - 79 |
| | Zur Übertragung des Behindertenpauschbetrag des Kindes muss ab 2019 in einer neuen Zeile ein zusätzlicher Eintrag erfolgen. | 71 |
| | **Anlagen KAP, KAP-INV, KAP-BET** | |
| 83 | Die Fragen zu den Kapitalerträgen stehen unverändert auf drei Anlagen. Die „Anlage KAP-BET" und „Anlage KAP-INV" widmen sich Spezialproblemen, für die professionel-le Steuerhilfe erforderlich ist. | |
| 89 | Der Vortext zu Zeile 13 wurde erweitert, da Angaben zum Sparer-Pauschbetrag auch für Kapitalerträge aus den Anlagen KAP-INV und KAP-BET notwendig sind | 13 |

| Seite | | Zeile |
|---|---|---|
| | **Anlage N** | |
| 95 | Pensionäre und andere Arbeitnehmer müssen eDaten, die bereits elektronisch gemeldet wurden, nicht mehr in die Papiererklärung eintragen. Das betrifft die dunkelgrünen, mit e gekennzeichneten Zeilen. Sie müssen nur prüfen, ob die Angaben auf der Lohnsteuerbescheinigung und im späteren Steuerbescheid korrekt sind.<br>Alle anderen Angaben, die dem Finanzamt noch nicht vorliegen, sind weiterhin einzutragen. | 5 - 20<br>28<br>39 |
| | **Anlage R** | |
| 76 | eDaten, die bereits elektronisch gemeldet wurden, müssen nicht mehr in die Papiererklärung eingetragen werden. Das betrifft die dunkelgrünen, mit e gekennzeichneten Zeilen. Sie müssen nur prüfen, ob die Angaben auf den Bescheinigungen der Versicherungs- oder Leistungsträger und im späteren Steuerbescheid korrekt sind.<br>Alle anderen Angaben, die dem Finanzamt noch nicht vorliegen, sind weiterhin einzutragen. | 5 - 10<br>15 - 16<br>19 - 20<br>31 - 32<br>36 - 43<br>45 - 53 |
| 77 | Ab 2019 können nur noch zwei gleichartige Renten eingetragen werden. Haben Sie mehr, ist eine weitere Anlage R notwendig. | |
| 77 | Die Frage nach der Rentenart ist entfallen. Es ist nur noch eine „1" einzutragen, wenn eine Rente aus dem Ausland bezogen wird. | 4 |
| 81 | Werbungskosten zu Leibrenten sind ab 2019 auf der ersten Seite einzutragen. | 21 - 22 |
| | **Anlage Vorsorgeaufwand** | |
| 69 | Rentner und Pensionäre müssen Versicherungsbeiträge, die bereits elektronisch gemeldet wurden, nicht mehr in die Papiererklärung eintragen. Das betrifft die dunkelgrünen, mit e gekennzeichneten Zeilen. Sie müssen nur prüfen, ob die Angaben auf dem Rentenbescheid, der Lohnsteuerbescheinigung und dem Beleg der Versicherung korrekt sind.<br>Zusatzbeiträge, Beiträge von Versicherern im Ausland und andere Angaben, die dem Finanzamt noch nicht vorliegen, sind weiterhin einzutragen. | |
| 74 | Die Angabe zum Anspruch auf steuerfreie Zuschüsse oder Beihilfen aus der früheren Zeile 11 wurde auf Seite 2 in Zeile 51 verschoben. | 51 |

**184**

| 1 | ☒ Einkommensteuererklärung | ☐ Festsetzung der Arbeitnehmer-Sparzulage | Eingangsstempel |
| 2 | ☐ Erklärung zur Festsetzung der Kirchensteuer auf Kapitalerträge | ☐ Erklärung zur Feststellung des verbleibenden Verlustvortrags | |

3  Steuernummer  **12 / 345 / 678910**

## An das Finanzamt
4  **BERLIN - STEGLITZ**

Bei Wohnsitzwechsel: bisheriges Finanzamt

5

Daten für die mit ⓔ gekennzeichneten Zeilen liegen im Regelfall vor und müssen, wenn sie zutreffend sind, nicht ausgefüllt werden.
– Bitte Infoblatt eDaten / Anleitung beachten –

## Allgemeine Angaben
6  Telefonische Rückfragen tagsüber unter Nr.  **030 / 11 22 33 44**

Steuerpflichtige Person (**stpfl. Person**), nur bei Zusammenveranlagung: Ehemann oder **Person A** *) (Ehegatte A / Lebenspartner[in] A nach dem LPartG)
7  Identifikationsnummer (IdNr.)  **13 579 111 315**  *) Bitte Anleitung beachten.

8  Name  **STEUER**    Geburtsdatum  **24 12 1951**

9  Vorname  **HEINZ**

**Religionsschlüssel:**
Evangelisch = EV
Römisch-Katholisch = RK
nicht kirchensteuerpflichtig = VD
Weitere siehe Anleitung

10  Titel, akademischer Grad

11  Straße (derzeitige Adresse)  **STEUERPFAD**    Religion  **EV**

12  Hausnummer **88**  Hausnummerzusatz **C**  Adressergänzung

13  Postleitzahl **12167**  Wohnort **BERLIN**

14  Ausgeübter Beruf  **PENSIONÄR**

| 15 | Verheiratet / Lebenspartnerschaft begründet seit dem **30 05 1980** | Verwitwet seit dem | Geschieden / Lebenspartnerschaft aufgehoben seit dem | Dauernd getrennt lebend seit dem |

Nur bei Zusammenveranlagung: **Ehefrau** oder **Person B** (Ehegatte B / Lebenspartner[in] B nach dem LPartG)
16  IdNr.  **24 681 012 141**

17  Name  **STEUER**    Geburtsdatum  **24 05 1954**

18  Vorname  **SIEGLINDE**

**Religionsschlüssel:**
Evangelisch = EV
Römisch-Katholisch = RK
nicht kirchensteuerpflichtig = VD
Weitere siehe Anleitung

19  Titel, akademischer Grad

20  Straße (falls von Zeile 11 abweichend)    Religion  **VD**

21  Hausnummer  Hausnummerzusatz  Adressergänzung

22  Postleitzahl  Wohnort (falls von Zeile 13 abweichend)

23  Ausgeübter Beruf  **ANGESTELLTE/RENTNERIN**

### Nur von Ehegatten / Lebenspartnern auszufüllen
| 24 | ☒ Zusammenveranlagung | ☐ Einzelveranlagung von Ehegatten / Lebenspartnern | ☐ Wir haben Gütergemeinschaft vereinbart |

### Bankverbindung – Bitte stets angeben –
25  IBAN (inländisches Geldinstitut)  **DE20 1007 0800 0815 0815 08**

26  IBAN (ausländisches Geldinstitut)

27  BIC zu Zeile 26

28  ☒ **Kontoinhaber**  ☐ lt. Zeile 17 und 18  oder:  lt. Zeile 8 und 9  Name (im Fall der Abtretung bitte amtlichen Abtretungsvordruck einreichen)

**Der Steuerbescheid soll nicht mir / uns zugesandt werden, sondern:**

– Nur ausfüllen, wenn dem Finanzamt keine entsprechende Bekanntgabevollmacht vorliegt –

| | |
|---|---|
| 31 | Name |
| 32 | Vorname |
| 33 | Straße |
| 34 | Hausnummer / Hausnummerzusatz / Postfach |
| 35 | Postleitzahl / Wohnort |
| 36 | Staat (falls Anschrift im Ausland) |

## Antrag auf Festsetzung der Arbeitnehmer-Sparzulage  15

|  | stpfl. Person / Ehemann / Person A | Ehefrau / Person B |
|---|---|---|
| 37 Für alle vom Anbieter übermittelten elektronischen Vermögensbildungsbescheinigungen wird die Festsetzung der Arbeitnehmer-Sparzulage beantragt | 17 · 1 = Ja | 18 · 1 = Ja |

## Einkommensersatzleistungen  18

– ohne Beträge lt. Zeile 28 der Anlage N –

| | stpfl. Person / Ehemann / Person A EUR | Ehefrau / Person B EUR |
|---|---|---|
| 38 – die dem Progressionsvorbehalt unterliegen, z. B. Arbeitslosengeld, Elterngeld, Insolvenzgeld, Krankengeld, Mutterschaftsgeld | 120 ,— | 121 2 4 9 4 ,— ⓔ |
| 39 – vergleichbare Leistungen i. S. d. Zeile 38 aus einem EU- / EWR-Staat oder der Schweiz | 136 ,— | 137 ,— |

## Ergänzende Angaben zur Steuererklärung

40 Über die Angaben in der Steuererklärung hinaus sind weitere oder abweichende Angaben oder Sachverhalte zu berücksichtigen. Diese ergeben sich aus der beigefügten Anlage, welche mit der Überschrift **„Ergänzende Angaben zur Steuererklärung"** gekennzeichnet ist.  175 · 1 = Ja

**Hinweis:** Wenn über die Angaben in der Steuererklärung hinaus weitere oder abweichende Angaben oder Sachverhalte berücksichtigt werden sollen, tragen Sie bitte eine „1" ein. Gleiches gilt, wenn bei den in der Steuererklärung erfassten Angaben bewusst eine von der Verwaltungsauffassung abweichende Rechtsauffassung zugrunde gelegt wurde. Falls Sie mit Abgabe der Steuererklärung lediglich Belege und Aufstellungen einreichen, ist keine Eintragung vorzunehmen.

## Unterschrift

41 Die Steuererklärung wurde unter Mitwirkung eines Angehörigen der steuerberatenden Berufe i. S. d. §§ 3 und 4 des Steuerberatungsgesetzes erstellt:  1 = Ja

Bei der Anfertigung dieser Steuererklärung hat mitgewirkt:

42 20.1.2020
*Heinz Steuer*   *Sieglinde Steuer*
Datum, Unterschrift(en) — Steuererklärungen sind eigenhändig – bei Ehegatten / Lebenspartnern von beiden – zu unterschreiben.

**Name** STEUER

**Vorname** HEINZ

**Steuernummer** 12/345/678910

# Anlage N

**Jeder Ehegatte / Lebenspartner mit Einkünften aus nichtselbständiger Arbeit hat eine eigene Anlage N abzugeben.**

Sofern keine IdNr. vorhanden: **eTIN** lt. Lohnsteuerbescheinigung(en)

**eTIN** lt. weiterer Lohnsteuerbescheinigung(en)

X stpfl. Person / Ehemann / Person A

X Ehefrau / Person B

Daten für die mit (e) gekennzeichneten Zeilen liegen im Regelfall vor und müssen, wenn sie zutreffend sind, nicht ausgefüllt werden. – Bitte Infoblatt eDaten / Anleitung beachten –

4

## Einkünfte aus nichtselbständiger Arbeit

**Angaben zum Arbeitslohn**

| | | Lohnsteuerbescheinigung(en) Steuerklasse 1 – 5 | | Lohnsteuerbescheinigung(en) Steuerklasse 6 oder einer Urlaubskasse | |
|---|---|---|---|---|---|

5 Steuerklasse 168 **4**

| | | | EUR | Ct | | EUR | Ct | |
|---|---|---|---|---|---|---|---|---|
| 6 | Bruttoarbeitslohn | 110 | 40086 | — | 111 | | , | (e) |
| 7 | Lohnsteuer | 140 | 7103 | 00 | 141 | | , | (e) |
| 8 | Solidaritätszuschlag | 150 | 322 | 68 | 151 | | , | (e) |
| 9 | Kirchensteuer des Arbeitnehmers | 142 | 528 | 03 | 143 | | , | (e) |
| 10 | Nur bei Konfessionsverschiedenheit: Kirchensteuer für den Ehegatten / Lebenspartner | 144 | | | 145 | | , | (e) |

| | | | 1. Versorgungsbezug | | | 2. Versorgungsbezug | | |
|---|---|---|---|---|---|---|---|---|
| 11 | **Steuerbegünstigte Versorgungsbezüge** (in Zeile 6 enthalten) | 200 | 40086 | — | 210 | | , | (e) |
| 12 | Bemessungsgrundlage für den Versorgungsfreibetrag lt. Nr. 29 der Lohnsteuerbescheinigung | 201 | 36060 | — | 211 | | , | (e) |
| 13 | Maßgebendes Kalenderjahr des Versorgungsbeginns lt. Nr. 30 der Lohnsteuerbescheinigung | 206 | 2015 | | 216 | J J J J | | (e) |

14 Bei unterjähriger Zahlung: Erster und letzter Monat, für den Versorgungsbezüge gezahlt wurden, lt. Nr. 31 der Lohnsteuerbescheinigung 202 MM – 203 MM    212 MM – 213 MM (e)

| 15 | Sterbegeld, Kapitalauszahlungen / Abfindungen und Nachzahlungen von Versorgungsbezügen lt. Nr. 32 der Lohnsteuerbescheinigung (in den Zeilen 6 und 11 enthalten) | 204 | | , | 214 | | , | (e) |
|---|---|---|---|---|---|---|---|---|
| 16 | Ermäßigt zu besteuernde Versorgungsbezüge für mehrere Jahre lt. Nr. 9 der Lohnsteuerbescheinigung 205 | | | , | 215 | | , | (e) |

17 **Ermäßigt besteuerte Entschädigungen / Arbeitslohn für mehrere Jahre** lt. Nr. 10 der Lohnsteuerbescheinigung    166 , (e)

18 **Entschädigungen / Arbeitslohn für mehrere Jahre** – ggf. lt. Nr. 19 der Lohnsteuerbescheinigung – vom Arbeitgeber nicht ermäßigt besteuert    165 ,

Steuerabzugsbeträge zu den Zeilen 16 und 17

| 19 | Lohnsteuer | 146 | | , | Solidaritätszuschlag | 152 | | , | (e) |
|---|---|---|---|---|---|---|---|---|---|
| 20 | Kirchensteuer Arbeitnehmer | 148 | | , | Kirchensteuer Ehegatte / Lebenspartner | 149 | | , | (e) |

21 Steuerpflichtiger Arbeitslohn, von dem kein Steuerabzug vorgenommen worden ist (soweit nicht in der Lohnsteuerbescheinigung enthalten)    115 ,

22 Steuerfreier Arbeitslohn nach Doppelbesteuerungsabkommen / sonstigen zwischenstaatlichen Übereinkommen (Übertrag aus den Zeilen 52, 71 und / oder 82 der ersten **Anlage N-AUS**)    139 ,

23 Steuerfreier Arbeitslohn nach Auslandstätigkeitserlass (Übertrag aus Zeile 67 der ersten **Anlage N-AUS**)    136 ,

24 Steuerfreie Einkünfte (Besondere Lohnbestandteile) nach Doppelbesteuerungsabkommen / sonstigen zwischenstaatlichen Übereinkommen / Auslandstätigkeitserlass (Übertrag aus Zeile 81 der ersten **Anlage N-AUS**)    178 ,

25 Beigefügte **Anlage(n) N-AUS**    Anzahl

| 26 | Grenzgänger nach 117 | 2 = Frankreich 3 = Schweiz 4 = Österreich | Arbeitslohn in EUR / CHF 116 | , 135 | Schweizerische Abzugsteuer in CHF | , |
|---|---|---|---|---|---|---|

27 Steuerfrei erhaltene Aufwandsentschädigungen / Einnahmen    aus der Tätigkeit als    EUR    118 ,

28 Kurzarbeitergeld, Zuschuss zum Mutterschaftsgeld, Verdienstausfallentschädigung nach dem Infektionsschutzgesetz, Aufstockungsbeträge nach dem Altersteilzeitgesetz, Altersteilzeitzuschläge nach Besoldungsgesetzen (lt. Nr. 15 der Lohnsteuerbescheinigung) 119    , (e)

## Werbungskosten in Sonderfällen

– Die in den Zeilen 91 bis 94 erklärten Werbungskosten dürfen nicht in den Zeilen 31 bis 87 enthalten sein –

Werbungskosten zu steuerbegünstigten Versorgungsbezügen lt. Zeile 11

EUR

Art der Aufwendungen

**91** GEWERKSCHAFTSBEITRAG | 682 | 2 1 2 ,—

Werbungskosten zu steuerbegünstigten Versorgungsbezügen für mehrere Jahre lt. Zeile 16

Art der Aufwendungen

**92** | 659 | ,—

Werbungskosten zu Entschädigungen / Arbeitslohn für mehrere Jahre lt. Zeile 17 und / oder 18

Art der Aufwendungen

**93** | 660 | ,—

Werbungskosten zu steuerfreiem Arbeitslohn lt. Zeile 22 und 23
**(Übertrag** aus den Zeilen 76 und 83 der ersten Anlage N-AUS)

**94** | 657 | ,—

Werbungskosten zu steuerpflichtigem Arbeitslohn, von dem kein Steuerabzug vorgenommen worden ist lt. Zeile 21 – in den Zeilen 31 bis 87 enthalten –

Art der Aufwendungen

**95** | 656 | ,—

Werbungskosten zu Arbeitslohn für eine Tätigkeit im Inland, wenn ein weiterer Wohnsitz in Belgien vorhanden ist – in den Zeilen 31 bis 87 enthalten –

**96** | 675 | ,—

**Anlage N**

**Jeder Ehegatte / Lebenspartner mit Einkünften aus nichtselbständiger Arbeit hat eine eigene Anlage N abzugeben.**

1 Name **S T E U E R**

2 Vorname **S I E G L I N D E**

3 Steuernummer **1 2 / 3 4 5 / 6 7 8 9 1 0**

Sofern keine IdNr. vorhanden: **eTIN** lt. Lohnsteuerbescheinigung(en)    **eTIN** lt. weiterer Lohnsteuerbescheinigung(en)

4

X stpfl. Person / Ehemann / Person A

X Ehefrau / Person B

## Einkünfte aus nichtselbständiger Arbeit

Daten für die mit ⓔ gekennzeichneten Zeilen liegen im Regelfall vor und müssen, wenn sie zutreffend sind, nicht ausgefüllt werden. – Bitte Infoblatt eDaten / Anleitung beachten – 4

**Angaben zum Arbeitslohn**

| | | | Lohnsteuerbescheinigung(en)<br>Steuerklasse 1 – 5 | | Lohnsteuerbescheinigung(en)<br>Steuerklasse 6 oder einer Urlaubskasse | |
|---|---|---|---|---|---|---|
| | | | EUR | Ct | EUR | Ct |
| 5 | Steuerklasse | 168 **4** | | | | ⓔ |
| 6 | Bruttoarbeitslohn | 110 | **8 400,—** | | 111 | ⓔ |
| 7 | Lohnsteuer | 140 | **1 1 0 5,7 4** | | 141 | ⓔ |
| 8 | Solidaritätszuschlag | 150 | **4 5,7 5** | | 151 | ⓔ |
| 9 | Kirchensteuer des Arbeitnehmers | 142 | | | 143 | ⓔ |
| 10 | Nur bei Konfessionsverschiedenheit:<br>Kirchensteuer für den Ehegatten /<br>Lebenspartner | 144 | | | 145 | ⓔ |

| | | | 1. Versorgungsbezug | 2. Versorgungsbezug | |
|---|---|---|---|---|---|
| 11 | **Steuerbegünstigte Versorgungsbezüge**<br>(in Zeile 6 enthalten) | 200 | , — | 210 , — | ⓔ |
| 12 | Bemessungsgrundlage für den Versorgungsfreibetrag<br>lt. Nr. 29 der Lohnsteuerbescheinigung | 201 | , | 211 , | ⓔ |
| 13 | Maßgebendes Kalenderjahr des Versorgungsbeginns<br>lt. Nr. 30 der Lohnsteuerbescheinigung | 206 | J J J J | 216 J J J J | ⓔ |
| 14 | Bei unterjähriger Zahlung:<br>Erster und letzter Monat, für den Versorgungsbezüge<br>gezahlt wurden. lt. Nr. 31 der Lohnsteuerbescheinigung | Monat 202 M M – 203 Monat M M | | Monat 212 M M – 213 Monat M M | | ⓔ |
| 15 | Sterbegeld, Kapitalauszahlungen / Abfindungen<br>und Nachzahlungen von Versorgungsbezügen<br>lt. Nr. 32 der Lohnsteuerbescheinigung<br>(in den Zeilen 6 und 11 enthalten) | 204 | , | 214 , | ⓔ |

| 16 | Ermäßigt zu besteuernde Versorgungsbezüge für<br>mehrere Jahre lt. Nr. 9 der Lohnsteuerbescheinigung | 205 | , — | 215 , — | ⓔ |
| 17 | **Ermäßigt besteuerte Entschädigungen / Arbeitslohn für mehrere Jahre**<br>lt. Nr. 10 der Lohnsteuerbescheinigung | | | 166 , — | ⓔ |
| 18 | **Entschädigungen / Arbeitslohn für mehrere Jahre** – ggf. lt. Nr. 19 der Lohnsteuer-<br>bescheinigung – vom Arbeitgeber nicht ermäßigt besteuert | | | 165 , — | ⓔ |

Steuerabzugsbeträge zu den Zeilen 16 und 17

| 19 | Lohnsteuer | 146 | , | Solidaritätszuschlag | 152 , — | ⓔ |
| 20 | Kirchensteuer<br>Arbeitnehmer | 148 | , | Kirchensteuer<br>Ehegatte / Lebenspartner | 149 , — | ⓔ |

| 21 | Steuerpflichtiger Arbeitslohn, von dem kein Steuerabzug vorgenommen worden ist<br>(soweit nicht in der Lohnsteuerbescheinigung enthalten) | 115 | , — |
| 22 | Steuerfreier Arbeitslohn nach Doppelbesteuerungsabkommen / sonstigen zwischenstaat-<br>lichen Übereinkommen (Übertrag aus den Zeilen 52, 71 und / oder 82 der ersten **Anlage N-AUS**) | 139 | , — |
| 23 | Steuerfreier Arbeitslohn nach Auslandstätigkeitserlass<br>(Übertrag aus Zeile 67 der ersten **Anlage N-AUS**) | 136 | , — |
| 24 | Steuerfreie Einkünfte (Besondere Lohnbestandteile) nach Doppelbesteuerungsabkommen /<br>sonstigen zwischenstaatlichen Übereinkommen / Auslandstätigkeitserlass (Übertrag aus<br>Zeile 81 der ersten **Anlage N-AUS**) | 178 | , — |
| 25 | Beigefügte **Anlage(n) N-AUS** | Anzahl | |

| 26 | Grenzgänger nach 117 | 2 = Frankreich<br>3 = Schweiz<br>4 = Österreich | Arbeitslohn in EUR / CHF<br>116 , — 135 | Schweizerische Abzugsteuer in CHF | |
| 27 | Steuerfrei erhaltene<br>Aufwandsentschädi-<br>gungen / Einnahmen | aus der Tätigkeit als | | 118 | EUR , |
| 28 | **Kurzarbeitergeld, Zuschuss zum Mutterschaftsgeld, Verdienstausfallentschädigung<br>nach dem Infektionsschutzgesetz, Aufstockungsbeträge nach dem Altersteilzeitgesetz,<br>Altersteilzeitzuschläge nach Besoldungsgesetzen (lt. Nr. 15 der Lohnsteuerbescheinigung)** | 119 | , — | ⓔ |

## Werbungskosten – ohne Beträge lt. Zeile 91 bis 94 –    8

**Wege zwischen Wohnung und erster Tätigkeitsstätte / Sammelpunkt / weiträumigem Tätigkeitsgebiet (Entfernungspauschale)**

Erste Tätigkeitsstätte in (PLZ, Ort und Straße)

| | | vom | bis | Arbeitstage je Woche | Urlaubs- und Krankheitstage |
|---|---|---|---|---|---|
| 31 | ORANIENBURG | 0101 | 3103 | 5 | 8 |
| 32 | | T T M M | T T M M | | |

Sammelpunkt / nächstgelegener Zugang zum weiträumigen Tätigkeitsgebiet (PLZ, Ort und Straße)

| | | vom | bis |
|---|---|---|---|
| 33 | | T T M M | T T M M |
| 34 | | T T M M | T T M M |

| | Ort lt. Zeile | aufgesucht an Tagen | einfache Entfernung (auf volle Kilometer abgerundet) | davon mit eigenem oder zur Nutzung überlassenem Pkw zurückgelegt | davon mit Sammelbeförderung des Arbeitgebers zurückgelegt | davon mit öffentl. Verkehrsmitteln, Motorrad, Fahrrad o. Ä., als Fußgänger, als Mitfahrer einer Fahrgemeinschaft zurückgelegt | Aufwendungen für Fahrten mit öffentlichen Verkehrsmitteln (ohne Fähr- und Flugkosten) EUR | Behinderungsgrad mind. 70 oder mind. 50 und Merkzeichen „G" |
|---|---|---|---|---|---|---|---|---|
| 35 | 31 110 | 4 5 111 | 4 1 km 112 | 4 1 km 113 | km | km 114 | – 115 | 1 = Ja |
| 36 | 130 | 131 | km 132 | km 133 | km | km 134 | – 135 | 1 = Ja |
| 37 | 150 | 151 | km 152 | km 153 | km | km 154 | – 155 | 1 = Ja |
| 38 | 170 | 171 | km 172 | km 173 | km | km 174 | – 175 | 1 = Ja |

| | | | EUR | | EUR | |
|---|---|---|---|---|---|---|
| 39 | Arbeitgeberleistungen lt. Nr. 17 und 18 der Lohnsteuerbescheinigung | steuerfrei ersetzt 290 | , — | pauschal besteuert 295 | , — | e |
| 40 | Von der Agentur für Arbeit oder dem Jobcenter gezahlte Fahrtkostenzuschüsse | | | 291 | , — | |

**Beiträge zu Berufsverbänden** (Bezeichnung der Verbände)

| | | | EUR |
|---|---|---|---|
| 41 | VERDI | 310 | 2 5 6 , — |

**Aufwendungen für Arbeitsmittel** – soweit nicht steuerfrei ersetzt – (Art der Arbeitsmittel bitte einzeln angeben.)

| | | | EUR |
|---|---|---|---|
| 42 | | | , — |
| 43 | | + | , — ▸ 320 |

**Aufwendungen für ein häusliches Arbeitszimmer**

| | | 325 | , |
|---|---|---|---|
| 44 | | | |

**Fortbildungskosten** – soweit nicht steuerfrei ersetzt –

| | | 330 | , |
|---|---|---|---|
| 45 | | | |

**Weitere Werbungskosten** – soweit nicht steuerfrei ersetzt –

Fähr- und Flugkosten bei Wegen zwischen Wohnung und erster Tätigkeitsstätte / Sammelpunkt / weiträumigem Tätigkeitsgebiet

| | | | , — |
|---|---|---|---|
| 46 | | | |

Sonstiges (z. B. Bewerbungskosten, Kontoführungsgebühren)

| | | | |
|---|---|---|---|
| 47 | KONTOFÜHRUNG | + | 1 6 , — |
| 48 | UNFALLVERSICHERUNG, BERUFL. | + | 1 5 6 , — ▸ 380  1 7 2 , — |

**Reisekosten bei beruflich veranlassten Auswärtstätigkeiten**

| | | | 1 = Ja 2 = Nein |
|---|---|---|---|
| 49 | Die Fahrten wurden ganz oder teilweise mit einem Firmenwagen oder im Rahmen einer unentgeltlichen Sammelbeförderung des Arbeitgebers durchgeführt | 401 | |

– Falls „Ja": Für die Fahrten mit Firmenwagen oder Sammelbeförderung dürfen mangels Aufwands keine Eintragungen zu Fahrtkosten in Zeile 50 vorgenommen werden. –

Fahrt- und Übernachtungskosten, Reisenebenkosten

| | | | |
|---|---|---|---|
| 50 | FAHRTEN ZU ZWEIGNIEDERLASSUNG | 410 | 6 9 3 , — |
| 51 | Vom Arbeitgeber steuerfrei ersetzt 420 | | 0 , — |

**Pauschbeträge für Mehraufwendungen für Verpflegung**

Bei einer Auswärtstätigkeit im Inland:

| | | | | |
|---|---|---|---|---|
| 52 | Abwesenheit von mehr als 8 Stunden (bei Auswärtstätigkeit ohne Übernachtung) | 470 | 1 5 | Anzahl der Tage |
| 53 | An- und Abreisetage (bei einer mehrtägigen Auswärtstätigkeit mit Übernachtung) | 471 | | Anzahl der Tage |
| 54 | Abwesenheit von 24 Stunden | 472 | | Anzahl der Tage |
| 55 | Kürzungsbeträge wegen Mahlzeitengestellung (eigene Zuzahlungen sind ggf. gegenzurechnen) | 473 | | , — |
| 56 | Bei einer Auswärtstätigkeit im Ausland (Berechnung bitte in einer gesonderten Aufstellung): | 474 | | , — |
| 57 | Vom Arbeitgeber steuerfrei ersetzt 490 | | | 0 , — |

| 1 | Name | S T E U E R |
| 2 | Vorname | S I E G L I N D E |

**Anlage R**

Jeder Ehegatte / Lebenspartner mit Renten und Leistungen aus Altersvorsorgeverträgen hat eine eigene Anlage R abzugeben.

3 | Steuernummer | 1 2 / 3 4 5 / 6 7 8 9 1 0 | lfd. Nr. der Anlage |

**Renten und andere Leistungen**

Daten für die mit ℮ gekennzeichneten Zeilen liegen im Regelfall (Inland) vor und müssen, wenn sie zutreffend sind, nicht ausgefüllt werden. – Bitte Infoblatt eDaten / Anleitung beachten –

X stpfl. Person / Ehemann / Person A
X Ehefrau / Person B

7 |

## Leibrenten / Leistungen

– aus gesetzlichen Rentenversicherungen, landwirtschaftlicher Alterskasse, berufsständischen Versorgungseinrichtungen, eigenen zertifizierten Basisrentenverträgen –

| | | | 1. Rente | | 2. Rente |
|---|---|---|---|---|---|
| 4 | Ich habe Rente(n) aus einer ausländischen Versicherung / einem ausländischen Rentenvertrag bezogen. | 120 | 1 = Ja (bitte Zeile 5 bis 10 ausfüllen) | 170 | 1 = Ja (bitte Zeile 5 bis 10 ausfüllen) |
| | | | EUR | | EUR |
| 5 | Rentenbetrag (einschließlich Einmalzahlung und Leistungen) | 101 | 9 1 2 0 ,– | 151 | ,– ℮ |
| 6 | Rentenanpassungsbetrag (in Zeile 5 enthalten) | 102 | , | 152 | , ℮ |
| 7 | Beginn der Rente | 103 | 0 1 0 6 2 0 1 9 | 153 | ℮ |
| 8 | Vorhergehende Rente: Beginn der Rente | 105 | T T M M J J J J | 155 | T T M M J J J J ℮ |
| 9 | Ende der Rente | 106 | T T M M J J J J | 156 | T T M M J J J J ℮ |
| 10 | Nachzahlungen für mehrere vorangegangene Jahre / Kapitalauszahlung (in Zeile 5 enthalten) | 111 | , | 161 | ,– ℮ |
| 11 | Öffnungsklausel: Prozentsatz (lt. Bescheinigung Ihres Versorgungsträgers) | 112 | , % | 162 | , % |
| 12 | die Rente erlischt / wird umgewandelt spätestens am | 113 | T T M M J J J J | 163 | T T M M J J J J |
| 13 | bei Einmalzahlung: Betrag | 114 | ,– | 164 | ,– |

## Leibrenten (ohne Renten lt. Zeile 4 bis 13)

– aus privaten Rentenversicherungen (auf Lebenszeit / mit zeitlich befristeter Laufzeit), sonstigen Verpflichtungsgründen (z. B. Renten aus Veräußerungsgeschäften) –

| | | | 1. Rente | | 2. Rente |
|---|---|---|---|---|---|
| 14 | Ich habe Rente(n) bezogen aus: 1 = sonstigen Verpflichtungsgründen (z. B. Renten aus Veräußerungsgeschäften) 2 = ausländischen Versicherungen | 140 | ggf. 1 oder 2 eintragen (bitte Zeile 15 bis 20 ausfüllen) | 190 | ggf. 1 oder 2 eintragen (bitte Zeile 15 bis 20 ausfüllen) |
| | | | EUR | | EUR |
| 15 | Rentenbetrag | 131 | ,– | 181 | ,– ℮ |
| 16 | Beginn der Rente | 132 | T T M M J J J J | 182 | T T M M J J J J ℮ |
| 17 | Geburtsdatum des Erblassers bei Garantiezeitrenten | 136 | T T M M J J J J | 186 | T T M M J J J J |
| 18 | Die Rente erlischt mit dem Tod von | | | | |
| 19 | Die Rente erlischt / wird umgewandelt spätestens am | 133 | T T M M J J J J | 183 | T T M M J J J J ℮ |
| 20 | Nachzahlungen für mehrere vorangegangene Jahre (in Zeile 15 enthalten) | 134 | , | 184 | , ℮ |

## Werbungskosten  Die Eintragungen in den Zeilen 21 und 22 sind nur in der ersten Anlage R vorzunehmen.

– zu den Zeilen 5 und 15 – ohne Werbungskosten lt. Zeile 22 – (Art der Aufwendungen)  EUR

| 21 | R E N T E N B E R A T U N G | 800 | 2 1 2 ,– |
| 22 | – zu den Zeilen 10 und 20 (Art der Aufwendungen) | 801 | ,– |

## Steuerstundungsmodelle

Einkünfte aus Gesellschaften / Gemeinschaften / ähnlichen Modellen i. S. d. § 15b EStG (lt. gesonderter Aufstellung)  EUR

| 23 | | | ,– |

| 1 | Name | S T E U E R |
| 2 | Vorname | H E I N Z |

# Anlage R

**Jeder Ehegatte / Lebenspartner mit Renten und Leistungen aus Altersvorsorgeverträgen hat eine eigene Anlage R abzugeben.**

| 3 | Steuernummer | 12 / 345 / 678910 | lfd. Nr. der Anlage | X stpfl. Person / Ehemann / Person A |

## Renten und andere Leistungen

Daten für die mit (e) gekennzeichneten Zeilen liegen im Regelfall (Inland) vor und müssen, wenn sie zutreffend sind, nicht ausgefüllt werden.
– Bitte Infoblatt eDaten / Anleitung beachten –

X Ehefrau / Person B

7

## Leibrenten / Leistungen

– aus gesetzlichen Rentenversicherungen, landwirtschaftlicher Alterskasse, berufsständischen Versorgungseinrichtungen, eigenen zertifizierten Basisrentenverträgen –

| | | | 1. Rente | | 2. Rente |
|---|---|---|---|---|---|
| 4 | Ich habe Rente(n) aus einer ausländischen Versicherung / einem ausländischen Rentenvertrag bezogen. | 120 | 1 = Ja (bitte Zeile 5 bis 10 ausfüllen) EJR | 170 | 1 = Ja (bitte Zeile 5 bis 10 ausfüllen) EUR |
| 5 | Rentenbetrag (einschließlich Einmalzahlung und Leistungen) | 101 | , | 151 | , (e) |
| 6 | Rentenanpassungsbetrag (in Zeile 5 enthalten) | 102 | , | 152 | , (e) |
| 7 | Beginn der Rente | 103 | T T M M J J J J | 153 | T T M M J J J J |
| 8 | Vorhergehende Rente: Beginn der Rente | 105 | T T M M J J J J | 155 | T T M M J J J J |
| 9 | Ende der Rente | 106 | T T M M J J J J | 156 | T T M M J J J J |
| 10 | Nachzahlungen für mehrere vorangegangene Jahre / Kapitalauszahlung (in Zeile 5 enthalten) | 111 | , | 161 | , (e) |

Öffnungsklausel:

| 11 | Prozentsatz (lt. Bescheinigung Ihres Versorgungsträgers) | 112 | , % | 162 | , % |
| 12 | die Rente erlischt / wird umgewandelt spätestens am | 113 | T T M M J J J | 163 | T T M M J J J |
| 13 | bei Einmalzahlung: Betrag | 114 | , | 164 | , |

## Leibrenten (ohne Renten lt. Zeile 4 bis 13)

– aus privaten Rentenversicherungen (auf Lebenszeit / mit zeitlich befristeter Laufzeit), sonstigen Verpflichtungsgründen (z. B. Renten aus Veräußerungsgeschäften) –

| | | | 1. Rente | | 2. Rente |
|---|---|---|---|---|---|
| 14 | Ich habe Rente(n) bezogen aus: 1 = sonstigen Verpflichtungsgründen (z. B. Renten aus Veräußerungsgeschäften) 2 = ausländischen Versicherungen | 140 | ggf. 1 oder 2 eintragen (bitte Zeile 15 bis 20 ausfüllen) EUR | 190 | ggf. 1 oder 2 eintragen (bitte Zeile 15 bis 20 ausfüllen) EUR |
| 15 | Rentenbetrag | 131 | 2400 , | 181 | , (e) |
| 16 | Beginn der Rente | 132 | 01012012 | 182 | T T M M J J J J (e) |
| 17 | Geburtsdatum des Erblassers bei Garantiezeitrenten | 136 | T T M M J J J J | 186 | T T M M J J J J |
| 18 | Die Rente erlischt mit dem Tod von | | | | |
| 19 | Die Rente erlischt / wird umgewandelt spätestens am | 133 | T T M M J J J J | 183 | T T M M J J J J (e) |
| 20 | Nachzahlungen für mehrere vorangegangene Jahre (in Zeile 15 enthalten) | 134 | , | 184 | , (e) |

## Werbungskosten

**Die Eintragungen in den Zeilen 21 und 22 sind nur in der ersten Anlage R vorzunehmen.**

| 21 | – zu den Zeilen 5 und 15 – ohne Werbungskosten lt. Zeile 22 – (Art der Aufwendungen) | 800 | EUR , |
| 22 | – zu den Zeilen 10 und 20 (Art der Aufwendungen) | 801 | , |

## Steuerstundungsmodelle

| 23 | Einkünfte aus Gesellschaften / Gemeinschaften / ähnlichen Modellen i. S. d. § 15b EStG (lt. gesonderter Aufstellung) | | EUR , |

| 1 | **Name** STEUER |
|---|---|
| 2 | **Vorname** HEINZ |
| 3 | **Steuernummer** 12/345/678910 |

## Anlage S

Jeder Ehegatte / Lebenspartner mit Einkünften aus selbständiger Arbeit hat eine eigene Anlage S abzugeben.

☒ stpfl. Person / Ehemann / Person A

☐ Ehefrau / Person B

## Einkünfte aus selbständiger Arbeit

Für jeden Betrieb ist zusätzlich eine Bilanz oder – soweit keine Bilanz erstellt wird – eine Anlage EÜR elektronisch zu übermitteln.

**Gewinn** (ohne die Beträge in den Zeilen 31, 35 und 40; bei ausländischen Einkünften: Anlage AUS beachten) | **22**

EUR

| 4 | aus freiberuflicher Tätigkeit (genaue Berufsbezeichnung oder Tätigkeit) | 100/300 |
| 5 | aus einer weiteren freiberuflichen Tätigkeit (genaue Berufsbezeichnung oder Tätigkeit) | 101/301 |
| 6 | lt. gesonderter Feststellung (Finanzamt und Steuernummer) | 110/310 |
| 7 | aus Beteiligung (Gesellschaft, Finanzamt und Steuernummer) 1. Beteiligung | 120/320 |
| 8 | aus allen weiteren Beteiligungen | 130/330 |
| 9 | aus Gesellschaften / Gemeinschaften / ähnlichen Modellen i. S. d. § 15b EStG | |
| 10 | aus sonstiger selbständiger Arbeit (z. B. als Aufsichtsratsmitglied) | 140/340 |
| 11 | aus allen weiteren Tätigkeiten (genau bezeichnen) | 150/350 |
| 12 | In den Zeilen 4 bis 8, 10 und 11 nicht enthaltener steuerfreier Teil der Einkünfte, für die das **Teileinkünfteverfahren** gilt | 160/360 |
| 13 | In den Zeilen 4 bis 8, 10 und 11 enthaltene positive Einkünfte i. S. d. § 2 Abs. 4 UmwStG | |
| 14 | Steuerpflichtiger Teil der Leistungsvergütungen als Beteiligter einer Wagniskapitalgesellschaft, die **vor** dem 1.1.2009 gegründet wurde (§ 18 Abs. 1 Nr. 4 EStG) Gesellschaft, Finanzamt und Steuernummer | 170/370 |
| 15 | Steuerpflichtiger Teil der Leistungsvergütungen als Beteiligter einer Wagniskapitalgesellschaft, die **nach** dem 31.12.2008 gegründet wurde (§ 18 Abs. 1 Nr. 4 EStG) Gesellschaft, Finanzamt und Steuernummer | 180/380 |
| 16 | Ich beantrage für den in den Zeilen 4 bis 8 und 35 enthaltenen Gewinn die Begünstigung nach § 34a EStG und / oder es wurde zum 31.12.2018 ein nachversteuerungspflichtiger Betrag festgestellt. Einzureichende **Anlage(n) 34a** | Anzahl |

## Veräußerungsgewinn

**vor Abzug etwaiger Freibeträge bei Veräußerung / Aufgabe** eines **ganzen Betriebs**, eines **Teilbetriebs**, eines ganzen **Mitunternehmeranteils** (§ 16 EStG)

| | | | EUR |
|---|---|---|---|
| 31 | Veräußerungsgewinn, für den der **Freibetrag nach § 16 Abs. 4 EStG** wegen dauernder Berufsunfähigkeit oder Vollendung des 55. Lebensjahres **beantragt** wird. Für nach dem 31.12.1995 erfolgte Veräußerungen / Aufgaben wurde der Freibetrag nach § 16 Abs. 4 EStG bei keiner Einkunftsart in Anspruch genommen. | 200/400 | , |
| 32 | In Zeile 31 enthaltener steuerpflichtiger Teil, für den das **Teileinkünfteverfahren** gilt | 210/410 | , |
| 33 | Auf den Veräußerungsgewinn lt. Zeile 31 wurde zumindest teilweise § 6b oder § 6c EStG angewendet. Die Übertragungen von aufgedeckten stillen Reserven und / oder die in Anspruch genommenen Rücklagen nach § 6b oder § 6c EStG betragen | 202/402 | , |
| 34 | Veräußerungsgewinn lt. Zeile 31, für den der **ermäßigte Steuersatz** des § 34 Abs. 3 EStG wegen dauernder Berufsunfähigkeit oder Vollendung des 55. Lebensjahres beantragt wird. Für nach dem 31.12.2000 erfolgte Veräußerungen / Aufgaben wurde der ermäßigte Steuersatz des § 34 Abs. 3 EStG bei keiner Einkunftsart in Anspruch genommen. | 220/420 | , |
| 35 | Veräußerungsgewinn(e), für den / die der **Freibetrag nach § 16 Abs. 4 EStG nicht beantragt** wird oder **nicht zu gewähren** ist | 230/430 | , |
| 36 | In Zeile 35 enthaltener steuerpflichtiger Teil, für den das **Teileinkünfteverfahren** gilt | 240/440 | , |
| 37 | Auf den / die Veräußerungsgewinn(e) lt. Zeile 35 wurde zumindest teilweise § 6b oder § 6c EStG angewendet. | 231/431 | 1 = Ja, für die / alle Veräußerung(en) 2 = Ja, aber nicht für alle Veräußerungen |
| 38 | In Zeile 35 enthaltener Veräußerungsgewinn, für den der **ermäßigte Steuersatz** des § 34 Abs. 3 EStG wegen dauernder Berufsunfähigkeit oder Vollendung des 55. Lebensjahres beantragt wird. Für nach dem 31.12.2000 erfolgte Veräußerungen / Aufgaben wurde der ermäßigte Steuersatz des § 34 Abs. 3 EStG bei keiner Einkunftsart in Anspruch genommen. | 250/450 | EUR , |
| 39 | In Zeile 38 enthaltener steuerpflichtiger Teil, für den das **Teileinkünfteverfahren** gilt | 260/460 | , |
| 40 | Veräußerungsverlust nach § 16 EStG | 270/470 | , |
| 41 | In Zeile 40 enthaltener steuerpflichtiger Teil, für den das **Teileinkünfteverfahren** gilt | 280/480 | , |
| 42 | [X] **Zu den Zeilen 31 bis 39:** Erwerber ist eine Gesellschaft, an der die veräußernde Person oder ein Angehöriger beteiligt ist (lt. gesonderter Aufstellung). | | |

## Sonstiges

| | | | EUR |
|---|---|---|---|
| 43 | In den Zeilen 4 bis 11 enthaltene begünstigte sonstige Gewinne i. S. d. § 34 Abs. 2 Nr. 2 bis 4 EStG | 190/390 | , |

**Einnahmen** aus der nebenberuflichen Tätigkeit als

| | | | Gesamtbetrag | | davon als steuerfrei behandelt | | Rest enthalten in Zeile(n) |
|---|---|---|---|---|---|---|---|
| 44 | DOZENT VOLKSHOCHSCHULE | 191/391 | 2 3 5 0 € | 192/392 | 2 3 5 0 € | — | |
| 45 | | 193/393 | € | 194/394 | € | | |

Name **STEUER**

Vorname **HEINZ**

# Anlage KAP

| | |
|---|---|
| ☒ | zur Einkommensteuererklärung |
| ☐ | zur Erklärung zur Festsetzung der Kirchensteuer auf Kapitalerträge |

Steuernummer **12 / 345 / 678910**

| | |
|---|---|
| ☒ | stpfl. Person / Ehemann / Person A |
| ☐ | Ehefrau / Person B |

## Einkünfte aus Kapitalvermögen / Anrechnung von Steuern

**54**

### Anträge

| | | | | |
|---|---|---|---|---|
| 4 | Ich beantrage die Günstigerprüfung für sämtliche Kapitalerträge. (Bei Zusammenveranlagung: Die Anlage KAP meines Ehegatten / Lebenspartners ist beigefügt.) | 01 | 1 | 1 = Ja |
| 5 | Ich beantrage eine Überprüfung des Steuereinbehalts für bestimmte Kapitalerträge. | 02 | | 1 = Ja |

### Erklärung zur Kirchensteuerpflicht

| | | | | |
|---|---|---|---|---|
| 6 | Ich bin kirchensteuerpflichtig und habe Kapitalerträge erzielt, von denen Kapitalertragsteuer, aber keine Kirchensteuer einbehalten wurde. | 03 | | 1 = Ja |

### Kapitalerträge, die dem inländischen Steuerabzug unterlegen haben

| | | | Beträge lt. Steuerbescheinigung(en) EUR | | korrigierte Beträge (lt. gesonderter Aufstellung) EUR |
|---|---|---|---|---|---|
| 7 | Kapitalerträge | 10 | 1 9 5 5 ,— | 20 | , |
| 8 | In Zeile 7 enthaltene Gewinne aus Aktien-veräußerungen | 12 | , | 22 | , |
| 8a | In Zeile 7 enthaltene Gewinne aus der Veräuße-rung bestandsgeschützter Alt-Anteile i. S. d. § 56 Abs. 6 Satz 1 Nr. 2 InvStG | 19 | , | 29 | , |
| 9 | In Zeile 7 enthaltene Ersatzbemessungsgrundlage | 14 | , | 24 | , |
| 10 | Nicht ausgeglichene Verluste **ohne** Verluste aus der Veräußerung von Aktien | 15 | , | 25 | , |
| 11 | Nicht ausgeglichene Verluste aus der Veräußerung von Aktien | 16 | , | 26 | , |

### Sparer-Pauschbetrag

| | | | EUR |
|---|---|---|---|
| 12 | In Anspruch genommener Sparer-Pauschbetrag, der auf die in den Zeilen 7 bis 11, 23 und 26 erklärten Kapitalerträge entfällt (ggf. „0") | 17 | 8 0 1 ,— |
| 13 | Bei Eintragungen in den Zeilen 7 bis 11, 14 bis 20, 23, 26, 58 und 60 dieser Anlage, in den Zeilen 6 bis 18, 21 und 22 der Anlage KAP-BET sowie in der Anlage KAP-INV: In Anspruch genommener Sparer-Pauschbetrag, der auf die in der Anlage KAP **nicht** erklärten Kapitalerträge entfällt (ggf. „0") | 18 | , |

### Kapitalerträge, die nicht dem inländischen Steuerabzug unterlegen haben

– ohne Investmenterträge lt. Anlage KAP-INV –

| | | | EUR |
|---|---|---|---|
| 14 | Inländische Kapitalerträge (ohne Betrag lt. Zeile 19) | 30 | , |
| 15 | Ausländische Kapitalerträge (ohne Betrag lt. Zeile 58) | 34 | , |
| 16 | In den Zeilen 14 und 15 enthaltene Gewinne aus Aktienveräußerungen i. S. d. § 20 Abs. 2 Satz 1 Nr. 1 EStG | 32 | , |
| 17 | In den Zeilen 14 und 15 enthaltene Verluste **ohne** Verluste aus der Veräußerung von Aktien | 35 | , |
| 18 | In den Zeilen 14 und 15 enthaltene Verluste aus der Veräußerung von Aktien i. S. d. § 20 Abs. 2 Satz 1 Nr. 1 EStG | 36 | , |
| 19 | Zinsen, die vom Finanzamt für Steuererstattungen gezahlt wurden | 60 | , |

### Kapitalerträge, die der tariflichen Einkommensteuer unterliegen

(nicht in den Zeilen 7, 14 und 15 der Anlage KAP sowie in den Zeilen 6 und 11 der Anlage KAP-BET enthalten)

| | | | EUR |
|---|---|---|---|
| 20 | Hinzurechnungsbetrag nach § 10 AStG | 75 | , |
| 21 | Laufende Einkünfte aus sonstigen Kapitalforderungen jeder Art, aus stiller Gesellschaft und partiarischen Darlehen (ohne Betrag lt. Zeile 60) | 70 | , |
| 22 | Gewinn aus der Veräußerung oder Einlösung von Kapitalanlagen lt. Zeile 21 | 71 | , |
| 23 | Kapitalerträge aus Lebensversicherungen i. S. d. § 20 Abs. 1 Nr. 6 Satz 2 EStG | 68 | , |
| 24 | Ich beantrage für die Einkünfte lt. Zeile 25 die Anwendung der tariflichen Einkommensteuer. – bitte Anleitung beachten – | | 1 = Ja |

Laufende Einkünfte aus einer unternehmerischen Beteiligung an einer Kapitalgesellschaft
Gesellschaft, Finanzamt und Steuernummer

| | | | EUR |
|---|---|---|---|
| 25 | | 72 | , |
| 26 | Bezüge und Einnahmen i. S. d. § 32d Abs. 2 Nr. 4 EStG (ohne Betrag lt. Zeile 60) – Korrespondenzprinzip – | 77 | , |
| 27 | Ich habe Einkünfte aus Spezial-Investmentanteilen i. S. d. § 20 Abs. 1 Nr. 3a EStG erzielt. (lt. gesonderter Aufstellung) | 09 | 1 = Ja |

## Steuerabzugsbeträge zu Erträgen in den Zeilen 7 bis 18 und zu Investmenterträgen lt. Anlage KAP-INV

lt. Bescheinigung(en)

| | | | EUR | Ct |
|---|---|---|---|---|
| 48 | Kapitalertragsteuer | 80 | 2 8 2 | 1 5 |
| 49 | Solidaritätszuschlag | 81 | 1 | 5 2 |
| 50 | Kirchensteuer zur Kapitalertragsteuer | 82 | 2 5 | 3 9 |
| 51 | Angerechnete ausländische Steuern | 83 | | , |
| 52 | Anrechenbare noch nicht angerechnete ausländische Steuern | 84 | | , |
| 53 | Fiktive ausländische Quellensteuer (nicht in den Zeilen 51 und / oder 52 enthalten) | 85 | | , |

## Anzurechnende Steuern zu Erträgen in den Zeilen 21 bis 27 sowie aus anderen Einkunftsarten

| | | | EUR | Ct |
|---|---|---|---|---|
| 54 | Kapitalertragsteuer | 86 | | , |
| 55 | Solidaritätszuschlag | 87 | | , |
| 56 | Kirchensteuer zur Kapitalertragsteuer | 88 | | , |

## Beschränkung der Anrechenbarkeit der Kapitalertragsteuer nach § 36a EStG

| | | | |
|---|---|---|---|
| 57 | Ich habe Kapitalerträge erzielt, bei denen die Voraussetzungen für eine volle Anrechnung der Kapitalertragsteuer nach § 36a EStG nicht erfüllt sind. | 06 | 1 = Ja |

## Familienstiftungen nach § 15 AStG (lt. Feststellung)

| | | | EUR | Ct |
|---|---|---|---|---|
| 58 | Einkünfte einer ausländischen Familienstiftung, die **nicht** der tariflichen Einkommensteuer unterliegen<br>Bezeichnung, Finanzamt und Steuernummer | 38 | | — |
| 59 | Anzurechnende ausländische Steuern (zu Zeile 58) | 08 | | , |
| 60 | Einkünfte einer ausländischen Familienstiftung, die der tariflichen Einkommensteuer unterliegen (siehe Zeile 18 der Anlage AUS) | 78 | | — |

## Steuerstundungsmodelle

| | | | EUR | |
|---|---|---|---|---|
| 61 | Einkünfte aus Gesellschaften / Gemeinschaften / ähnlichen Modellen i. S. d. § 15b EStG (lt. gesonderter Aufstellung) | | | — |

| | | |
|---|---|---|
| 1 | **Name** STEUER | **Anlage KAP** |
| 2 | **Vorname** SIEGLINDE | ☒ zur Einkommensteuererklärung |
| 3 | **Steuernummer** 12/345/678910 | ☐ zur Erklärung zur Festsetzung der Kirchensteuer auf Kapitalerträge |
| | | ☐ stpfl. Person / Ehemann / Person A |
| | | ☒ Ehefrau / Person B |

## Einkünfte aus Kapitalvermögen / Anrechnung von Steuern

### Anträge

**54**

| 4 | Ich beantrage die Günstigerprüfung für sämtliche Kapitalerträge. (Bei Zusammenveranlagung: Die Anlage KAP meines Ehegatten / Lebenspartners ist beigefügt.) | 01 | 1 | 1 = Ja |
|---|---|---|---|---|
| 5 | Ich beantrage eine Überprüfung des Steuereinbehalts für bestimmte Kapitalerträge. | 02 | | 1 = Ja |

### Erklärung zur Kirchensteuerpflicht

| 6 | Ich bin kirchensteuerpflichtig und habe Kapitalerträge erzielt, von denen Kapitalertragsteuer, aber keine Kirchensteuer einbehalten wurde. | 03 | | 1 = Ja |
|---|---|---|---|---|

### Kapitalerträge, die dem inländischen Steuerabzug unterlegen haben

| | | | Beträge lt. Steuerbescheinigung(en) EUR | | korrigierte Beträge (lt. gesonderter Aufstellung) EUR |
|---|---|---|---|---|---|
| 7 | Kapitalerträge | 10 | 602,— | 20 | , |
| 8 | In Zeile 7 enthaltene Gewinne aus Aktien- veräußerungen | 12 | , | 22 | , |
| 8a | In Zeile 7 enthaltene Gewinne aus der Veräuße- rung bestandsgeschützter Alt-Anteile i. S. d. § 56 Abs. 6 Satz 1 Nr. 2 InvStG | 19 | , | 29 | , |
| 9 | In Zeile 7 enthaltene Ersatzbemessungsgrundlage | 14 | , | 24 | , |
| 10 | Nicht ausgeglichene Verluste **ohne** Verluste aus der Veräußerung von Aktien | 15 | , | 25 | , |
| 11 | Nicht ausgeglichene Verluste aus der Veräußerung von Aktien | 16 | , | 26 | , |

### Sparer-Pauschbetrag

| 12 | In Anspruch genommener Sparer-Pauschbetrag, der auf die in den Zeilen 7 bis 11, 23 und 26 erklärten Kapitalerträge entfällt (ggf. „0") | 17 | EUR 602,— |
|---|---|---|---|
| 13 | Bei Eintragungen in den Zeilen 7 bis 11, 14 bis 20, 23, 26, 58 und 60 dieser Anlage, in den Zeilen 6 bis 18, 21 und 22 der Anlage KAP-BET sowie in der Anlage KAP-INV: In Anspruch genommener Sparer-Pauschbetrag, der auf die in der Anlage KAP **nicht** erklärten Kapitalerträge entfällt (ggf. „0") | 18 | , |

### Kapitalerträge, die nicht dem inländischen Steuerabzug unterlegen haben

– ohne Investmenterträge lt. Anlage KAP-INV –

| | | | EUR |
|---|---|---|---|
| 14 | Inländische Kapitalerträge (ohne Betrag lt. Zeile 19) | 30 | , |
| 15 | Ausländische Kapitalerträge (ohne Betrag lt. Zeile 58) | 34 | , |
| 16 | In den Zeilen 14 und 15 enthaltene Gewinne aus Aktienveräußerungen i. S. d. § 20 Abs. 2 Satz 1 Nr. 1 EStG | 32 | , |
| 17 | In den Zeilen 14 und 15 enthaltene Verluste **ohne** Verluste aus der Veräußerung von Aktien | 35 | , |
| 18 | In den Zeilen 14 und 15 enthaltene Verluste aus der Veräußerung von Aktien i. S. d. § 20 Abs. 2 Satz 1 Nr. 1 EStG | 36 | , |
| 19 | Zinsen, die vom Finanzamt für Steuererstattungen gezahlt wurden | 60 | , |

### Kapitalerträge, die der tariflichen Einkommensteuer unterliegen

(nicht in den Zeilen 7, 14 und 15 der Anlage KAP sowie in den Zeilen 6 und 11 der Anlage KAP-BET enthalten)

| | | | EUR |
|---|---|---|---|
| 20 | Hinzurechnungsbetrag nach § 10 AStG | 75 | , |
| 21 | Laufende Einkünfte aus sonstigen Kapitalforderungen jeder Art, aus stiller Gesellschaft und partiarischen Darlehen (ohne Betrag lt. Zeile 60) | 70 | , |
| 22 | Gewinn aus der Veräußerung oder Einlösung von Kapitalanlagen lt. Zeile 21 | 71 | , |
| 23 | Kapitalerträge aus Lebensversicherungen i. S. d. § 20 Abs. 1 Nr. 6 Satz 2 EStG | 68 | , |
| 24 | Ich beantrage für die Einkünfte lt. Zeile 25 die Anwendung der tariflichen Einkommensteuer. – bitte Anleitung beachten – | | 1 = Ja |
| 25 | Laufende Einkünfte aus einer unternehmerischen Beteiligung an einer Kapitalgesellschaft Gesellschaft, Finanzamt und Steuernummer | 72 | EUR , |
| 26 | Bezüge und Einnahmen i. S. d. § 32d Abs. 2 Nr. 4 EStG (ohne Betrag lt. Zeile 60) – Korrespondenzprinzip – | 77 | , |
| 27 | Ich habe Einkünfte aus Spezial-Investmentanteilen i. S. d. § 20 Abs. 1 Nr. 3a EStG erzielt. (lt. gesonderter Aufstellung) | 09 | 1 = Ja |

| 1 | Name | S T E U E R |
|---|------|-------------|

| 2 | Vorname | H E I N Z |
|---|---------|-----------|

**Anlage Kind**
Für jedes Kind bitte eine
eigene Anlage Kind abgeben.

Daten für die mit ⓔ gekennzeichneten
Zeilen liegen im Regelfall vor und müssen,
wenn sie zutreffend sind, nicht ausgefüllt
werden.
– Bitte Infoblatt eDaten / Anleitung beachten –

| 3 | **Steuernummer** | 1 2 / 3 4 5 / 6 7 8 9 1 0 | lfd. Nr. der Anlage | |
|---|---|---|---|---|

## Angaben zum Kind

3

| 4 | **Identifikationsnummer** 01 | 4 7 1 1 0 8 1 5 4 7 1 |
|---|---|---|

| 5 | Vorname A L E X A N D E R | ggf. abweichender Familienname |
|---|---|---|

| 6 | Geburtsdatum 16 1 7 0 3 1 9 9 4 | Anspruch auf Kindergeld oder vergleichbare Leistungen für 2019 15 | EUR 5 8 2 ,— |
|---|---|---|---|

| 7 | Für die Kindergeldfestsetzung zuständige Familienkasse B E R L I N   S Ü D |
|---|---|

| 8 | Wohnsitz im Inland 00 | vom 0 1 0 1 | bis 3 1 1 2 | Wohnsitz im Ausland 07 | vom T T M M | bis T T M M |
|---|---|---|---|---|---|---|

| 9 | ggf. abweichende Adresse (bei Wohnsitz im Ausland bitte auch den Staat angeben) (Kz 14) |
|---|---|

## Kindschaftsverhältnis zur stpfl. Person / Ehemann / Person A
## Kindschaftsverhältnis zur Ehefrau / Person B

| 10 | 02 1 | 1 = leibliches Kind / Adoptivkind | 2 = Pflegekind | 3 = Enkelkind / Stiefkind | 03 1 | 1 = leibliches Kind / Adoptivkind | 2 = Pflegekind | 3 = Enkelkind / Stiefkind |
|---|---|---|---|---|---|---|---|---|

## Kindschaftsverhältnis zu einer anderen Person

| 11 | Name, Vorname | Geburtsdatum dieser Person T T M M J J J J 04 | Dauer des Kindschaftsverhältnisses vom / bis |
|---|---|---|---|

| 12 | Letzte bekannte Adresse | Art des Kindschaftsverhältnisses 1 = leibliches Kind / Adoptivkind 2 = Pflegekind |
|---|---|---|

| 13 | Der andere Elternteil lebte im Ausland | 37 T T M M J J J J |
|---|---|---|

| 14 | Das Kindschaftsverhältnis zum anderen Elternteil ist durch dessen Tod erloschen am | 06 T T M M J J J J |
|---|---|---|

| 15 | Der Wohnsitz oder gewöhnliche Aufenthalt des anderen Elternteiles ist nicht zu ermitteln oder der Vater des Kindes ist amtlich nicht feststellbar | 05 1 = Ja |
|---|---|---|

## Angaben für ein volljähriges Kind

Das Kind
– befand sich in einer Schul-, Hochschul- oder Berufsausbildung,
– befand sich in einer Übergangszeit von höchstens vier Monaten (z. B. zwischen zwei Ausbildungsabschnitten),
– konnte eine Berufsausbildung mangels Ausbildungsplatzes nicht beginnen oder fortsetzen und / oder
– hat ein freiwilliges soziales oder ökologisches Jahr (Jugendfreiwilligendienstegesetz), eine europäische Freiwilligenaktivität, einen entwicklungspolitischen Freiwilligendienst, einen Freiwilligendienst aller Generationen (§ 2 Abs. 1a SGB VII), einen Internationalen Jugendfreiwilligendienst, Bundesfreiwilligendienst oder einen Anderen Dienst im Ausland (§ 5 Bundesfreiwilligendienstgesetz) geleistet.
(Folgen diese Abschnitte unmittelbar aufeinander, sind sie zu einem Zeitraum zusammenzufassen.)

| 16 | 1. Zeitraum vom 80 0 1 0 1 2 0 1 9 | bis 3 1 1 2 2 0 1 9 | 2. Zeitraum vom 81 T T M M J J J J | bis T T M M J J J J |
|---|---|---|---|---|

| 17 | Erläuterungen zu den Berücksichtigungszeiträumen | A U S B I L D U N G / S T U D I U M |
|---|---|---|

| 18 | Das Kind war ohne Beschäftigung und bei einer Agentur für Arbeit als arbeitsuchend gemeldet | 82 T T M M J J J J   T T M M J J J J |
|---|---|---|

| 19 | Das Kind war wegen einer vor Vollendung des 25. Lebensjahres eingetretenen Behinderung außerstande, sich selbst finanziell zu unterhalten (Bitte Anleitung beachten.) | 83 T T M M J J J J   T T M M J J J J |
|---|---|---|

| 20 | Das Kind hat den gesetzlichen Grundwehr- / Zivildienst oder einen davon befreienden Dienst geleistet, der vor dem 1.7.2011 begonnen hat | T T M M J J J J   T T M M J J J J |
|---|---|---|

## Angaben zur Erwerbstätigkeit eines volljährigen Kindes (nur bei Eintragungen in Zeile 16)

| 21 | Das Kind hat bereits eine erstmalige Berufsausbildung oder ein Erststudium abgeschlossen | 84 2 | 1 = Ja 2 = Nein |
|---|---|---|---|

| 22 | Falls Zeile 21 mit „Ja" beantwortet wurde: Das Kind war erwerbstätig (kein Ausbildungsdienstverhältnis) | 1 = Ja 2 = Nein |
|---|---|---|

| 23 | Falls Zeile 22 mit „Ja" beantwortet wurde: Das Kind übte eine / mehrere geringfügige Beschäftigung(en) im Sinne der §§ 8, 8a SGB IV (sog. Minijob) aus | 1 = Ja 2 = Nein | Beschäftigungszeitraum | vom T T M M | bis T T M M |
|---|---|---|---|---|---|

| 24 | Das Kind übte andere Erwerbstätigkeiten aus (bei mehreren Erwerbstätigkeiten bitte Angaben lt. gesonderter Aufstellung) | 1 = Ja 2 = Nein | Erwerbszeitraum | vom T T M M | bis T T M M |
|---|---|---|---|---|---|

| 25 | (Vereinbarte) regelmäßige wöchentliche Arbeitszeit der Tätigkeit(en) | lt. Zeile 23 Stunden | lt. Zeile 24 Stunden |
|---|---|---|---|

## Freibetrag zur Abgeltung eines Sonderbedarfs bei Berufsausbildung eines volljährigen Kindes

|  | | 1. Zeitraum | | | 2. Zeitraum | |
|---|---|---|---|---|---|---|
| | | vom | bis | | vom | bis |
| 61 | Das Kind war auswärtig untergebracht | 85 **0 1 0 1** | **3 1 1 2** | 86 T T M M | | T T M M |

**62** Es handelte sich zumindest zeitweise um eine auswärtige Unterbringung im Ausland    87 ☐   1 = Ja

Anschrift(en), Staat(en) falls im Ausland

**63**    *14469 POTSDAM, BREITER WEG 14*

**64** **Nur bei nicht zusammen veranlagten Eltern:**
Laut gesondertem gemeinsamen Antrag ist der Freibetrag zur Abgeltung eines Sonderbedarfs bei Berufsausbildung in einem anderen Verhältnis als je zur Hälfte aufzuteilen. Der bei mir zu berücksichtigende Anteil beträgt    88 ☐☐☐ **%**

## Schulgeld

für den Besuch einer Privatschule (Bezeichnung der Schule oder deren Träger)      Gesamtaufwendungen der Eltern EUR

**65**    24 ☐☐☐☐☐ **,—**

**66** **Nur bei nicht zusammen veranlagten Eltern:**
Das von mir übernommene Schulgeld beträgt    56 ☐☐☐☐☐ **,—**

**67** Laut gesondertem gemeinsamen Antrag ist für das Kind der Höchstbetrag für das Schulgeld in einem anderen Verhältnis als je zur Hälfte aufzuteilen. Der bei mir zu berücksichtigende Anteil beträgt    57 ☐☐☐ **%**

## Übertragung des Behinderten- und / oder Hinterbliebenen-Pauschbetrags

– bei erstmaliger Beantragung / Änderung bitte Nachweis einreichen –

Die Übertragung des **Behinderten-Pauschbetrags** wird beantragt:

| | Ausweis / Rentenbescheid / Bescheinigung | | unbefristet gültig | Grad der Behinderung |
|---|---|---|---|---|
| | gültig von    bis | | | |
| 68 | M M J J    M M J J | | X | 25 ☐☐☐ |

**69** Das Kind ist    – geh- und stehbehindert    ☐ 1 = Ja

**70**      – blind / ständig hilflos    55 ☐ 1 = Ja

**71** Die Übertragung des **Hinterbliebenen-Pauschbetrags** wird beantragt:    26 ☐ 1 = Ja

**72** **Nur bei nicht zusammen veranlagten Eltern:**
Laut gesondertem gemeinsamen Antrag sind die für das Kind zu gewährenden Pauschbeträge für Behinderte / Hinterbliebene in einem anderen Verhältnis als je zur Hälfte aufzuteilen. Der bei mir zu berücksichtigende Anteil beträgt    28 ☐☐☐ **%**

## Kinderbetreuungskosten

| | Art der Dienstleistung, Name und Anschrift des Dienstleisters | vom | bis | Gesamtaufwendungen der Eltern EUR |
|---|---|---|---|---|
| 73 | | T T M M | T T M M | 51 ☐☐☐☐☐ **,—** |
| 74 | Steuerfreier Ersatz (z. B. vom Arbeitgeber), Erstattungen | T T M M | T T M M | 79 ☐☐☐☐☐ **,—** |

| | | vom | bis | | vom | bis |
|---|---|---|---|---|---|---|
| 75 | Es bestand ein **gemeinsamer** Haushalt der Elternteile | T T M M | T T M M | Das Kind gehörte zu unserem Haushalt | T T M M | T T M M |
| 76 | Es bestand **kein gemeinsamer** Haushalt der Elternteile | T T M M | T T M M | Das Kind gehörte zu meinem Haushalt | T T M M | T T M M |
| 77 | | | | Das Kind gehörte zum Haushalt des anderen Elternteils | T T M M | T T M M |

**78** **Nur bei nicht zusammen veranlagten Eltern:**
Ich habe Kinderbetreuungskosten in folgender Höhe getragen    vom T T M M   bis T T M M    Aufwendungen EUR ☐☐☐☐☐ **,—**

**79** Laut übereinstimmendem Antrag ist für das Kind der Höchstbetrag für die Kinderbetreuung in einem anderen Verhältnis als je zur Hälfte aufzuteilen. Der bei mir zu berücksichtigende Anteil beträgt    ☐☐☐ **%**

| 1 | Name S T E U E R | |
|---|---|---|

**Anlage Vorsorgeaufwand**

| 2 | Vorname H E I N Z |
|---|---|

| 3 | Steuernummer 1 2 / 3 4 5 / 6 7 8 9 1 0 |
|---|---|

Daten für die mit ⓔ gekennzeichneten Zeilen liegen im Regelfall vor und müssen, wenn sie zutreffend sind, nicht ausgefüllt werden.
– Bitte Infoblatt eDaten / Anleitung beachten –

`52`

## Angaben zu Vorsorgeaufwendungen

### Beiträge zur Altersvorsorge

| | | | stpfl. Person / Ehemann / Person A EUR | | Ehefrau / Person B EUR | |
|---|---|---|---|---|---|---|
| 4 | Arbeitnehmeranteil lt. Nr. 23 a/b der Lohnsteuerbescheinigung | 300 | | – 400 | 7 8 2 , | ⓔ |
| 5 | Beiträge zur landwirtschaftlichen Alterskasse, zu berufsständischen Versorgungseinrichtungen, die den gesetzlichen Rentenversicherungen vergleichbare Leistungen erbringen (abzüglich steuerfreier Zuschüsse lt. Nr. 22 b der Lohnsteuerbescheinigung) – ohne Beiträge, die in Zeile 4 geltend gemacht werden – | 301 | | – 401 | , | |
| 6 | Beiträge zu gesetzlichen Rentenversicherungen – ohne Beiträge, die in Zeile 4 geltend gemacht werden – | 302 | | – 402 | , | |
| 7 | Erstattete Beiträge und / oder steuerfreie Zuschüsse zu den Zeilen 4 bis 6 (ohne Zuschüsse, die von den Beiträgen lt. Zeile 8 abzuziehen sind und ohne Zuschüsse lt. Zeile 9 und 10) | 309 | | – 409 | , | ⓔ |
| 8 | Beiträge zu zertifizierten Basisrentenverträgen (sog. Rürup-Verträge) mit Laufzeitbeginn nach dem 31.12.2004 (abzüglich steuerfreier Zuschüsse) – ohne Altersvorsorgebeiträge, die in der Anlage AV geltend gemacht werden – | 303 | | – 403 | , | ⓔ |
| 9 | Arbeitgeberanteil / -zuschuss lt. Nr. 22 a/b der Lohnsteuerbescheinigung | 304 | | – 404 | 7 8 2 , | ⓔ |
| 10 | Arbeitgeberanteil zu gesetzlichen Rentenversicherungen im Rahmen einer pauschal besteuerten geringfügigen Beschäftigung (bitte Anleitung beachten) | 306 | | – 406 | , | |

### Beiträge zur inländischen gesetzlichen Kranken- und Pflegeversicherung

| 11 | Arbeitnehmerbeiträge zu Krankenversicherungen lt. Nr. 25 der Lohnsteuerbescheinigung | 320 | | – 420 | 6 5 1 , | ⓔ |
|---|---|---|---|---|---|---|
| 12 | In Zeile 11 enthaltene Beiträge, aus denen sich kein Anspruch auf Krankengeld ergibt | 322 | | – 422 | , | |
| 13 | Arbeitnehmerbeiträge zu sozialen Pflegeversicherungen lt. Nr. 26 der Lohnsteuerbescheinigung | 323 | | – 423 | 1 2 9 , | ⓔ |
| 14 | Zu den Zeilen 11 bis 13: Von der Kranken- und / oder sozialen Pflegeversicherung erstattete Beiträge | 324 | | – 424 | , | ⓔ |
| 15 | In Zeile 14 enthaltene Beiträge zur Krankenversicherung, aus denen sich kein Anspruch auf Krankengeld ergibt, und zur sozialen Pflegeversicherung | 325 | | – 425 | , | |
| 16 | Beiträge zu Krankenversicherungen – ohne Beiträge, die in Zeile 11 geltend gemacht werden – (z. B. bei Rentnern, bei freiwillig gesetzlich versicherten Selbstzahlern) | 326 | | – 426 | 7 0 7 , | ⓔ |
| 17 | In Zeile 16 enthaltene Beiträge zur Krankenversicherung, aus denen sich ein Anspruch auf Krankengeld ergibt | 328 | | – 428 | , | |
| 18 | Beiträge zu sozialen Pflegeversicherungen – ohne Beiträge, die in Zeile 13 geltend gemacht werden – (z. B. bei Rentnern, bei freiwillig gesetzlich versicherten Selbstzahlern) | 329 | | – 429 | 2 7 9 , | ⓔ |
| 19 | Zu den Zeilen 16 bis 18: Von der Kranken- und / oder sozialen Pflegeversicherung erstattete Beiträge | 330 | | – 430 | , | ⓔ |
| 20 | In Zeile 19 enthaltene Beiträge zur Krankenversicherung, aus denen sich ein Anspruch auf Krankengeld ergibt | 331 | | – 431 | , | |
| 21 | Zuschuss zu den Beiträgen lt. Zeile 16 und / oder 18 – ohne Beträge lt. Zeile 37 und 39 – (z. B. von der Deutschen Rentenversicherung) | 332 | | – 432 | , | ⓔ |
| 22 | Über die Basisabsicherung hinausgehende Beiträge zu Krankenversicherungen (z. B. für Wahlleistungen, Zusatzversicherungen) abzüglich erstatteter Beiträge | 338 | | , | 438 | , |

### Beiträge zur inländischen privaten Kranken- und Pflegeversicherung

| 23 | Beiträge zu Krankenversicherungen (nur Basisabsicherung, keine Wahlleistungen) | 350 | 1 9 3 7 | – 450 | , | – ⓔ |
|---|---|---|---|---|---|---|
| 24 | Beiträge zu Pflege-Pflichtversicherungen | 351 | 3 5 5 , | 451 | , | – ⓔ |
| 25 | Zu den Zeilen 23 und 24: Von der privaten Kranken- und / oder Pflege-Pflichtversicherung erstattete Beiträge | 352 | 4 4 4 , | – 452 | , | – ⓔ |
| 26 | Zuschuss von dritter Seite zu den Beiträgen lt. Zeile 23 und / oder 24 (z. B. von der Deutschen Rentenversicherung) | 353 | 0 , | 453 | , | – ⓔ |
| 27 | Über die Basisabsicherung hinausgehende Beiträge zu Krankenversicherungen (z. B. für Wahlleistungen, Zusatzversicherungen) abzüglich erstatteter Beiträge | 354 | 4 1 3 , | – 454 | , | – |
| 28 | Beiträge (abzüglich erstatteter Beiträge) zu zusätzlichen Pflegeversicherungen (ohne Pflege-Pflichtversicherung) | 355 | , | 455 | , | – |

## Beiträge zur ausländischen gesetzlichen oder privaten Kranken- und Pflegeversicherung

| | | stpfl. Person / Ehemann / Person A EUR | | Ehefrau / Person B EUR | |
|---|---|---|---|---|---|
| 31 | Beiträge (abzüglich steuerfreier Zuschüsse – ohne Beträge lt. Zeile 37 –) zur Krankenversicherung, die mit einer inländischen Krankenversicherung vergleichbar ist (nur Basisabsicherung, keine Wahlleistungen) | 333 | , – | 433 | , – |
| 32 | In Zeile 31 enthaltene Beiträge zur Krankenversicherung, aus denen sich kein Anspruch auf Krankengeld ergibt | 334 | , | 434 | , |
| 33 | Beiträge (abzüglich steuerfreier Zuschüsse – ohne Beträge lt. Zeile 39 –) zur sozialen Pflegeversicherung / Pflege-Pflichtversicherung, die mit einer inländischen Pflegeversicherung vergleichbar ist | 335 | , – | 435 | , – |
| 34 | Zu den Zeilen 31 bis 33: Von der Kranken- und / oder sozialen Pflegeversicherung / Pflege-Pflichtversicherung erstattete Beiträge | 336 | , | 436 | , |
| 35 | In Zeile 34 enthaltene Beiträge zur Krankenversicherung, aus denen sich kein Anspruch auf Krankengeld ergibt, und zur sozialen Pflegeversicherung | 337 | , | 437 | , |
| 36 | Über die Basisabsicherung hinausgehende Beiträge (abzüglich erstatteter Beiträge) zu Krankenversicherungen und zusätzlichen Pflegeversicherungen (z. B. für Wahlleistungen, Zusatzversicherungen) | 339 | , – | 439 | , – |

## Steuerfreie Arbeitgeberzuschüsse

| | | | | | |
|---|---|---|---|---|---|
| 37 | Gesetzliche Krankenversicherung lt. Nr. 24 a der Lohnsteuerbescheinigung | 360 | , – | 460 | , – e |
| 38 | Private Krankenversicherung lt. Nr. 24 b der Lohnsteuerbescheinigung | 361 | , – | 461 | , – e |
| 39 | Gesetzliche Pflegeversicherung lt. Nr. 24 c der Lohnsteuerbescheinigung | 362 | , – | 462 | , – e |

## Als Versicherungsnehmer für andere Personen übernommene Kranken- und Pflegeversicherungsbeiträge

– „Andere Personen" sind z. B. Kinder, für die **kein** Anspruch auf Kindergeld / Kinderfreibetrag besteht (bei Anspruch auf Kindergeld / Kinderfreibetrag sind die Eintragungen in den Zeilen 31 bis 42 der Anlage Kind vorzunehmen). –

| | | | |
|---|---|---|---|
| 40 | 600 IdNr. der mitversicherten Person | | Name, Vorname, Geburtsdatum der mitversicherten Person |

| | | stpfl. Person / Ehegatten / Lebenspartner EUR | |
|---|---|---|---|
| 41 | Beiträge (abzüglich steuerfreier Zuschüsse) zu privaten Krankenversicherungen (nur Basisabsicherung, keine Wahlleistungen) | 601 | , – e |
| 42 | Beiträge (abzüglich steuerfreier Zuschüsse) zu Pflege-Pflichtversicherungen | 602 | , – e |
| 43 | Zu den Zeilen 41 und 42: Von der privaten Kranken- und / oder Pflege-Pflichtversicherung erstattete Beiträge | 603 | , – e |
| 44 | Beiträge (abzüglich erstatteter Beiträge) zu privaten Kranken- und / oder Pflegeversicherungen (ohne Basisabsicherung, z. B. für Wahlleistungen, Zusatzversicherungen) | 604 | , – |

## Weitere sonstige Vorsorgeaufwendungen

| | | stpfl. Person / Ehemann / Person A EUR | | Ehefrau / Person B EUR | |
|---|---|---|---|---|---|
| 45 | Arbeitnehmerbeiträge zur Arbeitslosenversicherung lt. Nr. 27 der Lohnsteuerbescheinigung | 370 | , – | 470 | 1 0 5 , – e |

Beiträge (abzüglich steuerfreier Zuschüsse und erstatteter Beiträge) zu

| | | stpfl. Person / Ehegatten / Lebenspartner EUR | |
|---|---|---|---|
| 46 | – Versicherungen gegen Arbeitslosigkeit – ohne Beiträge, die in Zeile 45 geltend gemacht werden – | 500 | , |
| 47 | – freiwilligen eigenständigen Erwerbs- und Berufsunfähigkeitsversicherungen | 501 | , |
| 48 | – Unfall- und Haftpflichtversicherungen sowie Risikoversicherungen, die nur für den Todesfall eine Leistung vorsehen | 502 | 4 8 6 , – |
| 49 | – Rentenversicherungen mit Kapitalwahlrecht und / oder Kapitallebensversicherungen mit einer Laufzeit von mindestens 12 Jahren sowie einem Laufzeitbeginn und der ersten Beitragszahlung vor dem 1.1.2005 | 503 | , |
| 50 | – Rentenversicherungen ohne Kapitalwahlrecht mit Laufzeitbeginn und erster Beitragszahlung vor dem 1.1.2005 (auch steuerpflichtige Beiträge zu Versorgungs- und Pensionskassen) – ohne Altersvorsorgebeiträge, die in der Anlage AV geltend gemacht werden – | 504 | , |

## Ergänzende Angaben zu Vorsorgeaufwendungen

| | | stpfl. Person / Ehemann / Person A | | Ehefrau / Person B | |
|---|---|---|---|---|---|
| 51 | Haben Sie zu Ihrer Krankenversicherung oder Ihren Krankheitskosten Anspruch auf steuerfreie Zuschüsse, steuerfreie Arbeitgeberbeiträge oder steuerfreie Beihilfen? | 307 | 2 = Nein | 407 | 2 = Nein |
| 52 | Es bestand 2019 keine gesetzliche Rentenversicherungspflicht aus dem **aktiven** Dienstverhältnis / aus der Tätigkeit – als Beamter / Beamtin | 380 | 1 = Ja | 480 | 1 = Ja |
| 53 | – als Vorstandsmitglied / GmbH-Gesellschafter-Geschäftsführer/in | 381 | 1 = Ja | 481 | 1 = Ja |
| 54 | – als (z. B. Praktikant/in, Student/in im Praktikum) Bezeichnung | 382 | 1 = Ja | 482 | 1 = Ja |
| 55 | Aufgrund des genannten Dienstverhältnisses / der Tätigkeit bestand hingegen eine Anwartschaft auf Altersversorgung | 383 | 1 = Ja 2 = Nein | 483 | 1 = Ja 2 = Nein |
| 56 | Die Anwartschaft auf Altersversorgung wurde ganz oder teilweise ohne eigene Beitragsleistungen erworben | 384 | 1 = Ja 2 = Nein | 484 | 1 = Ja 2 = Nein |
| 57 | Es wurde Arbeitslohn aus einem **nicht aktiven** Dienstverhältnis – insbesondere Betriebsrente / Werkspension – bezogen, bei dem es sich nicht um steuerbegünstigte Versorgungsbezüge (Zeilen 11 bis 16 der Anlage N) handelt. Bei Altersteilzeit ist hier keine Eintragung vorzunehmen. | 385 | 1 = Ja | 485 | 1 = Ja |

## Anlage Unterhalt

**Für jeden unterstützten Haushalt bitte eine eigene Anlage Unterhalt abgeben.**

1 Name: STEUER

2 Vorname: HEINZ

3 **Steuernummer** 12/345/678910 — lfd. Nr. der Anlage:

### Angaben zu Unterhaltsleistungen an bedürftige Personen

**Haushalt, in dem die unterstützte(n) Person(en) lebte(n)** — 53

Anschrift dieses Haushaltes

4 14469 POTSDAM, BREITER WEG 14

Wohnsitzstaat, wenn Ausland

5

**Die Eintragungen in den Zeilen 6 bis 10 und 17 bis 26 sind nur in der ersten Anlage Unterhalt je Haushalt erforderlich.**

6 Anzahl der Personen, die in dem Haushalt lt. Zeile 4 lebten — Anzahl: 01

**Aufwendungen für den Unterhalt**

| Zeile | | vom | bis | Gesamtaufwendungen EUR |
|---|---|---|---|---|
| 7 | Erster Unterstützungszeitraum, für den Unterhalt geleistet wurde, und Höhe der Aufwendungen (einschließlich von mir getragener Beträge lt. den Zeilen 11 bis 25) | 0104 | 3112 | 5400,– |
| 8 | Zeitpunkt der ersten Unterhaltsleistung für den ersten Unterstützungszeitraum im Kalenderjahr | TTMMJJJJ | | |
| 9 | Zweiter Unterstützungszeitraum, für den Unterhalt geleistet wurde, und Höhe der Aufwendungen (einschließlich von mir getragener Beträge lt. den Zeilen 11 bis 25) | TTMM | TTMM | ,– |
| 10 | Zeitpunkt der ersten Unterhaltsleistung für den zweiten Unterstützungszeitraum im Kalenderjahr | TTMMJJJJ | | |

Beiträge zu Basis-Kranken- und gesetzlichen Pflegeversicherungen, die von der / den unterstützten Person(en) als Versicherungsnehmer geschuldet wurden.

| Zeile | | Auf den ersten Unterstützungszeitraum entfallen EUR | Auf den zweiten Unterstützungszeitraum entfallen EUR |
|---|---|---|---|
| 11 | Basis-Kranken- und gesetzliche Pflegeversicherungsbeiträge (abzüglich steuerfreier Zuschüsse und erstatteter Beiträge) für die unterstützte Person lt. Zeile 32 | 611,– | ,– |
| 12 | in Zeile 11 enthaltene Beiträge, aus denen sich ein Anspruch auf Krankengeld ergibt | ,– | ,– |
| 13 | Basis-Kranken- und gesetzliche Pflegeversicherungsbeiträge (abzüglich steuerfreier Zuschüsse und erstatteter Beiträge) für die unterstützte Person lt. Zeile 62 | 164,– | ,– |
| 14 | In Zeile 13 enthaltene Beiträge, aus denen sich ein Anspruch auf Krankengeld ergibt | ,– | ,– |
| 15 | Basis-Kranken- und gesetzliche Pflegeversicherungsbeiträge (abzüglich steuerfreier Zuschüsse und erstatteter Beiträge) für die unterstützte Person lt. Zeile 92 | ,– | ,– |
| 16 | In Zeile 15 enthaltene Beiträge, aus denen sich ein Anspruch auf Krankengeld ergibt | ,– | ,– |

**Unterhaltsleistungen an im Ausland lebende Personen**

| Zeile | | Einreisedatum | Übergabedatum | EUR |
|---|---|---|---|---|
| 17 | X Unterhaltszahlungen durch Bank- oder Postüberweisung | | | ,– |
| 18 | X Unterhaltszahlungen durch Übergabe von Bargeld | | | |
| 19 | Mitgenommene Beträge | TTMMJJJJ | TTMMJJJJ | ,– |
| 20 | | TTMMJJJJ | TTMMJJJJ | ,– |
| 21 | X Unterhaltszahlungen im Rahmen von Familienheimfahrten zum Ehegatten / Lebenspartner | | | |
| 22 | | TTMMJJJJ | TTMMJJJJ | ,– |
| 23 | | TTMMJJJJ | TTMMJJJJ | ,– |
| 24 | | TTMMJJJJ | TTMMJJJJ | ,– |
| 25 | | TTMMJJJJ | TTMMJJJJ | ,– |
| 26 | Nettomonatslohn der unterstützenden stpfl. Person | | | ,– |

## Allgemeine Angaben zur unterstützten Person

**31** Identifikationsnummer: 4 7 1 1 0 8 1 5 4 7 1     lfd. Nr.

**32** Name, Vorname: STEUER, ALEXANDER    Geburtsdatum: 1 7 0 3 1 9 9 4    wenn 2019 verstorben / Sterbedatum: T T M M J J J J

**33** Beruf, Familienstand: STUDENT, LEDIG    Verwandtschaftsverhältnis zur unterstützenden Person: SOHN

**Bei Unterhaltsempfängern im Ausland:**

**34** Die von der Heimatbehörde und der unterstützten Person bestätigte Unterhaltserklärung über die Bedürftigkeit liegt mir vor.    [ ]   1 = Ja / 2 = Nein

**35** Name, Vorname des im selben Haushalt lebenden Ehegatten / Lebenspartners    Name, Vorname:

**36** Die unterstützte Person lebte in meinem inländischen Haushalt.   **2**   1 = Ja / 2 = Nein    Falls ja (wenn nicht ganzjährig) vom: T T M M   bis: T T M M

**37** Hatte jemand für diese Person Anspruch auf Kindergeld oder Freibeträge für Kinder?   **1**   1 = Ja / 2 = Nein    Falls ja (wenn nicht ganzjährig) vom: 0 1 0 1   bis: 3 1 0 3

**38** Die unterstützte Person ist mein – geschiedener Ehegatte – Lebenspartner einer aufgehobenen Lebenspartnerschaft – dauernd getrennt lebender Ehegatte / Lebenspartner (kein Abzug von Sonderausgaben nach § 10 Abs. 1a Nr. 1 EStG, keine Zusammenveranlagung).   **2**   1 = Ja / 2 = Nein

**39** Die unterstützte Person ist mein nicht dauernd getrennt lebender und nicht unbeschränkt einkommensteuerpflichtiger Ehegatte / Lebenspartner   **2**   1 = Ja / 2 = Nein

**40** Die unterstützte Person ist als Kindesmutter / Kindesvater gesetzlich unterhaltsberechtigt (bis zur Vollendung des dritten Lebensjahres des Kindes).   **2**   1 = Ja / 2 = Nein    Falls ja (wenn nicht ganzjährig) vom: T T M M   bis: T T M M

**41** Die unterstützte Person ist nicht unterhaltsberechtigt, jedoch wurden oder würden bei ihr wegen der Unterhaltszahlungen öffentliche Mittel gekürzt oder nicht gewährt.   **2**   1 = Ja / 2 = Nein    Falls ja (wenn nicht ganzjährig) vom: T T M M   bis: T T M M

**42** Gesamtwert des Vermögens der unterstützten Person    EUR: 0 ,—

**43** Zum Unterhalt der bedürftigen Person haben auch beigetragen (Name, Anschrift)

**44** vom: T T M M   bis: T T M M    Betrag    EUR: ,—

## Einkünfte und Bezüge der unterstützten Person

| Diese Person hatte | | Bruttoarbeitslohn | darauf entfallende Werbungskosten (ohne Werbungskosten zu Versorgungsbezügen) | Versorgungsbezüge – im Arbeitslohn enthalten – | Bemessungsgrundlage für den Versorgungsfreibetrag | Werbungskosten zu Versorgungsbezügen |
|---|---|---|---|---|---|---|
| vom | bis | EUR | EUR | EUR | EUR | EUR |
| **45** 0 1 0 4 | 3 1 1 2 | 3 3 2 0 | | | | |
| **46** T T M M | T T M M | | | | | |

| maßgebendes Kalenderjahr des Versorgungsbeginns Jahr | | | | Renten EUR | steuerpflichtiger Teil der Rente EUR | Werbungskosten zu Renten EUR |
|---|---|---|---|---|---|---|
| | | vom | bis | | | |
| **47** | | T T M M | T T M M | | | |
| **48** | | T T M M | T T M M | | | |

| | | Einkünfte aus Kapitalvermögen (tarifliche Einkommensteuer) | | | | Übrige Einkünfte |
|---|---|---|---|---|---|---|
| vom | bis | EUR | | vom | bis | EUR |
| **49** T T M M | T T M M | | | T T M M | T T M M | |
| **50** T T M M | T T M M | | | T T M M | T T M M | |

| | | Erträge aus Kapitalvermögen (Abgeltungsteuer) | | | | Sozialleistungen / übrige Bezüge (z. B. aus Minijobs) |
|---|---|---|---|---|---|---|
| vom | bis | EUR | | vom | bis | EUR |
| **51** T T M M | T T M M | | | T T M M | T T M M | |
| **52** T T M M | T T M M | | | T T M M | T T M M | |

| | | Kosten zu allen Bezügen | | | | Öffentliche Ausbildungshilfen |
|---|---|---|---|---|---|---|
| vom | bis | EUR | | vom | bis | EUR |
| **53** T T M M | T T M M | | | T T M M | T T M M | |
| **54** T T M M | T T M M | | | T T M M | T T M M | |

| | | |
|---|---|---|
| 1 | Name: S T E U E R | **Anlage Außergewöhnliche Belastungen** 203 |
| 2 | Vorname: H E I N Z | |
| 3 | Steuernummer: 12 / 345 / 678910 | |

## Außergewöhnliche Belastungen / Pauschbeträge

### Behinderten-Pauschbetrag  `53`

– bei erstmaliger Beantragung / Änderung bitte Nachweis einreichen –

| | | Ausweis / Rentenbescheid / Bescheinigung gültig von – bis | unbefristet gültig | Grad der Behinderung |
|---|---|---|---|---|
| 4 | stpfl. Person / Ehemann / Person A | 100 M M J J – 101 M M J J | 102 ☐ 1 = Ja | 105 ☐☐☐ |
| 5 | Ich bin | – geh- und stehbehindert | 104 ☐ 1 = Ja | |
| 6 | | – blind / ständig hilflos | 103 ☐ 1 = Ja | |

| | | Ausweis / Rentenbescheid / Bescheinigung gültig von – bis | unbefristet gültig | Grad der Behinderung |
|---|---|---|---|---|
| 7 | Ehefrau / Person B | 150 0 4 1 8 – 151 M M J J | 152 1 = Ja | 155 5 0 |
| 8 | Ich bin | – geh- und stehbehindert | 154 ☐ 1 = Ja | |
| 9 | | – blind / ständig hilflos | 153 ☐ 1 = Ja | |

### Hinterbliebenen-Pauschbetrag

| | | stpfl. Person / Ehemann / Person A | Ehefrau / Person B |
|---|---|---|---|
| 10 | Ich beantrage den Hinterbliebenen-Pauschbetrag | 380 ☐ 1 = Ja | 381 ☐ 1 = Ja |

### Pflege-Pauschbetrag

– bei erstmaliger Beantragung / Änderung bitte Nachweis einreichen –

| | | | |
|---|---|---|---|
| 11 | Die **unentgeltliche** persönliche Pflege einer ständig hilflosen Person in ihrer oder in meiner Wohnung erfolgte durch | 200 ☐ | 1 = stpfl. Person / Ehemann / Person A  2 = Ehefrau / Person B  3 = beide Ehegatten / Lebenspartner |
| 12 | Name, Anschrift und Verwandtschaftsverhältnis der hilflosen Person(en) | | Anzahl weiterer Pflegepersonen 201 ☐ |

### Andere Aufwendungen

| | | Summe der Aufwendungen EUR | Anspruch auf zu erwartende / Erhaltene Versicherungsleistungen, Beihilfen, Unterstützungen; Wert des Nachlasses usw. EUR |
|---|---|---|---|
| 13 | Krankheitskosten (z. B. Arznei-, Heil- und Hilfsmittel, Kurkosten) Art der Aufwendungen: ZAHNARZTRECHNUNG V. 6.6.19 | 7 2 6 5 ,— | 1 8 7 0 ,— |
| 14 | Pflegekosten (z. B. häusliche Pflege und Heimunterbringung) Art der Aufwendungen: | + ☐ ,— | + ☐ ,— |
| 15 | Behinderungsbedingte Aufwendungen (z. B. Umbaukosten) Art der Aufwendungen: | + ☐ ,— | + ☐ ,— |
| 16 | Behinderungsbedingte Kfz-Kosten Art der Aufwendungen: | + ☐ ,— | + ☐ ,— |
| 17 | Bestattungskosten (z. B. Grabstätte, Sarg, Todesanzeige) Art der Aufwendungen: | + ☐ ,— | + ☐ ,— |
| 18 | Sonstige außergewöhnliche Belastungen Art der Aufwendungen: | + ☐ ,— | + ☐ ,— |
| 19 | | 300 7 2 6 5 ,— | 301 1 8 7 0 ,— |

| | | Aufwendungen (abzüglich Erstattungen) EUR |
|---|---|---|
| | Für folgende Aufwendungen wird die Steuerermäßigung für haushaltsnahe Beschäftigungsverhältnisse / Dienstleistungen / Handwerkerleistungen beantragt, soweit sie wegen Abzugs der zumutbaren Belastung nicht als außergewöhnliche Belastungen berücksichtigt werden (die Beträge sind nicht zusätzlich in den Zeilen 4 bis 6 der Anlage Haushaltsnahe Aufwendungen einzutragen): | |
| 20 | Die in Zeile 19 enthaltenen Pflegeleistungen im Rahmen eines geringfügigen Beschäftigungsverhältnisses im Privathaushalt – sog. Minijob – betragen | 370 ☐ ,— |
| 21 | Die in Zeile 19 enthaltenen übrigen haushaltsnahen Pflegeleistungen (ohne Minijob) und in Heimunterbringungskosten enthaltenen Aufwendungen für Dienstleistungen, die denen einer Haushaltshilfe vergleichbar sind, betragen | 371 ☐ ,— |
| 22 | Die in Zeile 19 enthaltenen Arbeitskosten für Handwerkerleistungen betragen | 372 ☐ ,— |

| | |
|---|---|
| 1 | Name **S T E U E R** |
| 2 | Vorname **H E I N Z** |

**Anlage Haushaltsnahe Aufwendungen**

3  Steuernummer **12 / 345 / 678910**

## Haushaltsnahe Beschäftigungsverhältnisse, Dienstleistungen und Handwerkerleistungen

**Steuerermäßigung für Aufwendungen** | **18**

**Geringfügige Beschäftigungen im Privathaushalt – sog. Minijobs –**

Art der Tätigkeit

Aufwendungen (abzüglich Erstattungen) EUR

4  202 ___ , —

**Haushaltsnahe Beschäftigungsverhältnisse / Dienstleistungen**

– sozialversicherungspflichtige Beschäftigungen im Privathaushalt
– haushaltsnahe Dienstleistungen, Hilfe im eigenen Haushalt
– Pflege- und Betreuungsleistungen im Haushalt, in Heimunterbringungskosten enthaltene Aufwendungen für Dienstleistungen, die denen einer Haushaltshilfe vergleichbar sind; das in Zeile 19 der Anlage Außergewöhnliche Belastungen als Erstattung für häusliche Pflege- und Betreuungskosten berücksichtigte Pflegegeld (§ 37 SGB XI) / Pflegetagegeld

Art der Tätigkeit / Aufwendungen

5  **HAUSWART, ANTEIL LT. BETRIEBSKOSTENABRECHNUNG**  212  **187**, —

**Handwerkerleistungen**

für Renovierungs-, Erhaltungs- und Modernisierungsmaßnahmen im eigenen Haushalt (ohne öffentlich geförderte Maßnahmen, für die zins-verbilligte Darlehen oder steuerfreie Zuschüsse in Anspruch genommen werden, z. B. KfW-Bank, landeseigener Förderbanken oder Gemeinden)

Art der Aufwendungen | Summe der Rechnungsbeträge EUR | darin enthaltene Lohnanteile, Maschinen- und Fahrtkosten inkl. Umsatzsteuer EUR

6  **MALERARBEITEN, FIRMA KUNTERBUNT**  **2 927**, —  214  **585**, —

**Nur bei Alleinstehenden und Eintragungen in den Zeilen 20 bis 22 der Anlage Außergewöhnliche Belastungen und / oder in den Zeilen 4 bis 6 der Anlage Haushaltsnahe Aufwendungen:**

Anzahl der weiteren Personen

7  Es bestand ganzjährig ein gemeinsamer Haushalt mit einer oder mehreren anderen alleinstehenden Person(en)  223 ___

8  Name, Vorname, Geburtsdatum

**Nur bei Alleinstehenden oder Einzelveranlagung von Ehegatten / Lebenspartnern und Eintragungen in den Zeilen 20 bis 22 der Anlage Außergewöhnliche Belastungen und / oder in den Zeilen 4 bis 6 der Anlage Haushaltsnahe Aufwendungen:**

Laut einzureichendem gemeinsamen Antrag ist der Höchstbetrag für die Aufwendungen

9  – lt. Zeile 20 der Anlage Außergewöhnliche Belastungen und / oder Zeile 4 der Anlage Haushaltsnahe Aufwendungen in einem anderen Verhältnis als je zur Hälfte aufzuteilen. Der bei mir zu berücksichtigende Anteil beträgt  224 ___ %

10  – lt. Zeile 21 der Anlage Außergewöhnliche Belastungen und / oder Zeile 5 der Anlage Haushaltsnahe Aufwendungen in einem anderen Verhältnis als je zur Hälfte aufzuteilen. Der bei mir zu berücksichtigende Anteil beträgt  225 ___ %

11  – lt. Zeile 22 der Anlage Außergewöhnliche Belastungen und / oder Zeile 6 der Anlage Haushaltsnahe Aufwendungen in einem anderen Verhältnis als je zur Hälfte aufzuteilen. Der bei mir zu berücksichtigende Anteil beträgt  226 ___ %

**Nur in Fällen der Zusammenveranlagung oder Einzelveranlagungen von Ehegatten / Lebenspartnern und Eintragungen in den Zeilen 20 bis 22 der Anlage Außergewöhnliche Belastungen und / oder in den Zeilen 4 bis 6 der Anlage Haushaltsnahe Aufwendungen:**

stpfl. Person / Ehemann / Person A | Ehefrau / Person B

12  Es wurde 2019 ein gemeinsamer Haushalt begründet oder aufgelöst und für einen Teil des Kalenderjahres ein Einzelhaushalt geführt  219 ___ 1 = Ja  220 ___ 1 = Ja

# Begriffsübersicht von A–Z

**Alters-** sowie Versorgungsbezüge tragen verschiedene und manchmal auch ziemlich verwirrende Bezeichnungen. Meist sind sie mit den Begriffen „Rente" oder „Pension" verbunden. Die folgende Übersicht listet Bezeichnungen in alphabetischer Reihenfolge auf, die in diesem Zusammenhang häufig verwendet werden. Sie konzentriert sich dabei vor allem auf die steuerliche Seite der aufgeführten Schlagworte. Außerdem geht es darum, welche Konsequenzen sich für die Steuererklärung ergeben können. Alle blau gedruckten Begriffe werden in dieser Begriffsübersicht erläutert.

**AKA-Rente:** Das sind Bezüge aus kommunalen und kirchlichen Zusatzversorgungskassen. Die Abkürzung geht auf die „Arbeitsgemeinschaft kommunale und kirchliche Altersversorgung" zurück. Die AKA-Rente wird vor allem als Zusatzversorgung an ehemalige Mitarbeiter kommunaler und kirchlicher Einrichtungen beziehungsweise an ihre Hinterbliebenen gezahlt. Die Besteuerung richtet sich nach der Art und Weise der vorausgegangenen Einzahlung. So werden Rentenzahlungen, für die der Arbeitgeber pauschal besteuerte Leistungen eingezahlt hat, mit dem Ertragsanteil besteuert (→ Seite 160). Gleiches gilt für Rentenzahlungen, die auf Pflichtbeiträgen beruhen, die Arbeitnehmer aus eigenem versteuertem Einkommen eingezahlt haben. Wenn Arbeitnehmer Teile ihres Gehalts steuer- und sozialabgabenfrei umgewandelt und als Beiträge in ihre AKA-Rente eingezahlt haben, sind so entstandene Rentenzahlungen voll steuerpflichtig. Steuerpflicht gilt auch für Rentenzahlungen, für die in der Einzahlungsphase die Riester-Förderung in Anspruch genommen wurde. Was wie zu versteuern ist, ergibt sich aus der Leistungsmitteilung des Versicherungsträgers und wird von dort in die Anlage R übernommen (→ Seite 82 und 123).

**Altersrente:** Das sind Zahlungen wegen Alters vor allem aus der gesetzlichen Rentenversicherung. Die wichtigste Form ist die Regelaltersrente für Menschen ab 65. Andere Formen der Altersrente sind zum Beispiel die vorgezogenen Renten für langjährig Versicherte, für Frauen, wegen Arbeitslosigkeit, für Schwerbehinderte und nach Altersteilzeit. Die Altersrente wird häufig auch als gesetzliche Rente, Sozialversicherungsrente oder als Versichertenrente bezeichnet. Steuerlich werden die verschiedenen Formen der Altersrente gleich behandelt. Es gibt einen steuerfreien und einen steuerpflichtigen Teil. Die genaue Aufteilung richtet sich seit 2005 nach dem Jahr des Rentenbeginns. Wer 2005 oder früher in Rente ging, muss 50 Prozent seiner damaligen Rente versteuern. Die andere Hälfte bleibt steuerfrei. Rentenbeginn im Jahr 2006 bedeutete 52 Prozent Steuerpflicht, 2019 müssen Neurentner 78 Prozent versteuern. Für jeden neuen Rentnerjahrgang erhöht sich der steuerpflichtige Anteil (→ Seite 159). Der bei Renteneintritt festgelegte steuerfreie Euro-Betrag bleibt lebenslang erhalten. Der Rentenbetrag wird in die Anlage R eingetragen.

**Auslandsrente:** Die Besteuerung deutscher Altersbezüge im Ausland ist nicht einheitlich geregelt. Sie erfolgt in Abhängigkeit von einer ganzen Reihe von Faktoren, zum Beispiel von der Aufenthaltsdauer im Ausland, vom konkreten Aufenthaltsland, von der Art des Altersbezugs, von den zwischenstaatlichen Vereinbarungen zwischen Deutschland und dem Aufenthaltsland oder von zusätzlichen Einkünften. Deshalb sollten Rentner und Pensionäre, die ganz oder teilweise ins Ausland übersiedeln wollen, nicht nur die damit verbundenen rentenrechtlichen Fragen klären, sondern sich auch rechtzeitig über die steuerlichen Konsequenzen informieren. Gleiches kann sich auch für Ruheständler lohnen, die in Deutschland Zahlungen ausländischer Versorgungsträger erhalten, etwa aus der Schweiz oder aus Frankreich. So kann es erhebliche steuerliche Auswirkungen haben, ob eine ausländische Versorgungszahlung in Deutschland wie eine **Altersrente** oder wie eine **Pension** behandelt wird oder ob sie steuerfrei bleibt (→ Seite 76). Für die Besteuerung im Ausland lebender Rentner, die keine weiteren deutschen Einkünfte haben, ist bundesweit das Finanzamt Neubrandenburg zuständig. Übrigens werden auch die gut eine halbe Million ins Ausland gezahlten Renten an die Finanzverwaltung gemeldet.

**Basisrente:** Das ist eine monatliche lebenslange Rente aus einer privaten Rentenversicherung. Sie wurde 2005 eingeführt. Bekannter ist die Basisrente unter dem Begriff „Rürup-Rente", benannt nach dem Wirtschaftswissenschaftler Professor Bert Rürup. Die Beiträge zu einer Basisrente dürfen grundsätzlich als Sonderausgaben abgesetzt werden. Die Basisrente gibt es frühestens ab 60 und sie unterliegt einer Reihe von Bedingungen, zum Beispiel ist sie weder vererbbar noch beleihbar. Wurde der Vertrag 2012 oder später abgeschlossen, erfolgt die Rentenzahlung frühestens ab dem 62. Geburtstag. Die Rente ist ebenso steuerpflichtig wie die **Altersrente** (siehe dort). Ihr steuerpflichtiger Anteil richtet sich nach dem Jahr des Rentenbeginns (→ Seite 159). Der Rentenbetrag wird in die Anlage R eingetragen.

**Beamtenpension:** siehe **Pension**

**Berufsunfähigkeitsrente:**
siehe **Erwerbsminderungsrente**

**Betriebliche Altersversorgung:** Betriebliche Altersversorgung ist ein Sammelbegriff für alle Leistungen, die Rentner und Pensionäre (und ihre Hinterbliebenen) im Zusammenhang mit einer früheren Erwerbstätigkeit erhalten. Darunter fallen Leistungen, die ausschließlich oder teilweise vom Arbeitgeber beziehungsweise vom Arbeitnehmer finanziert wurden. Es gibt fünf Formen oder „Durchführungswege" der betrieblichen Altersversorgung: **Direktzusage, Unterstützungskasse, Pensionskasse, Direktversicherung** und **Pensionsfonds**. Die Besteuerung von Leistungen aus der betrieblichen Altersversorgung ist nicht einheitlich. Je nach Form, Finanzierung und Förderung sind die Leistungen entweder voll oder mit dem Ertragsanteil (→ Seite 160) oder gar nicht steuerpflichtig. Was wie zu versteuern ist, ergibt sich in der Regel aus der Leistungsmitteilung des Versicherungsträgers. Daraus geht hervor, was auf welches Steuerformular gehört. Wenn in diesem Zusammenhang Unklarheiten auftreten, kann es zweckmäßig sein, beim Versicherungsträger oder beim Finanzamt nachzufragen.

**Betriebspension:** siehe **Pension**

**Betriebsrente:** Betriebsrente ist ein umgangssprachlich sehr häufig gebrauchter Sammelbegriff für alle Arten der Altersversorgung, die aus einer früheren Erwerbstätigkeit stammen. Er bezeichnet Renten ebenso wie Pensionen und andere Zahlungen und damit Altersbezüge, die steuerlich sehr unterschiedlich behandelt werden. Deshalb kommt der Begriff Betriebsrente in diesem Ratgeber, der sich auf die verschiedenen steuerlichen Aspekte der Altersversorgung konzentriert, eher selten vor (siehe **betriebliche Altersversorgung**).

**Direktversicherung:** Die Direktversicherung ist die wohl unbürokratischste Form der **betrieblichen Altersversorgung**. Es handelt sich um eine **Lebensversicherung**, die der Arbeitgeber für den Arbeitnehmer abschließt. In Versicherungsverträge, die vor 2005 abgeschlossen wurden, dürfen jährlich bis zu 1752 Euro eingezahlt werden, die der Arbeitgeber pauschal versteuert, bei bestimmten Gruppenverträgen erhöht sich diese Grenze auf 2148 Euro. Für Neuverträge ab 2005 entfällt die Möglichkeit einer Pauschalbesteuerung. Die Erträge einer Direktversicherung sind entweder voll, teilweise oder gar nicht steuerpflichtig. Hat der Arbeitgeber die Beiträge pauschal versteuert, muss der Arbeitnehmer Rentenzahlungen mit dem Ertragsanteil versteuern (→ Seite 160). Erfolgt die Auszahlung als Kapitalabfindung „auf einen Schlag", kann sie steuerfrei sein, wenn der Vertrag vor 2005 abgeschlossen wurde, mindestens 12 Jahre gelaufen ist und einige weitere Bedingungen erfüllt sind (siehe **Lebensversicherung**). Wenn in der Einzahlungsphase die Riester-Förderung gewährt wurde, sind die Auszahlungen voll steuerpflichtig (→ Seite 82). Volle Steuerpflicht gilt auch bei Nutzung der sogenannten Entgeltumwandlung. Das bedeutet hier die Umwandlung von Lohn in Beiträge zu einer Direktversicherung. Seit 2018 dürfen bis zu acht Prozent der Beitragsbemessungsgrenze in der gesetzlichen Rentenversicherung steuerfrei bleiben. 2019 sind das maximal 6 432 Euro im Jahr. Bis 2017 lag die Grenze noch bei vier Prozent. Die Sozialversicherungsfreiheit endet allerdings bei vier Prozent. Entscheidend für die Eintragung in die Steuererklärung ist, was auf der Leistungsmitteilung des Rentenversicherungsträgers steht (→ Seite 82).

**Direktzusage:** Die Direktzusage ist die weitaus häufigste Form der betrieblichen Altersversorgung. Der Arbeitgeber verpflichtet sich, dem Arbeitnehmer beziehungsweise dessen Hinterbliebenen eine zuvor vereinbarte Leistung zu zahlen. In der Regel ist das eine Altersrente oder eine Hinterbliebenenrente. Wenn der Arbeitgeber die Beiträge allein übernimmt, sind sie ohne Begrenzung in der Höhe steuer- und abgabenfrei. Es können aber auch Gehaltsteile des Arbeitnehmers in Beiträge umgewandelt werden. Die bleiben ebenfalls unbegrenzt steuerfrei. Die Freiheit von Sozialabgaben endet allerdings bei vier Prozent der Beitragsbemessungsgrenze in der gesetzlichen Rentenversicherung. Das entsprach 2019 einem Betrag von 3 216 Euro im Jahr. Eine Riester-Förderung ist nicht möglich. Durch die Möglichkeit des Arbeitgebers, relativ hohe Beiträge steuer- und sozialversicherungsfrei einzuzahlen, wird die Direktzusage häufig als Absicherung für Führungskräfte genutzt. Bei einem Wechsel des Arbeitgebers kann sie allerdings selten fortgeführt werden. Leistungen aus einer Direktzusage werden grundsätzlich wie Arbeitslohn besteuert (siehe **Pension**). Das Finanzamt berücksichtigt den Versorgungsfreibetrag, den Zuschlag zum Versorgungsfreibetrag (→ Seite 166) und die Werbungskostenpauschale von 102 Euro. Die Leistungen gehören auf die Anlage N.

**Erwerbsminderungsrente:** Erwerbsminderungsrenten sind Zahlungen, die das Einkommen ersetzen, wenn die Erwerbsfähigkeit ganz oder teilweise weggefallen ist. Gezahlt wird längstens bis zum 67. Geburtstag. Danach erfolgt die Umwandlung in eine Altersrente. Ab 2001 wurde das System der gesetzlichen Berufs- und Erwerbsunfähigkeitsrenten durch Erwerbsminderungsrenten abgelöst. Eine Erwerbsminderungsrente aus der gesetzlichen Rentenversicherung wird seit 2005 wie eine **Altersrente** besteuert. Je nach Jahr des Rentenbeginns sind mindestens 50 Prozent der Rente steuerpflichtig. Das gilt auch für bereits bestehende Renten und bedeutet für die Betroffenen in der Regel eine deutliche Erhöhung ihres steuerpflichtigen Rententeils. Die Besteuerung privater Erwerbsminderungsrenten erfolgt mit dem Ertragsanteil. Das bringt seit 2005 sogar eine Steuerentlastung, denn der Ertragsanteil wurde abgesenkt (→ Seite 160). Gesetzliche und private Erwerbsminderungsrenten gehören in die Anlage R.

**Erwerbsunfähigkeitsrente:** siehe **Erwerbsminderungsrente**
**Gesetzliche Rente:** siehe **Altersrente**

**Hinterbliebenenrente:** Hinterbliebenenrenten sind Leistungen an nächste Angehörige eines Verstorbenen. Die wichtigsten Formen sind **die Witwen-/Witwerrente** und die **Waisenrente** aus der gesetzlichen Rentenversicherung. Die Hinterbliebenenrente aus der gesetzlichen Versicherung wird steuerlich wie Altersrente behandelt (→ Seite 159). Das gilt für zeitlich begrenzte Renten, zum Beispiel Waisenrenten, ebenso wie für lebenslange Renten. Hatte der Verstorbene selbst bereits eine Rente aus der gesetzlichen Rentenversicherung bezogen, ist für die Höhe des steuerpflichtigen Anteils einer Hinterbliebenenrente nicht das Jahr des Beginns der Hinterbliebenenrente maßgeblich, sondern das frühere Jahr des Rentenbeginns des Verstorbenen. Das ist für den Betroffenen steuerlich in der Regel das günstigere Jahr, weil der steuerpflichtige Rentenanteil seit 2005 mit jedem neuen Jahr wächst (→ Beispiele Seite 135).

**Kapitallebensversicherung:** siehe **Lebensversicherung**

**Kriegsdienstbeschädigtenrente:** siehe **Steuerfreie Rente**

**Lebensversicherung:** Leistungen privater Lebens- und Rentenversicherungen gehören für viele Menschen zur Altersversorgung. Die Auszahlung einer Lebensversicherung kann als Kapitalabfindung „auf einen Schlag", in Form von Raten oder als Rentenzahlung erfolgen. Lebensversicherungen, die vor 2005 abgeschlossen wurden, bleiben als Kapitalabfindung unter bestimmten Voraussetzungen steuerfrei, zum Beispiel, wenn sie mindestens zwölf Jahre gelaufen sind und mindestens fünf Jahre Beiträge gezahlt wurden. Kapitalabfindungen aus Lebensversicherungen, die seit 2005 abgeschlossen wurden, sind nicht mehr steuerfrei. Erfolgt die Auszahlung nach mindestens 12 Jahren Laufzeit und frühestens nach dem 60. Geburtstag, kann die Hälfte der Erträge steuerfrei sein (→ Anlage KAP, Seite 91). Wurde der Vertrag 2012 oder später abgeschlossen, gilt das frühestens ab dem 62. Geburtstag. Wenn anstelle der Auszahlung der Gesamtsumme eine Rente vereinbart wurde, sind die Rentenzahlungen mit dem Ertragsanteil steuerpflichtig, und zwar unabhängig davon, ob der Vertrag vor oder nach 2005 abgeschlossen wurde (→ Seite 160). Die Zahlungen gehören auf die Anlage R. Wenn Voraussetzungen der Steuerbegünstigung nicht erfüllt wurden, zum Beispiel die Mindestlaufzeit von 12 Jahren, werden die Erträge der Lebensversicherung voll steuerpflichtig und gehören als Kapitaleinkünfte auf die Anlage KAP, Zeile 7.

**Leibrente:** Leibrente ist ein häufig genutzter Begriff für Rentenzahlungen, die regelmäßig (meist monatlich) in gleicher Höhe fließen, zum Beispiel als **Altersrente** oder als **Hinterbliebenenrente** aus der gesetzlichen Rentenversicherung. Eine Leibrente gibt es aber auch in Form einer **Privatrente**. Leibrenten werden bis zum Lebensende gezahlt oder als sogenannte abgekürzte Leibrente auf eine Höchstlaufzeit beschränkt. Das kann zum Beispiel eine private **Erwerbsminderungsrente** sein, die bis zum regulären Rentenbeginn läuft. Eine Leibrente aus der gesetzlichen Versicherung wird steuerlich wie eine **Altersrente** behandelt. Private Leibrenten sind mit dem Ertragsanteil steuerpflichtig.

**Mütterrente:** Der Begriff ist ein Schlagwort für die bessere rentenrechtliche Anerkennung von Kindererziehungszeiten für Mütter und Väter von Kindern, die vor 1992 geboren wurden. Diesen Eltern werden zum seit dem 1. Juli 2014 bei der Rentenberechnung zwei Jahre Kindererziehungszeit mit je einem Rentenpunkt gutgeschrieben. Vorher war es nur ein Rentenpunkt. Zum 1. Januar 2019 kam ein weiterer halber Rentenpunkt hinzu. Das bedeutet, dass sich zu diesen Stichtagen die monatliche Rente erhöhte. Die Mütterrente ist keine eigenständige Rente, sondern eine Rentenerhöhung der Altersrente (→ Seite 34).

**Pension:** Unter dem Begriff Pension werden landläufig Alters- und Hinterbliebenenbezüge von Beamten, Richtern und Berufssoldaten verstanden. Es sind in jedem Fall Zahlungen, die unmittelbar vom früheren Arbeitgeber geleistet werden. Es gibt solche Altersbezüge aber nicht nur im öffentlichen Dienst, sondern auch in der privaten Wirtschaft, zum Beispiel, wenn der Arbeitgeber seinen Beschäftigten ein von ihm finanziertes Ruhegehalt zahlt (siehe **Direktzusage**). In der privaten Wirtschaft kann diese Versorgungsleistung ganz unterschiedliche Bezeichnungen haben, zum Beispiel Werkspension, Betriebspension oder **Betriebsrente**. Sie wird steuerlich grundsätzlich wie eine Pension öffentlich Bediensteter behandelt. Steuererleichterungen für Werkspensionen in Form von Freibeträgen gibt es aber im Unterschied zu Beamtenpensionen in der Regel erst ab 63. Nach dem Alterseinkünftegesetz werden seit 2005 auch Pensionen härter besteuert. Auch hier sinken die Freibeträge schrittweise. Pensionen gelten steuerlich als nachträgliche Arbeitseinkünfte. Der Versorgungsfreibetrag, der Zuschlag zum Versorgungsfreibetrag (→ Seite 166) und die Werbungskostenpauschale von 102 Euro werden vom Finanzamt berücksichtigt. Pensionszahlungen gehören nicht auf die Anlage R, sondern auf die Anlage N.

**Pensionsfonds:** Pensionsfonds sind in Deutschland seit 2002 als jüngste Form der betrieblichen Altersversorgung zugelassen. Es handelt sich um selbstständige Unternehmen, die gegen Beitragszahlung eine lebenslange kapitalgedeckte Altersversorgung anbieten und garantieren. Da sie keine Versicherungsunternehmen sind, unterliegen sie auch nicht den Einschränkungen, die für Versicherungen gelten. So dürfen sie beispielsweise mehr als 35 Prozent des angesparten Kapitals in Aktien investieren. Pensionsfonds können bei einem Arbeitgeberwechsel problemlos „mitgenommen" werden. Arbeitnehmer dürfen Gehaltsteile umwandeln und in einen Pensionsfonds einzahlen. Bis zu acht Prozent der Beitragsbemessungsgrenze in der gesetzlichen Rentenversicherung bleiben ab 2018 steuerfrei. 2019 sind das maximal 6 432 Euro im Jahr. Bis 2017 lag die Grenze noch bei vier Prozent. Die Sozialversicherungsfreiheit endet allerdings weiterhin bei vier Prozent. Das entspricht 2019 einem Betrag von 3 216 Euro im Jahr. Für Einzahlungen aus bereits versteuertem Geld ist eine Riester-Förderung möglich. Rentenzahlungen sind in diesem Fall voll steuerpflichtig. Eine Auszahlung als Kapitalabfindung ist grundsätzlich nicht möglich. Eine Ausnahme erlaubt aber unter bestimmten Voraussetzungen die Auszahlung von 30 Prozent des angesparten Vermögens bei Rentenbeginn. Die Bezüge aus Pensionsfonds gehören auf die Anlage R.

**Pensionskasse:** Pensionskassen sind Versicherungsunternehmen, die die betriebliche Altersversorgung entweder für ein größeres Unternehmen als „klassische Pensionskasse" oder für mehrere Unternehmen als „offene Pensionskasse" organisieren. Die Finanzierung erfolgt durch Einzahlungen des Arbeitgebers, des Arbeitnehmers und durch Erträge, die die Pensionskasse erwirtschaftet hat. Bei der Umwandlung von Arbeitslohn in Beiträge zu einer Pensionskasse dürfen 2019 bis zu acht Prozent der Beitragsbemessungsgrenze in der gesetzlichen Rentenversicherung steuerfrei bleiben, maximal 6 432 Euro im Jahr. Bis 2017 lag die Grenze noch bei vier Prozent. Die Sozialversicherungsfreiheit endet allerdings weiterhin bei vier Prozent. Alternativ ist die Riester-Förderung nutzbar. Hat der Arbeitgeber die Beiträge pauschal versteuert, sind Rentenzahlungen mit dem Ertragsanteil steuerpflichtig (→ Seite 160). Erfolgt die Auszahlung als Kapitalabfindung „auf einen Schlag", kann sie steuerfrei sein, wenn der Vertrag vor 2005 abgeschlossen wurde, mindestens 12 Jahre gelaufen ist und einige weitere Bedingungen erfüllt sind (siehe **Lebensversicherung**). Wurde die Riester-Förderung oder die steuerlich geförderte Entgeltumwandlung genutzt, sind die Auszahlungen voll steuerpflichtig. Entscheidend für die Eintragung in die Steuererklärung ist die Leistungsmitteilung (→ Seite 122).

**Pensionszusage:** siehe **Direktzusage**

**Privatrente:** Privatrenten sind Leistungen, die auf der Grundlage privater Vereinbarungen gezahlt werden. Beispielsweise gibt es Privatrenten als Gegenleistung für den Verkauf eines Grundstücks oder im Zusammenhang mit Vermögensübertragungen in der Familie. Privatrenten haben ganz unterschiedliche steuerliche Folgen und ihre Vereinbarung erfordert in der Regel professionellen steuerlichen Beistand. Erhält jemand von einem Verwandten oder Bekannten eine private Rente ohne Gegenleistung, ist sie als Unterhaltsleistung einkommensteuerfrei. Eventuelle erbschaft- und schenkungsteuerliche Folgen sind dabei allerdings immer mit einzukalkulieren. Erfolgt die Zahlung einer Privatrente als kaufmännisch kalkulierte Gegenleistung für den Verkauf eines Grundstücks oder anderer Vermögenswerte, ist die Rente mit dem Ertragsanteil steuerpflichtig (→ Seite 160). Wird im Ergebnis einer Vermögensübertragung unter Angehörigen eine Versorgungsleistung gezahlt, kann diese mit dem Ertragsanteil oder voll steuerpflichtig sein. Achtung: Der Gesetzgeber hat die Steuerbegünstigung von Privatrenten bei der Vermögensübertragung unter Angehörigen seit 2008 auf bestimmte Arten von Betriebsvermögen eingeschränkt. Geht es um andere Vermögensarten, kann der Zahler die Kosten nicht mehr als Sonderausgaben absetzen, der Empfänger braucht aber auch nichts mehr zu versteuern. Vor 2008 abgeschlossene Vereinbarungen werden weiter gefördert, auch wenn sie nicht auf Betriebsvermögen beruhen.

**Private Rentenversicherung:** siehe **Lebensversicherung**

**Rente:** In diesem Ratgeber wird Rente als Sammelbegriff für regelmäßig wiederkehrende Zahlungen aufgrund von Rechtsansprüchen verwendet. Nähere Erläuterungen finden Sie unter den verschieden Formen und Arten von Renten, zum Beispiel unter **Altersrente** oder **Hinterbliebenenrente**.

**Regelaltersrente:** siehe **Altersrente**

**Riester-Rente:** Die Riester-Rente ist eine staatlich geförderte Form der privaten beziehungsweise **betrieblichen Altersversorgung**. Namenspatron ist der ehemalige Bundesarbeitsminister Walter Riester. Die Förderung erfolgt zunächst durch eine „Grundzulage", die 2018 auf 175 Euro angestiegen ist. Bis 2017 waren es jährlich 154 Euro. Wer den 25. Geburtstag noch nicht gefeiert hat, bekommt den (einmaligen) „Einsteiger-Bonus" von 200 Euro. Eltern erhalten zusätzlich eine Kinderzulage,

die pro Kind von 46 Euro 2002 auf 185 Euro erhöht wurde. Für ab 2008 geborene Kinder gibt es 300 Euro Zulage. Zusätzlich berücksichtigt das Finanzamt einen Sonderausgabenabzug von maximal 2100 Euro, wenn er eine höhere Entlastung bringt als die Zulagen. Eingezahlte Beiträge sind dadurch einschließlich der Zulagen bis maximal 2100 Euro steuerfrei. Um die Förderung zu erhalten, müssen die Anlageprodukte zulagenfähig sein und dafür einige Kriterien erfüllen, so dürfen nur lebenslange Leistungen erbracht werden, und zwar frühestens ab dem 60. Geburtstag, bei ab 2012 abgeschlossenen Verträgen frühestens ab dem 62. Geburtstag. Die Auszahlungen sind voll steuerpflichtig, egal ob sie aus Riester-Verträgen der privaten oder betrieblichen Altersversorgung stammen. Sie gehören in die Anlage R. Seit 2008 wird auch die Finanzierung von selbstgenutztem Wohneigentum über Riester-Verträge stärker gefördert. Ruheständler, die im EU-Ausland leben, brauchen ihre Riester-Förderung nicht mehr zurückzuzahlen. Sie müssen die Auszahlung aber in Deutschland versteuern.

**Rürup-Rente:** siehe **Basisrente**

**Schadensersatzrente:** siehe **Steuerfreie Rente**

**Schmerzensgeldrente:** siehe **Steuerfreie Rente**

**Sofortrente:** Die Sofortrente ist eine Sonderform der privaten Altersversorgung. Der künftige Rentenempfänger zahlt an ein Versicherungsunternehmen einen größeren Betrag, und das Unternehmen beginnt sofort mit der Rentenzahlung. Die Sofortrente ist mit dem Ertragsanteil steuerpflichtig (→ Seite 160).

**Sozialversicherungsrente:** siehe **Altersrente**

**Steuerfreie Rente:** Manche Renten bleiben nach gesetzlichen Vorgaben steuerfrei, dazu gehören auch Renten aus der gesetzlichen Unfallversicherung (gezahlt von Berufsgenossenschaften) und Renten für Wehr- und Zivildienstgeschädigte, Kriegsbeschädigte sowie deren Hinterbliebene, Schadensersatz- und bestimmte Schmerzensgeldrenten.

**Unfallrente:** siehe **Steuerfreie Rente**

**Unterstützungskasse:** Unterstützungskassen sind häufig auch als „U-Kassen" bezeichnete eigenständige Versorgungseinrichtungen von Unternehmen und der traditionsreichste Weg der **betrieblichen Altersversorgung**. Es gibt sie bereits seit mehr als 160 Jahren. U-Kassen sind keine Versicherungsunternehmen und werden auch nicht von der Bundesanstalt für Finanzdienstleistungsaufsicht kontrolliert. Sie arbeiten eng mit dem Arbeitgeber zusammen. U-Kassen sind bei der Vermögensanlage besonders flexibel, allerdings können sie bei einem Wechsel des Arbeitgebers nur selten weitergenutzt werden. Die Finanzierung der Leistungen erfolgt durch Einzahlungen des Arbeitgebers, die Umwandlungen des Gehalts des Arbeitnehmers und durch Kapitalerträge, die von der U-Kasse erwirtschaftet worden sind. Eine Riester-Förderung ist nicht möglich. Andererseits gibt es aber keine Begrenzung der Steuer- und Abgabenfreiheit für Beiträge, die der Arbeitgeber einzahlt. Werden Gehaltsteile des Arbeitnehmers in Beitragszahlungen an eine U-Kasse umgewandelt, bleiben sie unbegrenzt steuerfrei. Die Sozialversicherungsfreiheit endet allerdings bei vier Prozent der Beitragsbemessungsgrenze in der gesetzlichen Rentenversicherung. Das entsprach 2019 einem Betrag von 3 216 Euro im Jahr. Leistungen aus einer U-Kasse werden grundsätzlich wie Arbeitslohn besteuert (siehe auch **Pension**). Das Finanzamt zieht aber den Versorgungsfreibetrag, den Zuschlag zum Versorgungsfreibetrag (→ Seite 166) und die Werbungskostenpauschale von 102 Euro ab. Die Leistungen aus der U-Kasse gehören auf die Anlage N.

**VBL-Rente:** Das ist eine Rente für die Beschäftigten des öffentlichen Dienstes und deren Hinterbliebene. Die Abkürzung steht für Versorgungsanstalt des Bundes und der Länder. Die Besteuerung erfolgt unterschiedlich. Rentenzahlungen, für die der Arbeitgeber pauschal besteuerte Leistungen eingezahlt hat, werden mit dem Ertragsanteil besteuert (→ Seite 160). Gleiches gilt für Rentenzahlungen, die auf Pflichtbeiträgen beruhen, die der Arbeitnehmer aus versteuertem Einkommen eingezahlt hat. Wenn Einzahlungen über Gehaltsumwandlung oder mit Riester-Förderung liefen, sind die Auszahlungen voll steuerpflichtig. Oft muss ein einheitlicher Rentenbetrag aufgeteilt werden, weil seine einzelnen Bestandteile unterschiedlich besteuert werden. Darüber informiert die Leistungsmitteilung des Versicherungsträgers. Von dort werden die Daten in die Anlage R übernommen (→ Seite 122). Die auf der Leistungsmitteilung bescheinigten Beiträge zur Kranken- und Pflegeversicherung gehören als abzugsfähige Sonderausgaben in die Anlage Vorsorgeaufwand (→ Seite 70). Das wird von den VBL-Rentnern leider häufig vergessen!

**Veräußerungsrente:** siehe **Privatrente**

**Versorgungswerke:** Versorgungswerke sind berufsständische (oder vergleichbare) Einrichtungen, in die zum Beispiel Anwälte, Ärzte oder andere Freiberufler einzahlen. Die Werke zahlen an ihre Mitglieder und deren Angehörige im Alter oder bei Bedürftigkeit Versorgungsbezüge aus. Diese Versorgungsbezüge werden im Prinzip so besteuert wie die Altersrente. Die Höhe des steuerpflichtigen Anteils richtet sich nach dem Jahr des Versorgungsbeginns. Lag der Versorgungsbeginn 2005 oder früher, beträgt der steuerpflichtige Anteil 50 Prozent, bei Versorgungsbeginn 2019 sind es 78 Prozent (→ Seite 159). Als Ausnahme gibt es eine sogenannte Öffnungsklausel für Menschen, die bis Ende 2004 mindestens zehn Jahre lang Beiträge oberhalb des Höchstbetrags zur gesetzlichen Rentenversicherung eingezahlt haben. Das betrifft ganz besonders Selbstständige mit einem hohen Einkommen. Als Nachweis ist eine Bescheinigung erforderlich, die das Versorgungswerk auf Antrag des Versicherten ausstellt. Die geforderten zehn Jahre müssen nicht aufeinander folgen. Gelingt der Nachweis, wird der Teil der Rente, der auf Beiträgen oberhalb der Beitragsbemessungsgrenze beruht, nur mit dem Ertragsanteil besteuert (→ Seite 160).

**Waisenrente:** Waisenrente können Kinder Verstorbener unter bestimmten Voraussetzungen bis zum 18. Geburtstag erhalten. Wenn sie noch in der Ausbildung sind, geht das grundsätzlich auch noch bis 27. Dieses Höchstalter wurde übrigens nicht wie beim Kindergeld auf 25 verringert. Steuerlich wird die Waisenrente dem Kind zugerechnet und erhöht somit nicht das Einkommen der Witwe oder des Witwers. Seit 2005 richtet sich der steuerpflichtige Rentenanteil von Waisenrenten aus gesetzlichen Versicherungen nach dem Jahr des Rentenbeginns wie bei der Altersrente. War der Rentenbeginn 2005 oder früher, sind 50 Prozent der Rente steuerpflichtig, 2019 bedeutet 78 Prozent Steuerpflicht (→ Seite 159). Waisenrenten aus einer privaten Rentenversicherung werden mit dem Ertragsanteil versteuert (→ Seite 160).

**Wehrdienstgeschädigten-/Zivildienstgeschädigtenrente:** siehe **steuerfreie Renten**

**Werkspension/-rente:** siehe **Pension**

**Witwenrente/Witwerrente:** Witwen- beziehungsweise Witwerrenten aus der gesetzlichen Versicherung werden seit 2005 einheitlich besteuert. Die Höhe des steuerpflichtigen Anteils richtet sich nach dem Jahr des Erstbezugs der Rente durch den Verstorbenen. Erfolgte die erste Zahlung 2005 oder früher, sind 50 Prozent der Rente steuerpflichtig. Floss die erste Zahlung 2019, sind es 78 Prozent. Der steuerpflichti-

ge Rentenanteil steigt jährlich wie bei der **Altersrente** für jeden neuen Rentnerjahrgang an (→ Seite 10 und 159). Eine Kapitalabfindung anlässlich einer Wiederverheiratung bleibt steuerfrei. Wenn die neue Ehe geschieden wird, lebt die alte Witwenbeziehungsweise Witwerrente wieder auf, einschließlich des seinerzeitigen steuerpflichtigen Anteils. Witwen- und Witwerrenten aus einer privaten Rentenversicherung sind mit dem Ertragsanteil steuerpflichtig (→ Seite 160).

**Zusatzversorgungskassen:** Zusatzversorgungskassen sind Einrichtungen des öffentlichen Dienstes des Bundes, der Länder, Kommunen, Kirchen und Sparkassen. Sie bieten die ergänzende Altersversorgung des Personals dieser Einrichtungen an. Die größte Zusatzversorgungskasse ist die Versorgungsanstalt des Bundes und der Länder (siehe **VBL-Rente** und auch **AKA-Rente**).

# Stichwortverzeichnis

**Die Stiftung Warentest** wurde 1964 auf Beschluss des Deutschen Bundestages gegründet, um dem Verbraucher durch vergleichende Tests von Waren und Dienstleistungen eine unabhängige und objektive Unterstützung zu bieten.

14., aktualisierte Auflage,
© 2019 Stiftung Warentest, Berlin

Stiftung Warentest
Lützowplatz 11–13
10785 Berlin
Telefon 0 30/26 31–0
Fax 0 30/26 31–25 25
www.test.de
email@stiftung-warentest.de

USt-IdNr.: DE136725570

**Vorstand:** Hubertus Primus
**Weitere Mitglieder der Geschäftsleitung:**
Dr. Holger Brackemann, Daniel Gläser

**Programmleitung:** Niclas Dewitz
**Autoren:** Hans W. Fröhlich, Angela Rauhöft
**Projektleitung:** Philipp Sperrle
**Fachliche Unterstützung:** Uwe Rauhöft
**Titelentwurf:** Susann Unger, Berlin
**Layout:** Büro Brendel, Berlin
**Grafik, Satz:** Ulrike Hahn, Anne-Katrin Körbi
**Bildredaktion:** Anne-Katrin Körbi

**Bildnachweis:** Titel: iStockphoto
U4: _human Getty Images/iStockphoto
F1online: 8 ©flairimages – stock.adobe.com
Gettyimages: 16 Katarzyna Bialasiewicz, 20 Digital Vision, 26 Wavebreakmedia, 30 Filmfoto, 32 photos_martYmage, 36 kiddy0265, 49 Jesus Fernandez, 57 Rido, 75, 83, 90 jcabeza, 93, 112, 115 RuslanGuzov, 118 Utamaru Kido, 126 Wavebreak Media; 7, 24, 46, 61, 62, 65, 86, 78, 100, 107, 125, 131, 135, (iStockphoto); imagebroker.net 8; 140 DEEPOL by plainpicture
YK – stock.adobe.com: 72

**Produktion:** Vera Göring
**Verlagsherstellung:** Rita Brosius (Ltg.), Susanne Beeh, Romy Alig
**Litho:** tiff.any, Berlin
**Druck:** Rasch Druckerei und Verlag GmbH & Co. KG, Bramsche

ISBN: 978-3-7471-0108-7

Wir haben für dieses Buch 100 % Recyclingpapier und mineralölfreie Druckfarben verwendet. Stiftung Warentest druckt ausschließlich in Deutschland, weil hier hohe Umweltstandards gelten und kurze Transportwege für geringe $CO_2$-Emissionen sorgen. Auch die Weiterverarbeitung erfolgt ausschließlich in Deutschland.